Jugend – Identität – Kirche

Eine erziehungswissenschaftliche Rekonstruktion
kirchlicher Orientierungen im Jugendalter

Nils Köbel

Jugend – Identität – Kirche

Eine erziehungswissenschaftliche Rekonstruktion
kirchlicher Orientierungen im Jugendalter

Nils Köbel

Johann Wolfgang Goethe-Universität
Frankfurt am Main 2009

Frankfurter Beiträge zur Erziehungswissenschaft

Reihe Monographien

im Auftrag des Dekanats
des Fachbereichs Erziehungswissenschaften
der Johann Wolfgang Goethe-Universität
herausgegeben von
Frank-Olaf Radtke

© Fachbereich Erziehungswissenschaften der
Johann Wolfgang Goethe-Universität
Frankfurt am Main 2009

Hergestellt: Books on Demand GmbH

Bibliografische Information der Deutschen Bibliothek

Die Deutsche Bibliothek verzeichnet diese Publikation in der Deutschen Nationalbibliografie; detaillierte bibliografische Daten sind im Internet über http://dnb.ddb.de abrufbar

ISBN 978-3-9810879-7-0

Inhaltsverzeichnis

Vorwort von Micha Brumlik 9
Einleitung 13

Teil I
Theoretische Grundlagen 19

1 Identitätsbildung als zentrales Thema des Jugendalters 19
1.1 ‚Lebensphase Jugend' – eine Begriffsbestimmung anhand aktueller Theorien 19
1.1.1 Psychologische Abgrenzungskriterien 20
1.1.2 Soziologische Abgrenzungskriterien 24
1.1.3 Strukturwandel der Jugendphase 27
1.1.4 Ausdifferenzierung des Jugendalters 27
1.2 ‚Identität' – von Theorien der Selbstentwicklung zum narrativen Identitätsverständnis 28
1.2.1 Identität und Sozialität – Die Grundlagentheorie des symbolischen Interaktionismus 28
1.2.2 Identität und Lebenszyklus 33
1.2.3 Wer bin ich? – Identitätsentwicklung als Suche nach dem ‚wahren Selbst' 35
1.2.4 Formen der Identitätssuche 40
1.2.5 Besonderheiten der Identitätsentwicklung im Jugendalter 41
1.2.6 Identität in der Postmoderne 43
1.2.7 Narrative Identität 53

2 Kirche und Religion im Jugendalter 58
2.1 ‚Kirche' – der Bezug zur Jugend im Modernisierungsprozess 58
2.1.1 Kirche im katholischen Selbstverständnis 59
2.1.2 Kirche im protestantischen Selbstverständnis 61
2.1.3 Kirche in der Moderne – sozialstrukturelle Analysen 63

2.2 Entwicklungstheorien religiösen Fühlens, Denkens und Handelns 68
2.2.1 Strukturgenetische Theorien religiöser Entwicklung 69
2.3 Kirchliches und religiöses Leben in der Jugendphase heute 75

Teil II
Das Forschungsdesign und die methodologischen Grundlagen 79
3 Rekonstruktion narrativer Identität 79
3.1 Textanalyse als Grundlage der Identitätsrekonstruktion 80
3.2 Der Verlauf einer Rekonstruktion 87
4 Die Gespräche – Stichprobe und Einsatz des narrativen Interviews 89
4.1 Die Regionen und Orte der Datenerhebung 90
4.2 Deskriptive Samplingdarstellung 92
4.3 Der Einsatz des narrativen Interviews 95

Teil III
Die empirischen Befunde – Rekonstruktion kirchlicher narrativer Identität im Jugendalter 101
5 Eindrücke des empirischen Feldes – zentrale Selbstdarstellungsmuster 102
6 Typologie A: Inhaltliche Typen kirchlicher Identität 116
6.1 Der Typus ‚Sozialität' 118
6.1.1 Primäre kirchliche Sozialisation 134
6.1.2 Signifikante Andere 137
6.1.3 Peergrouperfahrungen 140
6.1.4 Aufstieg in sozialen Hierarchien 145
6.2 Der Typus ‚Religiosität' 151
6.2.1 Interesse an religiöser Weltanschauung 169
6.2.2 Religiöse Ereignisbeschreibungen 173
7 Typologie B: Narrative Stadien kirchlicher Identität 179
7.1 Statusmodell kirchlicher Identität 185
7.1.1 Übernommene kirchliche Identität 188

7.1.2 Moratorien 194
7.1.3 Auf dem Weg zur erarbeiteten kirchlichen Identität 204
8 Das Konzept der Identitätsstadien als Phasenmodell 210
8.1 Phasen kirchlicher Identität 214

Teil IV
Zusammenfassung und pädagogischer Ausblick 219

9 Die empirischen Ergebnisse und ihre pädagogischen
 Anwendungsmöglichkeiten 219
9.1 Typen kirchlicher Identität 220
9.2 Phasen kirchlicher Identität 222
9.3 Anregungsbedingungen für die Entwicklung kirchlicher
 Identität 224

Literatur 229

Vorwort

„Religion" ist, unabhängig davon, dass sich in Deutschland noch immer mehr Menschen von den Kirchen abwenden als reumütig zu ihnen zurückkehren oder gar von Neuem eintreten, ein Gegenstand hohen öffentlichen Interesses. Das liegt nicht nur an der nachwirkenden Schockwelle des 11. 9. 2001, der die Aufmerksamkeit auf die mörderische Destruktivität des radikalen Islamismus gelenkt hat, sondern – derzeit im Frühjahr 2009 – auch an den Irritationen, die der gegenwärtige Papst durch die Aufhebung der Exkommunikation von Mitgliedern der Piusbruderschaft provoziert hat. So wird derzeit nicht nur ein vereinzeltes Bundesland, sondern die ganze bildungspolitisch interessierte Öffentlichkeit Deutschlands von den Debatten um das Volksbegehren „Pro Reli" in Berlin betroffen, in denen es nicht nur um die machtpolitische Frage nach dem Einfluss der Kirchen auf den schulischen Unterricht, sondern auch um ein systematisches Problem geht: nämlich darum, ob und in welcher Hinsicht konfessionell begründete Ethiken all das vermögen, was eine philosophisch begründete Ethik für das Zusammenleben von Kindern unterschiedlicher Konfessionen und Kulturen vermag. Dabei fällt durchaus auf, dass kirchliche Würdenträger sich zwar einerseits gegen die politische Zumutung verwehren, dass ihr Glauben und die ihn tragenden Institutionen, die Kirchen, nicht mehr denn bessere „Wertevermittlungsagenturen" für die Gesellschaft zu funktionieren haben, sie aber im beinahe selben Atemzug den Anspruch erheben, genau dies zu sein und für das Zusammenleben von Kindern und Jugendlichen mindestens soviel zu leisten wie eine philosophische Ethik. Last but not least sei noch auf die ebenso heftig geführte Debatte um die Einführung ordentlichen, bekenntnisgebundenen muslimischen Religionsunterrichts in Hessen erinnert.

Aber auch jenseits derartig aktuell politischer Ereignisse ist die Frage nach der Religion im Hinblick auf die Deutungs- und Orientierungsbedürfnisse einer sich immer weiter pluralisierenden Gesellschaft der „Zweiten Moderne" (Ulrich Beck) von nicht zu unterschätzender Bedeutung. Davon zeugt nicht zuletzt die Frage nach Rolle und Funktion der Darwinschen Evolutionstheorie, genauer die Frage danach, warum – wenn Darwin recht hat – es dann überhaupt noch anderer als naturalistischer Weltbilder bedarf, bzw. ob die Religionen, wie etwa Jürgen Habermas vermutet, eine Semantik enthalten, die für eine Gesellschaft, die nicht der Dialektik der Aufklärung unterliegen will, unverzichtbar ist; eine Semantik, in der Gehalte der Hoffnung, des Trostes und der schützenswerten Einmaligkeit eines jeden Menschen, seiner Würde, ihren historisch bisher unübertroffenen Ausdruck gefunden haben.

Endlich stellt sich über systematische Fragen dieser Art hinaus das Problem, wie und vor allem in welcher Form in Gesellschaften unseres Typs Kinder und Jugendliche in religiöse Gemeinschaften, in Konfessionen, und – im Bereich des Christentums - in das hineinwachsen, was traditionell als „Kirche" bezeichnet wird; wie sie also – so der erziehungswissenschaftliche Terminus – in die Religion „einsozialisiert" werden. Oder spezifischer: wie und warum Jugendliche in westlichen Gesellschaften, hier: speziell der Bundesrepublik Deutschland und eines als besonders kirchennah geltenden Milieus, nämlich des katholischen und evangelischen, zu Mitgliedern ihrer Kirche werden. Grundsätzlich gilt: Was „Religion" im Jugendalter bedeutet, lässt sich gewiss nicht grundsätzlich aussagen – vielmehr ist hier, wie auch bei anderen Fragen der pädagogischen Anthropologie von der doppelten Historizität ihres Gegenstandes auszugehen: also erstens von der Geschichtlichkeit der Kategorien, mit denen wir ein Phänomen zu erfassen versuchen und zweitens von der Historizität des untersuchten Gegenstandes selbst. Aber sogar wenn man diese doppelte Historizität einräumt, bleibt noch die Problematik der Ungleichzeitigkeit, d. h. der Tatsache, dass im Rahmen einer Gesellschaft, die heute nur die Weltgesellschaft sein kann, sowohl unterschiedliche Ausformungen dessen, was wir als „Jugend" bezeichnen als auch unterschiedliche Ausformungen dessen, was wir als „Religion" bezeichnen, existieren. Für den deutschen Fall legt die Studie von Nils Köbel neue Erkenntnisse vor.

Als minimale Bestimmung dessen, worum es geht, hat der Jugendforscher Richard Münchmeier im Blick auf deutsche Jugendstudien festgestellt: „Nach traditionellem Verständnis gehören religiöse Themen, gesteigerte Empfänglichkeit für religiöse Seelenzustände oder religiöse Erfahrungen im weiteren Sinn, wie die Auseinandersetzung mit Sinnfragen, mit Tod und Endlichkeit, zur Adoleszenzphase."[1] Diese Empfänglichkeit, dieses Bedürfnis nach sinnhafter Einbettung existenzieller Erfahrungen lässt sich als ein entwicklungspsychologisches Konstrukt fassen, nämlich als „Religiosität", die der Religionspädagoge Hartmut Beile in Unterscheidung zu einem vor allem religionssoziologischen Begriff wiederum so fasst: „Religiosität ist die Beziehung des einzelnen Menschen zu Gott oder dem Transzendenten. Gott oder das Transzendente bezeichnet die von dem einzelnen Menschen als letzte, höchste oder tiefste betrachtete Wirklichkeit, die das Irdische, Natürliche oder sinnlich Wahrnehmbare überschreitet."[2] Diese, sichtlich von den Entwicklungspsychologen Fritz Oser und James Fowler inspirierte Definition steht in der Tradition des Pragmatismus – William James hat Religiosität bekanntlich in seiner „Vielfalt religiöser Erfahrung" in aller Kürze so defi-

---

1 R. Münchmeier, Jugend und Religion, in: C. Wulf u. a. Formen des Religiösen. Pädagogisch-Anthropologische Annäherungen, Weinheim/ Basel 2004, S. 127
2 H. Beile, Religiöse Emotionen und religiöses Urteil, Ostfildern 1998, S. 27

niert: „Gefühle, Handlungen und Erfahrungen von Menschen in ihrer Einsamkeit, sofern diese sich selbst als Personen wahrnehmen, die in Beziehung zu etwas stehen, das sie in irgendeinem Sinne als das Göttliche betrachten."[3]

Tatsächlich kann die empirische Forschung deutlich nachweisen, dass religiös-spirituelle Menschen im Allgemeinen, Kinder und Jugendliche im Besonderen, im Allgemeinen physisch und psychisch gesünder, resilienter und stressresistenter sind als Personen mit ansonsten gleichen sozialen und psychischen Merkmalen, die keine Verbindung zur Religion haben. Sozialpsychologisch jedenfalls wirkt religiöse Erziehung auf den allerersten Blick wie eine bestimmte Form der Werterziehung, von der sie sich allerdings dadurch unterscheidet, dass sie sich auf einen Kanon religiöser Erzählungen bezieht, sowie auf bestimmte Formen familialer und gottesdienstlicher Rituale und Liturgien. Jedenfalls geben Untersuchungen zur religiösen Sozialisation keinen eindeutigen Hinweis darauf, ob eine konsequent säkular oder religiös begründete Werterziehung grundsätzlich förderlicher oder abträglicher im Hinblick auf die Entfaltung der Persönlichkeit wirkt. In beiden Fällen kommt es darauf an, mit welchen Themen und – vor allem – wie diese Werterziehung betrieben wird. Stärker als eine allgemeine Werterziehung basiert religiöse Erziehung schließlich auf mit den oben genannten Erzählungen verbundenen häuslichen sowie gottesdienstlichen Ritualen und Symbolen und endlich auf einem eigenen religiösen Bewusstsein von Kindern und Heranwachsenden, also einer – wie die einschlägige Entwicklungspsychologie das nennt – entwicklungsfähigen Haltung zu einem „Absoluten", das sich jedenfalls kleinen Kindern zunächst als eine transzendente, übermächtige Person, eben als der „liebe Gott" darstellt.

Da religiöse Erziehung jedoch in vielen Fällen auch als Werte- oder Moralerziehung gefasst wird, muss ihr auch ein erheblicher Einfluss auf die Gewissensbildung zugesprochen werden. Dabei stellt sich dann die Frage, ob und in welchem Ausmaß und vor allem wie eine göttliche Instanz als angenommene unmittelbare Autorität in Fragen dessen, was zu tun oder zu unterlassen ist, auf das Kind und später den Jugendlichen wirkt. Ob die förderliche Wirkung der Religiosität an ihren Inhalten selbst oder daran liegt, dass religiöse Elternhäuser jedenfalls in westlichen, vor allem europäischen Gesellschaften sich ihren Kindern insgesamt liebevoller zuwenden, bzw. in fortgeschrittenen westlichen Gesellschaften zunehmend mehr ein Mittelschichtphänomen darstellen, ist ungeklärt. So scheint es, dass religiöse Jugendliche im deutschsprachigen Raum stärker den Werten der Selbstkontrolle und Leistungsorientierung verpflichtet sind und überhaupt weniger aggressiv, disziplinierter und prosozialer sind als religiös nicht geprägte Jugendliche. Für die Jugendphase scheint sich grundsätzlich zu erweisen, dass religiöse

---

3   W. James, Die Vielfalt religiöser Erfahrung, Olten 1979, S. 41

oder spirituelle Jugendliche in einem deutlich geringeren Ausmaß zu delinquentem Verhalten neigen.

Mit der hier vorgelegten empirischen Untersuchung verlässt Nils Köbel jedoch den engeren Raum familialer religiöser Erziehung und weitet den Blick – empirisch geschärft und beglaubigt – auf das bisher viel zu wenig beachtete Feld einer religiösen Sozialisation im Bereich der peer group bzw. im Bereich organisierter Jugendarbeit. Mit dieser Studie erhält die Öffentlichkeit nun erstmals einen genaueren Einblick in mindestens die religiöse Sozialisation im Umfeld der katholischen bzw. evangelischen Kirche. Köbels Studie gilt einer im weiteren Sinne religionspädagogischen Frage, deren Beantwortung für eine reflektierte kirchliche Jugendarbeit ebenso wichtig ist wie zur Schließung einer Wissenslücke: nämlich belastbaren Befunden zum religiösen Selbstverständnis, zumal im Rahmen der katholischen bzw. evangelischen Kirche organisierter Jugendlicher. Dazu stellt der Autor zunächst die Ergebnisse der sozialwissenschaftlichen Debatte zum Konstrukt persönlicher Identität dar, um im Folgenden neuere und neueste Theorieansätze zu Kirche und Religion im Jugendalter zu entfalten, um endlich auf der Basis exzellent geführter und penibel ausgewerteter lebensgeschichtlicher Interviews das Spannungsverhältnis von religiöser Sinnsuche hier und institutioneller Bindung dort zu erhellen.

Den detaillierten Ergebnissen ist an dieser Stelle nicht vorzugreifen. Gleichwohl kann gesagt werden, dass die vorliegende Studie nicht nur in ihrer spezifisch religionssoziologischen und religionspsychologischen Methodologie wegweisend ist und dass – vor allem – hier an einem Fall gezeigt worden ist, wie man wissenschaftlich jenseits schlichter und notwendig oberflächlich bleibender Einstellungsuntersuchungen die religiöse Entwicklung Jugendlicher im Spannungsfeld von Spiritualität und Institution erforschen und darstellen kann. Die vorgelegten Ergebnisse eignen sich nicht zur schlichten pädagogischen Umnutzung, schon gar nicht zu einer „technologischen" Transformation im Sinn einer gezielten Werteerziehung, wohl aber zu der Einsicht, dass der Geist – auch und gerade im Jugendalter – weht wie und woher er will – wenn auch in verständlichen institutionellen Bahnen.

Frankfurt am Main, im März 2009   Micha Brumlik

Einleitung

„Insgesamt können die Kirchen (...) auf eine recht breite Anerkennung ihrer Existenzberechtigung bei den Jugendlichen blicken" (Jugend 2006, S. 218). Dieses Ergebnis des Kapitels „Jugend und Religiosität" der 15. Shell-Jugendstudie aus dem Jahr 2006 unterstützt die Schlussfolgerungen zahlreicher Untersuchungen, in denen trotz ernsthafter kritischer Anfragen eine generelle Akzeptanz der christlichen Kirchen bei Jugendlichen diagnostiziert wird.

Das Thema ‚Jugend und Kirche' scheint zudem in der Öffentlichkeit wieder stärker präsent geworden zu sein; kirchliche Großereignisse wie der Besuch des deutschen Papstes Benedikt XVI. auf dem katholischen Weltjugendtag, der hunderttausende Jugendliche aus der ganzen Welt anzog, lassen zahlreiche Religions- und Sozialwissenschaftler von einer „Wiederkehr der Religion" auch unter Jugendlichen sprechen (IFD Allensbach 2006).

Obwohl sich die Bedeutung der christlichen Kirchen in der säkularisierten Moderne erheblich verändert hat, bleiben sie somit ein vielleicht sogar zunehmend wichtiger Bestandteil moderner Gesellschaften.

Vor diesem Hintergrund legt die vorliegende Arbeit in einer erziehungswissenschaftlichen Perspektive den Untersuchungsfokus auf Jugendliche, die sich innerhalb der evangelischen bzw. katholischen Kirche verorten und in einer Kirchengemeinde signifikant aktiv sind. Kirchliche Ortsgemeinden profitieren in vielfältigen Bereichen häufig von ehrenamtlichen jugendlichen Mitarbeitern, die sich in Kinder- und Jugendgruppen engagieren oder auch selbst in Anschluss an christliche Jugendverbände Gruppenleiterfunktionen einnehmen. Es geht in dieser Studie somit nicht wie in zahlreichen anderen Untersuchungen um die aktive Teilnahme an neuen christlichen Gemeinschaften oder außerkirchlichen religiösen Aufbrüchen, sondern um Jugendliche in evangelischen und katholischen volkskirchlichen Gemeinden, die in der gegenwärtigen religionspädagogischen Forschung oft vernachlässigt erscheinen.

Das Ziel der Arbeit besteht hierbei in einer Rekonstruktion der Motive und Relevanzen, die kirchlich orientierte Jugendliche in ihren biographischen Selbstdarstellungen als Begründung dafür nennen, dass sie in ihrer Adoleszenz auch in der pluralen und individualisierten Gesellschaft, in der Religion vollends zur Privatsache erklärt und ganz in die freie Entscheidung des Einzelnen gestellt wird, Kirche als einen zentralen Handlungs- und Orientierungsrahmen ihres Lebens wählen. Die Betrachtung dieser Faktoren führt zu dem entscheidenden Begriff der ‚kirchlichen Identität im Jugendalter'. Deren empirische Erfassung und Untersuchung bildet die zentrale Aufgabe dieser Studie.

Als konzeptuellen und methodischen Ausgangspunkt wird hierfür der Ansatz der ‚narrativen Identität' gewählt, deren theoretische Grundlagen im Folgenden kurz dargestellt werden sollen.

Narrative Identität

Grundlegende anthropologische Theorien beschreiben Identität als die heranreifende Fähigkeit eines Individuums, durch den Prozess der Rollenübernahme sich selbst aus der Perspektive eines Anderen betrachten zu können. Indem auf diese Weise das Selbst ein Objekt für sich wird, kommt es zu einer individuellen Selbstdeutung. Die Konzeption des symbolischen Interaktionismus von G. H. Mead begreift Identitätsbildung dementsprechend als einen systematischen Prozess des Rückbezugs. Sprachliche Kommunikation als intersubjektiv gültiges Symbolsystem ist dabei verbunden mit dem Akt des symbolischen Perspektivenwechsels (Mead 1968).

Auf dieser Grundlage entsteht sowohl die Theorie des „Lebenszyklus" von Erik Erikson, der Identitätsentwicklung im Rahmen eines psychosozialen Wachstumsprozesses beschreibt, als auch den jeweiligen Lebensabschnitten angemessene Stufentheorien der Selbstentwicklung, die Identitätsbildung von der ersten präverbalen Selbstempfindung im Säuglingsalter bis zu einem autonomen Selbst im Erwachsenenalter nachzeichnen (Erikson 1974; Damon/Hart 1982; Kegan 1982).

Eine spezifische Korrektur erfahren diese klassischen Ansätze durch die Konzepte postmoderner Identität, in denen erkannt wird, dass normierende Traditionen aufgrund der geforderten Innovationsbereitschaft der spätmodernen Gesellschaft an Verbindlichkeit verlieren und Pluralismus selbstverständlich wird. Die Hauptanforderungen an die Identitätsbildung in der Postmoderne bestehen daher in einer hohen Flexibilität und Ambiguitätstoleranz (Habermas 1992; Krappmann 1997).

Eine integrative Sicht auf Identität ermöglicht schließlich das Konzept der narrativen Identität. Es geht von der zentralen Annahme aus, dass die Selbstdeutung einer Person wesentlich durch das Mittel der Narration, des Erzählens biographischer Geschichten, erfolgt. Identität erscheint hierbei als subjektive Konstruktion, in der das Subjekt durch die erzählerische Vergegenwärtigung des eigenen Lebens ein biographisch begründetes Verhältnis zu sich selbst gewinnt. Erzählend organisiert das Individuum sein Leben in einen vielfältigen Zusammenhang: „So leben wir auf signifikante Weise durch Geschichten – sowohl durch das Erzählen als auch durch das Handeln selbst" (Gergen 1988).

Dieser Ansatz ermöglicht eine Integration der Grundlagentheorien und der Konzepte postmoderner Identität, da der Umgang des Subjekts mit den sozialen Erwartungen, Widerspiegelungen und sozialisatorischen Erfahrungen sich grundsätzlich durch die Herstellung von individuellen Narrationen vollzieht. In der Konstruktion von subjektiven Lebensgeschichten definiert der Einzelne seine Identität als individuell einmalig ausgehandelte Gelenkstelle zwischen Individuum und Umwelt. Identität wird hierbei nicht statisch, sondern gerade als Prozess verstanden, in dem eine stetige Neubearbeitung der individuellen Selbstdeutung erfolgt. Aufgrund dieser Erkenntnisse soll in der vorliegenden Studie kirchliche Identität über einen narrativen Zugang empirisch erfasst werden.

Das narrative Interview als Konzept der religionspädagogischen Identitätsforschung

Um das dargestellte Untersuchungsziel zu erreichen, nutzt die vorliegende Studie im Gegensatz zu zahlreichen quantitativen Untersuchungen auf dem Forschungsgebiet „Jugend und Religion" eine dem Ansatz der narrativen Identität entsprechende, den qualitativen Forschungszugängen zuzurechnende Erhebungsmethode: Ausgehend von der zentralen Annahme, dass die Reflexion eines Menschen, seine alltägliche Interaktion sowie die Organisation von jeglichem Erlebten durch Narrationen geschieht, werden in der Untersuchung eine exemplarische Anzahl gemeindeaktiver Jugendlicher gebeten, von ihren frühesten Erinnerungen ausgehend ihr persönliches Verhältnis zu Religion und Kirche darzustellen. Die daraufhin erfolgenden autobiographischen Erzählungen bieten einen exzellenten Zugang zur individuellen kirchlichen Identität, da diese im Prozess des Erzählens nicht nur *dargestellt*, sondern gleichsam durch die erfolgende narrative Konstruktion *hergestellt* wird (Deppermann/Lucius-Hoene 2002).

In den Interviews wird es dem Forscher so möglich, die Ebene der Ereignisbeobachtung bei der subjektiven Konstruktion von Identität einzunehmen.

Für die Analyse dieser Selbstdarstellungen steht ebenfalls das ausgewählte Identitätskonzept im Vordergrund: Die narrative Betrachtungsweise fordert eine Analyse der sprachlichen Herstellungsleistungen, die für die Vergegenwärtigung der eigenen Biographie genutzt werden; wenn Identität wesentlich aus Lebensgeschichten besteht, muss deren Untersuchung an den Narrationen einer Person ansetzen. Die Analyse kirchlicher Identität wird so zu einer angewandten Textanalyse entsprechender autobiographischer Erzählungen.

Als empirischer ‚Werkzeugkasten' für diese Identitätsbetrachtungen bietet sich in besonderer Weise die von Arnulf Deppermann und Gabriele Lucius-Hoene entwickelte Methodik der „Rekonstruktion narrativer Identität" aus dem Jahr 2002 an, die in ihren sozio-linguistischen Techniken exakt dem genannten Forschungszugang entspricht. Sie bildet daher die methodische Rahmung der Arbeit. Als Identitätsrekonstruktion wird in dieser Methode die vom Individuum narrativ dargestellte Biographie als Medium der Selbstpräsentation zentral genutzt. Der Erkenntnisgewinn bezieht sich dann auf die aktuell vollzogene Identität des erzählenden Subjektes im Interview. Rekonstruiert werden die für narrative Identität konstitutiven sprachlich-kommunikativen Leistungen, das heißt die interaktiven, rhetorischen und mikroprozessualen Aspekte, mit denen narrative Identität hergestellt und dargestellt wird. Dabei werden die Erkenntnisse über formale Prinzipien der Herstellung von Sinn in verbalen Interaktionen im Allgemeinen und von narrativer Identität im Besonderen für die Analyse verwendet. Diese neuartige Methode basiert einerseits auf erzähltheoretischen und hermeneutischen Grundlagen und andererseits auf den theoretischen und methodischen Ansätzen der Konversations-, Gesprächs- und Positionierungsanalyse.

Zum Aufbau der Arbeit

Die Studie besteht aus drei Hauptteilen. In einem ersten Abschnitt werden die theoretischen Grundlagen der Arbeit anhand der drei zentralen Begriffe Jugend, Identität und Kirche entfaltet. Hierbei liegt die Konzentration auf jenen theoretischen Konzepten, die für die Auswertungen und analytischen Abstraktionen im empirischen Teil genutzt werden können. Die theoretischen Darstellungen dienen somit nicht nur der Begriffsklärung, sondern liefern entscheidende Verstehensvoraussetzungen für die empirischen Analysen. Daher werden die entsprechenden Theoriemodelle dem empirischen Teil der Arbeit vorangestellt.

Der Theorieteil beschäftigt sich zunächst mit dem Themenkomplex ‚Identität' als Entwicklungsaufgabe der Jugendphase. Neben der Definition des Jugendalters anhand psychologischer und soziologischer Abgrenzungskriterien von der Lebensphase Kindheit und dem Erwachsenenalter ist es für die Studie entscheidend, ‚Jugend' als eigenständige Lebensphase zu postulieren, da die Rekonstruktion kirchlicher Identität im Jugendalter selbst ansetzt, da sie trotz der Veränderungsdynamiken in modernen, ausdifferenzierten Gesellschaften immer noch als sensible Phase für die Identitätsentwicklung betrachtet wird (Keupp 2002).

Der entscheidende Begriff ‚Identität' wird im Anschluss an diese Darstellungen behandelt. Der Ausgangspunkt liegt hierbei in den grundlegenden Theorien des symbolischen Interaktionismus und den klassischen Stufentheorien der Selbstentwicklung. Um den aktuellen sozialstrukturellen Rahmenbedingungen gerecht zu werden, folgt daraufhin eine Zusammenfassung der gesellschaftlichen Veränderungsdynamiken der Postmoderne in ihren Auswirkungen auf die Persönlichkeitsentwicklung. Der Abschnitt mündet schließlich in die Konzeption der narrativen Identität als Grundlage der empirischen Untersuchung.

Im Vordergrund des zweiten theoretischen Themenbereichs stehen die Begriffe ‚Kirche' und ‚Religion im Jugendalter'. Hierbei werden zunächst die strukturellen Merkmale der katholischen bzw. evangelischen Kirche und das Verhältnis der Institution Kirche zur Jugend im Modernisierungsprozess beleuchtet. Zum anderen wird eine für die Auswertungen der Untersuchung relevante Auswahl an religionspsychologischen und -pädagogischen Konzepten vorgestellt, die sich auf die Entwicklung von Glauben und Religiosität konzentrieren, da dieser Aspekt für Kirchlichkeit eine entscheidende Rolle spielt.

Die empirischen Betrachtungen bilden den zweiten Teil der Arbeit. Er beginnt mit der Darstellung der Methode, in der die wichtigsten Interpretationstechniken für die Interviews vorgestellt werden. Jede Auswertung wird auf diese Weise methodisch nachvollziehbar. In einem zweiten Schritt wird das Sampling und der Erhebungsrahmen der Studie vorgestellt. Um den Forschungsprozess transparent zu halten, folgen daran anschließend erste Einblicke in die empirischen Daten, die schließlich zu den Ergebnissen der Untersuchung in Form einer Typologie und eines Phasenmodells für kirchliche Identität im Jugendalter führen. Diese analytischen Abstraktionen bilden das Resultat einer im Sinne der ‚Grounded Theory' erfolgten Kontrastierung von Daten und ausgewählten theoretischen Konzepten, die anhand des empirischen Materials präzisiert und weiterentwickelt werden.

Der dritte Teil der Untersuchung beinhaltet eine abschließende Zusammenfassung der Ergebnisse sowie einen erziehungswissenschaftlichen Ausblick auf entwicklungsfördernde und -hemmende Anregungsbedingungen für kirchliche Identität.

Teil I
Theoretische Grundlagen

Die Darstellung der theoretischen Grundlagen der vorliegenden Studie richtet sich nach den hierfür zentralen Begriffen ‚Jugend', ‚Identität' und ‚Kirche'. Nachdem das Jugendalter als eigenständige Lebensphase und das gewählte Konzept der narrativen Identität theoretisch hergeleitet wird, steht die Beschreibung des katholischen bzw. evangelischen Kirchenverständnisses sowie die Präsentation ausgesuchter religionspsychologischer und -pädagogischer Konzepte im Vordergrund.

1 Identitätsbildung als zentrales Thema des Jugendalters

Identitätsarbeit gehört auch in modernen, ausdifferenzierten Gesellschaften zu der Entwicklungsaufgabe des Jugendalters schlechthin. Um die dargestellte Forschungsfrage zu beantworten, soll sich daher der Untersuchungsfokus auf diese Lebensphase richten, da nur hier eine konkrete Ereignisbeobachtung bei der narrativen Darstellung und Herstellung kirchlicher Identität im Jugendalter möglich wird. Deshalb sollen vor der Beschreibung des entscheidendes Begriffes ‚Identität' zunächst einführende Bemerkungen zur Lebensphase Jugend erfolgen.

1.1 ‚Lebensphase Jugend' – eine Begriffsbestimmung anhand aktueller Theorien

Die Entwicklung im Jugendalter ist eine Phase innerhalb des Lebenszyklus, die durch das Zusammenspiel biologischer, kognitiver und sozialer Veränderungen gekennzeichnet ist. Durch die entstehende Veränderungsdynamik wird die Lebensphase Jugend zu einer Quelle vielfältiger Erfahrungen, die zwei zentrale Aspekte umfassen: Einerseits Verhaltensformen und Privilegien der Kindheit aufzugeben und andererseits Merkmale und Kompetenzen zu erwerben, die den Status der Erwachsenenwelt kennzeichnen (Oerter/Montada 1998).

Der Begriff ‚Jugend' wird in den Sozialwissenschaften in mehreren Bedeutungsdimensionen definiert. So repräsentiert er zunächst ein historisch und kulturell verankertes Phänomen, dessen Definition dem geschichtlichen

Wandel des Verständnisses verschiedener Altersstufen unterliegt (Ariès 1978; Gillis 1980).

Über diese bestimmte, als soziohistorisches Konstrukt verstandene Lebensphase hinaus bezeichnet ‚Jugend' als Phänomen multidisziplinären Interesses (1.) ein Entwicklungsstadium im individuellen Lebenslauf, das nach alterspezifischen Entwicklungs- bzw. Lernaufgaben differenziert werden kann, (2.) eine soziale Gruppe als Bestandteil der Gesamtbevölkerung einer Gesellschaft und Kultur und (3.) spezielle Kohorten im zeitgeschichtlichen Wandel wie epochale Jugendgenerationen mit bestimmten Lebensstilen, Normen, Werten und Idealen.

Um Jugendliche in ihren konkreten Biographien studieren zu können, müssen zunächst Kriterien gefunden werden, welche das Jugendalter von der Lebensphase Kindheit und von der Erwachsenenwelt abgrenzen und so als eigenständige Phase im menschlichen Lebenslauf definieren. Dafür sollen zunächst psychologische und anschließend soziologische Argumente gefunden werden.

1.1.1 Psychologische Abgrenzungskriterien

Moderne Entwicklungstheorien der kognitiven Psychologie verstehen Entwicklung im Jugendalter als kontinuierliche Funktionsreifung, bei der endogene Prozesse in Zusammenhang mit kulturellen Prägungen erfolgen.

In der Jugendphase erreicht das Gehirn das Endstadium seiner Reifung, die entsprechenden Intelligenzkurven beginnen mit dem 18. bis 19. Lebensjahr abzuflachen. Die Fähigkeit des numerischen Denkens steigt, die Sprache wird differenzierter, das Gedächtnis erreicht den Höhepunkt seiner Leistungsfähigkeit.

Im Bereich der kognitiven Psychologie ist in diesem Zusammenhang das grundlegende strukturgenetische Entwicklungsmodell von Jean Piaget bedeutend, das die aktive Entfaltung des menschlichen Verstandes in nicht überspringbaren Hauptstufen fasst, in denen nach ersten reflexhaften Handlungen die Umwelt zunehmend gedanklicher, differenzierter und logischer verstanden wird. Die Theorie von Piaget ist für die Betrachtung des Jugendalters zentral, da sie am Ende der Kindheit, beim Übergang zur Adoleszenz, eine entscheidende Entwicklungsphase im Sinne einer qualitativen Transformation des Denkens verortet: Jugendliche können Sets von Kombinationen bilden und systematisch ausschöpfen sowie systematisch Aussagen über Regelmäßigkeiten manipulieren. Damit werden sie unabhängig von der konkreten Bindung an in der Wahrnehmung vorhandene Stimuli. Darüber hinaus können Jugendliche in die Zukunft denken und hypothetische Wirklichkeiten konstruieren. Die Adoleszenz bietet so nach Piaget die Möglichkeit, Beziehungen im Sinne eines gleichzeitig distanzierten und generalisierten Verhältnisses zur Umwelt herzustellen. Das Jugendalter wird durch die genannten

Prozesse der kognitiven Reifung zu einer günstigen Phase für den Aufbau mündigen Urteils und kritischen Denkens in allen Lebensbereichen. Jugendliche erwerben ein immer differenzierteres Wissen über das eigene Denken, das „Metakognition" genannt wird. Es bildet sich dabei eine wichtige Grundlage für die kognitive Selbstregulierung, für die gezielte Lenkung der eigenen, insbesondere kreativen Lernprozesse aus. Die Steigerung der intellektuellen Leistungen im Jugendalter ist der kognitiven Psychologie zufolge Ausdruck einer Zunahme der Qualität der Informationsverarbeitung, eines komplexen Prozesses, an dem verschiedene Komponenten der Dekodierung, Speicherung, Transformation und Enkodierung von Informationen beteiligt sind. Jugendliche können Informationen besser verarbeiten als Kinder, weil sie grundlegende Prozesse stärker automatisiert und überlernt haben, verschiedene Dimensionen besser simultan präsent halten und kombinieren können, bessere Strategien der bewussten Organisation von Wissen haben und das Arbeitsgedächtnis eine größere Kapazität besitzt. Durch diese Fähigkeiten werden die grundlegenden Funktionen der fluiden Mechanik entlastet und inhaltlich größere Leistungen ohne eine wesentliche Änderung der logischen Grundlagen des Intellekts möglich (Fend 2000).

In der psychoanalytischen Betrachtungsweise, in der die Persönlichkeitsentwicklung im Wesentlichen auf die Bearbeitung des Spannungsverhältnisses zwischen der inneren Natur der Triebe und der äußeren Natur der kulturellen Anforderungen mit ihren sozialen Normen und Sanktionen zurückgeführt wird, postulieren auch klassische Ansätze für das Jugendalter besondere, von der Kindheit deutlich unterscheidbare Entwicklungsschritte: So wird die Sexualerregung dem Primat der Genitalzonen zugeteilt, das bedeutet, dass alle Formen der libidinösen Erregung auf die Sexualerregung im engeren Sinn bezogen werden. Dabei erfolgt eine Umorientierung der libidinösen Objektbesetzung von den Eltern weg auf Gleichaltrige außerhalb der Familie. Durch das etablierte Inzesttabu müssen Individuen ihre Bindungen an die Eltern lösen um eigenständige sexuelle Kontakte zu Gleichaltrigen aufbauen zu können. Es entsteht zudem das Ich-Ideal als selbst aufgebaute Instanz der Handlungsbewertung jenseits des elterlich geprägten Über-Ichs. Das Jugendalter zeichnet sich so durch einen fundamentalen Wandel der Triebstruktur und den damit verbundenen Beziehungsstrukturen und psychischen Instanzen aus.

Weiterführende psychoanalytische Theorien rücken für die Wirkungszusammenhänge moderner Gesellschaften narzisstische Aspekte in das Zentrum der Betrachtung: Anstelle einer Ablehnung des elterlich geprägten Über-Ichs transportieren Jugendliche ein überstarkes Ich-Ideal aus der Kindheit in die Jugendphase, das zum unerfüllbaren Maßstab für die eigene Selbstakzeptanz wird und es jugendlichen Individuen erschwert, narzisstische Energie auf das reale Ich zu lenken. Es entwickelt sich ein „Hunger nach Bestätigung" für das unerreichbare Ich-Ideal (Ziehe 1975).

Aus der Sicht moderner psychoanalytischer Theorien besteht aber in der Jugendphase auch die Möglichkeit, die in der Kindheit erfahrenen Beziehungen zu den primären Bezugspersonen mit den im Jugendalter hinzugekommenen Bewältigungsmechanismen neu zu bearbeiten und zu bewerten (Bosse 1994).

Unter Berücksichtigung dieser Forschungsbefunde argumentiert der Erziehungswissenschaftler Klaus Hurrelmann, dass „in entwicklungs- und persönlichkeitspsychologischer Sicht mehrere Aspekte geltend gemacht werden (können), die dafür sprechen, zwischen der Lebensphase Kindheit und der Lebensphase Jugend zu unterscheiden" (Hurrelmann 1999).

Ein wichtiger Gesichtspunkt ist dem Autor zufolge dabei der Beginn der Geschlechtsreife. Sie beinhaltet gegenüber der Kindheit eine Reihe neuer, qualitativ andersartiger Verarbeitungsformen von Entwicklungsanforderungen. Durch die Geschlechtsreife kommt es zu einem Ungleichgewicht in der psychischen und physischen Struktur der Persönlichkeit, da der gesamte Körper in anatomische und hormonale Veränderungen einbezogen ist. Die Veränderungen erfordern eine umfassende Anpassung auf sozialer und psychischer Ebene. Hurrelmann nennt diese Prozesse „eine ‚Neuprogrammierung' von physiologischen, psychologischen und auch sozialen Systemen" (Hurrelmann 1999, S. 31).

In psychologischer Hinsicht unterscheidet sich das Jugendalter vom Kindesalter also dadurch, dass eine veränderte psychische und körperliche innere Selbstwahrnehmung auf eine ihrerseits veränderte äußere Wahrnehmung trifft, die ein in der Lebensgeschichte vorher nie dagewesenes Anpassungsverhalten vom Individuum erfordert. Untersuchungen haben belegt, dass die jugendliche Selbstwahrnehmung des eigenen Körpers durch die beschriebenen einsetzenden Veränderungen in hohem Maße sensibler und aufmerksamer geschieht, als dies im Kindesalter der Fall ist (Feldmann/Elliot 1990).

Im Jugendalter ist die körperliche und geistige Entwicklung zum ersten Mal so weit vorangeschritten, dass sich Jugendliche emotional und intellektuell als selbständig verstehen und wahrnehmen können. Daher sind die Prozesse der Aufgabenbewältigung gerade in dieser Lebensphase im Unterschied zur Kindheit sehr spannungsreich (Erikson 1998).

Die Bewältigungsverfahren sind in der Jugendphase anders strukturiert als im Kindesalter. Sie können nur dann erfolgreich sein, wenn sich Jugendliche von den primären Bezugspersonen lösen und eine eigenständige Organisation von Bewältigungsprozessen vornehmen. Während in der Kindheit Imitation und Identifikation mit den Eltern als Entwicklungsmechanismen im Vordergrund stehen, sind es in der Lebensphase Jugend die Verarbeitung der Ablösung von den Eltern im Sinne einer Individuierung als Voraussetzung für die Steuerung der individuellen Entwicklung (Lerner 1980).

Um die beschriebenen psychosozialen Anforderungen genauer zu bestimmen, hat sich in der Entwicklungspsychologie das Konzept der „Entwicklungsaufgaben" von R. J. Havighurst durchgesetzt. Die zentrale These dieses Konzeptes beruht darauf, dass Entwicklungsaufgaben mit Lernaufgaben gleichzusetzen sind. Eine bestimmte Entwicklungsaufgabe stellt demnach ein Bindeglied im Spannungsverhältnis zwischen individuellen Bedürfnissen und gesellschaftlichen Anforderungen dar: "It assumes an active learner interacting with an active social environment" (Havighurst 1982, S. 6).

Havighurst ordnet in seiner Entwicklungspsychologie bestimmte Lernaufgaben konkreten Lebensabschnitten zu. Auswirkungen der Bewältigung früherer Aufgaben werden auf nachfolgende bezogen. Für die Jugendphase lassen sich folgende Entwicklungsaufgaben formulieren:

- Entwicklung einer intellektuellen und sozialen Kompetenz, die den Anforderungen in Schule und beruflicher Ausbildung gerecht wird. Ziel ist dabei, eigenständig einen Beruf aufzunehmen und dadurch eine ökonomische Basis fürs Leben zu erlangen.
- Entwicklung einer eigenen Geschlechterrolle und eines geschlechtlichen Selbstverständnisses, das soziale Bindungen zu Peers des eigenen und des anderen Geschlechts sowie den Aufbau einer sexuellen Partnerbeziehung als Basis für eine Familiengründung ermöglicht.
- Entwicklung einer eigenständigen Kompetenz im Bereich der bedürfnisorientierten Nutzung des Konsummarktes und der Medien.
- Entwicklung eines Werte- und Normensystems sowie eines moralischen und politischen Bewusstseins, das die verantwortliche Übernahme von gesellschaftlichen Partizipationsrollen im kulturellen und politischen Feld ermöglicht.

Diese genannten Entwicklungsaufgaben unterscheiden sich deutlich von denjenigen des Kindesalters, die vom Aufbau elementarer kognitiver und sozialer Kompetenzen geprägt sind.

Auch im Vergleich der Jugendphase zur der Lebensphase Erwachsener zeigen sich aus psychologischer Perspektive zahlreiche Argumente dafür, das Jugendalter als eigenständige Lebensphase zu bestimmen.

Das Erwachsenenalter zeichnet sich durch die Lösung aller genannten Entwicklungsaufgaben aus, die Entfaltung der kognitiven und sozialen Kompetenzen sowie der Aufbau der Selbständigkeit ist abgeschlossen und die Übernahme von selbstverantwortlichen Leistungstätigkeiten ist erfolgt, die psychische und soziale Möglichkeit einer festen geschlechtlichen Beziehung und die damit verbundene Voraussetzung zum Aufbau einer eigenen Familie ist gegeben. Dabei ist aus psychologischer Sicht entscheidend, dass es zu einer ökonomischen aber auch innerweltlichen Ablösung von den Eltern als unabdingbare Voraussetzung für den Aufbau einer neuen Familie gekommen ist. Im Erwachsenenalter existiert ein stabiles Normen- und Wertesystem, und der Konsummarkt kann kontrolliert und reflektiert genutzt werden.

Es kann somit erst dann von einem Übergang vom Jugendalter in das Erwachsenenalter gesprochen werden, wenn diese aufgezählten Entwicklungsaspekte gelöst und eine gelungene Passung von gesellschaftlichen Erwartungen und individuellen Ressourcen hergestellt wurde. Aus entwicklungspsychologischer Perspektive ist es entscheidend, dass die Bewältigung der in der Pubertät erfolgenden körperlichen, psychischen und sozialen Veränderungen gelungen und zu einem zumindest vorläufigen Ende gekommen ist.

Die Abgrenzung des Jugendalters zur Lebensphase Kindheit und zum Erwachsenenalter weist in der empirischen Betrachtung fließende Übergänge auf. Individuelle biographische Unterschiede in der hochgradig ausdifferenzierten westlichen Industriegesellschaft machen es schwer, konkrete Altersangaben als Grenzziehung zwischen den Lebensphasen zu nennen (Hurrelmann 1999).

Dennoch besteht in der psychologischen Forschung weitgehend Konsens darüber, beim Übergang von der Kindheit in das Jugendalter die Jahre um die Geschlechtsreife zu bestimmen, die zwischen 12 und 13 Jahren liegen, bei Jungen etwas später als bei Mädchen.

Beim Übergang von der Jugend in das Erwachsenenalter liegt das Alter nach traditionellen Vorstellungen zwischen 18 und 21 Jahren, doch gerade hier zeigen individuelle Unterschiede in den Biographien, dass einige Jugendliche mehr Zeit benötigen, um die Entwicklungsaufgaben des Jugendalters abzuschließen, hierbei spielen Bildungsabschlüsse und soziale Voraussetzungen eine große Rolle.

1.1.2 Soziologische Abgrenzungskriterien

Analog zu den genannten psychologischen Argumenten, die dafür sprechen, das Jugendalter als abgrenzbar und eigenständig im Lebenslauf zu bestimmen, gibt es entsprechende soziologische Abgrenzungskriterien für die Lebensphase Jugend.

Im Mittelpunkt der soziologischen Betrachtung steht die Frage, in welchem Maß und in welchen Teilbereichen der Gesellschaft der Integrationsprozess in verantwortliche soziale Mitgliedsrollen erfolgt. Soziologisch interessant sind daher im Vergleich zur Psychologie nicht nur individuelle Entwicklungsaufgaben, sondern der Prozess der Sozialisation, der Integration des Individuums in die Sozialwelt. Bedeutend für eine Abgrenzung des Jugendalters zum Kindesalter und der Welt der Erwachsenen sind hierbei Status- und Rollenzugehörigkeiten des Einzelnen innerhalb der Gesellschaft.

In der von Talcott Parsons begründeten strukturell-funktionalen Systemtheorie wird Jugend als eine kollektiv organisierte Statuspassage verstanden, in der die strukturell bestehende Differenz zwischen den sozialen Motiven und Interessen der Jugendlichen und der Erwachsenengesellschaft verarbeitet wird. Dabei vertritt Parsons die Grundannahme, dass das Verhältnis der Jugend zur gesamtgesellschaftlichen Kultur spannungsreich ist, weil die soziale Abgrenzung der Jugendlichen von der Erwachsenenwelt aufgrund der hohen Kommunikationsdichte in Gleichaltrigengruppen eine kulturelle Differenzierung bewirkt. Es entstehen jugendliche Subkulturen, die sich untereinander und von der Erwachsenenwelt unterscheiden wollen (Parsons 1951).

In Weiterführung dieser theoretischen Position analysiert Helmut Fend, dass spezifische wirtschaftliche, kulturelle und politische Generationslagen, die Jugendliche in ihrer Lebenswelt vorfinden, auch einen einheitlichen Typus von Reaktionen und Verhaltensformen, eine so genannte Generationsgestalt, generieren (Fend 2000).

Entwicklung im Jugendalter wird innerhalb dieser theoretischen Ansätze als eine Einleitung in die Kultur verstanden. Jugendliche schaffen sich ihre eigenen Subsysteme, in denen sie zeitweise von der Gesellschaft ausgegliedert und freigesetzt werden, um sich auf die Erwachsenenrolle vorzubereiten und selbständig Wertorientierungen und Handlungsmuster entwickeln zu können. Dazu benötigen Jugendliche jedoch auch Erwartungen und Anforderungen aus dem sozialen Umfeld. Diese Verhaltensanforderungen bestehen Marlis Buchmann zufolge aus bestimmten sozialen Vorstellungen darüber, wie sich individuelle Positionsinhaber allgemein und in konkreten gesellschaftlichen Bereichen und Situationen verhalten sollten und welche Rechte und Pflichten sie besitzen (Buchmann 1983).

Veränderungen dieser sozialen Verhaltensanforderungen, die ein Ausmaß erreichen, dass ein Übergang von einer sozialen Position in eine andere deutlich wird, bezeichnen die Sozialwissenschaften als Positions- oder Statusübergänge. Dieser Sachverhalt trifft beim Übergang vom Kind zum Jugendlichen und beim Übergang vom Jugendlichen zum Erwachsenen zu: Der Übergang vom Status Kindheit in den Status Jugend zeichnet sich nämlich durch eine Erweiterung der Handlungsmöglichkeiten und durch eine größere Rollenvielfalt aus. Das jugendliche Individuum ist in größerem Maße als das Kind in gesellschaftliche Abläufe integriert, es muss sich zunehmend komplexeren sozialen Erwartungen und Pflichten stellen, die entsprechende Kompetenzen zur Teilnahme an hinzugekommenen Sozialsystemen und deren Interaktionsprozessen beinhalten. Hurrelmann schlägt zur genaueren Bestimmung dieser Anforderungen analog zu den von Havighurst formulierten psychologischen Entwicklungsaufgaben folgende soziale Entwicklungsbereiche vor (Hurrelmann 1999):

- Leistungsbereich: Die Leistungskompetenzen müssen entsprechend den erweiterten sozialen Erwartungen anwachsen, dies geschieht fließend und in qualitativen Sprüngen zunehmend unabhängig von den Eltern.
- Familienablösung und Peers: Das Individuum löst sich allmählich aus dem Sozialsystem Familie und baut Kontakte zu Gleichaltrigen auf. Dadurch entstehen soziale Situationen, die neue identitätsstiftende Erfahrungen ermöglichen. Die Ablösung von der Herkunftsfamilie wird auch

in der Soziologie als der entscheidende Schritt zur produktiven Verarbeitung der gesellschaftlichen Ansprüche verstanden.
- Orientierung im Konsummarkt: Ein bewusster Umgang mit Geld und den Angeboten des Warenmarktes wird besonders durch die verstärkten Kontakte zu Peers ermöglicht, die sich strukturell in der gleichen Lebenslage befinden und sich daher in diesem Bereich gegenseitig unter Druck setzen aber auch unterstützen können. Gerade die dadurch entstehende Erfahrungsvielfalt ermöglicht wichtige Lernerfahrungen in diesem Bereich.
- Politische Partizipation: Zum ersten Mal erfolgt im Jugendalter die eigenständige und von der Gesellschaft akzeptierte selbständige Orientierung und schrittweise Mitgestaltung in öffentlichen Räumen. Die Einflussmöglichkeiten der Eltern sind reduziert, dadurch ist eine Selbstbestimmung von politischen Positionen in Auseinandersetzung mit Institutionen und Systemen gefordert und möglich.

In verschiedenen gesellschaftlichen Bereichen wird die gesellschaftliche Rolle zunehmend selbständiger, sie zeichnet sich durch erhöhte soziale Anforderungen aber auch vermehrte Freiheiten und Gestaltungsmöglichkeiten aus. Dieser Prozess des Übergangs vom Status des Kindes in den des Jugendlichen kann nicht eindeutig bei einem bestimmten Alter festgelegt werden, dennoch beginnen die genannten sozialen Aspekte der Statusänderung durchschnittlich in einem Alter von 12 bis 14 Jahren, genau dem Alter, das auch die entwicklungspsychologischen Argumente als Beginn der Lebensphase Jugend umreißen.

Entsprechend der psychologischen Theorie der Entwicklungsaufgaben gilt der soziale Übergang in den Erwachsenenstatus dann als vollzogen, wenn in den genannten sozialen Bereichen die volle Integration in das Sozialsystem erfolgt ist. Erwachsene haben eine berufliche Rolle gefunden, nehmen eigenverantwortlich und reflektiert am Konsummarkt teil, und sie sind fähig zu einer interaktiv-partnerschaftlichen Rolle dem Status eines Beziehungspartners entsprechend als Voraussetzung und Kern eines Familiensystems (Allert 2000).

Ist der Übergang in diese Rollen und Positionen vollzogen, ist das Jugendalter abgeschlossen. Auch hierbei gilt, dass individuelle Unterschiede in den Biographien Jugendlicher in der postmodernen Gesellschaft Altersdifferenzen im Übergang von der Jugend in das Erwachsenenalter ermöglichen. Dennoch existieren normative Vorstellungen darüber, in welchem Alter bestimmte Übergänge zu realisieren sind, und diese Verhaltenserwartungen können von Einzelnen nicht beliebig enttäuscht werden, ohne dass gesellschaftliche Sanktionen einsetzen.

1.1.3 Strukturwandel der Jugendphase

Die Jugendzeit in traditionalen Gesellschaften war durch frühe Arbeitsanforderungen und das Fehlen eines jugendlichen Schonraumes gekennzeichnet. Die Einordnung in die gegebenen Verhältnisse und die Fähigkeit, ihnen standzuhalten, war das zentrale Ziel des Erwachsenwerdens.

Demgegenüber ist in modernen westlichen Industriegesellschaften der Aufbau von Lebenschancen durch Lernen die Leitperspektive von Jugendlichen. Daher ist für die Jugendphase in diesen Gesellschaften ein langer Schulbesuch mit entsprechenden Leistungsanforderungen für den sozialstrukturellen Status charakteristisch und biographisch von zentraler Bedeutung. Jugend ist neben diesen hohen Anforderungen an das Sozialverhalten innerhalb des Kampfes um günstige Ausgangspositionen im sozialen Plazierungsprozess ein Lebensabschnitt, der für einen hohen Freiheitsgrad im Freizeit- und Konsumbereich steht. Die im Vergleich zu anderen Epochen verlängerte Ausbildungszeit führt nämlich zu einer privilegierten, erwerbsarbeitsfreien Zeit, die den sozialen Status Jugendlicher im Alltag oft im Hintergrund hält (Habermas 1969).

Hierdurch wird ein Entfaltungsraum für Identitätsentwicklung über soziale Erkennungsmerkmale hinaus ermöglicht. Im Freizeit- und Konsumbereich ist der Spielraum Jugendlicher für selbst bestimmte Verhaltensweisen relativ groß. Es können Chancenstrukturen entstehen, die Jugendlichen biographisch früh Erfahrungsmöglichkeiten einräumen. Durch die gesellschaftliche Ausdifferenzierung müssen Jugendliche in den voneinander getrennten Handlungssektoren der Erziehung, der Peergroup- und Freizeitaktivität, des Konsums, der Politik und auch der Religion eigene jugend-typische Wege der individuellen Entfaltung und der sozialen Integration finden. Die in der Kindheit erworbenen Grundkompetenzen können und müssen in diesem Zusammenhang als Basis für die Handlungsaufgaben im Jugendalter angewendet und um die genannten Aspekte ausgebaut werden (Hurrelmann 1999; Fend 2000).

1.1.4 Ausdifferenzierung des Jugendalters

Entsprechend den Umstrukturierungsprozessen der Jugendphase untergliedert sich dieses Alter in drei größere Teilabschnitte. Viele Jugendforscher schlagen vor, die Phase bis 19 Jahre als Jugendphase im engeren Sinne und die bis 21 Jahre als Adoleszenten- oder Heranwachsendenphase zu bestimmen und die anschließende Lebensphase als Nach- Jugendphase oder Postadoleszenz. Somit ergibt sich folgende Ausdifferenzierung (Schäfers 1983):

- Im Alter von 13–19 Jahren liegt die pubertäre Phase als Jugendphase im engeren Sinne vor.
- Mit dem Alter von 19–21 Jahren wird die nachpubertäre Phase jugendlicher Heranwachsender definiert.

- Das Alter von 21–25 Jahren, und in einigen Biographien auch darüber hinaus, bezeichnet die Nachjugendphase junger Erwachsener, die ihrem sozialen Status und ihrem Bearbeitungsstand der Entwicklungsaufgaben nach noch als Jugendliche zu bezeichnen sind.

Jugendliche wurden in der Vergangenheit in Psychologie, Soziologie und Pädagogik überwiegend als ‚Werdende', als ‚zu Entwickelnde' oder als ‚zukünftige Erwachsene' definiert. Aktuelle theoretische Ansätze in der Jugendforschung sehen Jugendliche nicht nur als Menschen in einer Übergangs- und Reifephase und messen ihren Entwicklungsstand nicht mehr an den Kriterien der Erwachsenenpersönlichkeit, sondern betrachten die Jugend genauso wie die Kindheit als eine Lebensphase von eigenem Gewicht und mit eigenen Ansprüchen (Hurrelmann 1999).

Nach diesen einführenden Bemerkungen zum Jugendalter steht im Folgenden der wichtigste Begriff der Studie im Vordergrund: „Identität".

1.2 ‚Identität' – von Theorien der Selbstentwicklung zum narrativen Identitätsverständnis

Das zentrale Thema des Jugendalters ist die Entwicklung von Identität. Dieser Begriff bezieht sich zunächst in einem allgemeinen Sinn auf die einzigartige Kombination von persönlichen, unverwechselbaren Daten eines Individuums. In einem pädagogischen, psychologischen und soziologischen Sinn bezeichnet ‚Identität' darüber hinaus die einzigartige Persönlichkeitsstruktur verbunden mit dem Bild, das andere von dieser Persönlichkeitsstruktur haben. Zusätzlich zu diesen Aspekten ist noch eine dritte Komponente wichtig, nämlich das eigene Verständnis einer Person für ihre Identität, die Selbsterkenntnis und der Sinn für das, was die eigene Identität konstituiert (Oerter/Montada 1998; Kegan 1986).

Im Folgenden soll erörtert werden, wie Identität wissenschaftlich beschrieben und analysiert werden kann. Ziel dieser Darstellung ist es, aus einer integrativen Betrachtungsweise das narrative Identitätskonzept als eine Synthese aus den dargestellten Theoriemodellen vorzustellen und als grundlegenden Theorieansatz für die vorliegende Arbeit zu präsentieren.

1.2.1 Identität und Sozialität – Die Grundlagentheorie des symbolischen Interaktionismus

Identitätsentwicklung geschieht immer im sozialen und physikalischen Umweltkontext, in dem ein Mensch heranwächst und lebt. Die Errichtung von Identität muss daher mit einem das soziale Umfeld beachtenden Sozialisationskonzept als Theorie der Persönlichkeitsentwicklung verbunden sein, um Identitätsbildung im gesellschaftlichen , hier: kirchlichen Kontext untersuchen zu können. In ökologischer und funktional-systemtheoretischer Perspektive entwickelt sich die Identität eines Individuums in einem vielfältigen, verschiedene konvergierende Systeme beinhaltenden Geflecht von Bindungen an die Umwelt (Parsons 1951).

Die ökologisch-systemische Theorie unterscheidet dabei fünf lebensweltlich zentrale Umweltsysteme (Bronfenbrenner 1981):

1. Das *Mikrosystem* Kernfamilie, in dessen dyadischen und triadischen Strukturen das Individuum lebt.
2. Das *Mesosystem* als nächst höhere Ebene beinhaltet die Wechselbeziehungen zwischen zwei oder mehreren Mikrosystemen, wie Kernfamilie und Freundeskreis.
3. Das *Exosystem* als wiederum höhere Ebene besteht aus organisierten sozialen Einrichtungen der Umwelt.
4. Das *Makrosystem* als höchste Umweltdimension stellt die gesamtgesellschaftlichen Zusammenhänge dar, die sich in der Gesamtkultur mit ihrem Werte- und Normensystem vereinigen.
5. Das *Chronosystem* bezeichnet die Zeitdimension, die für das Verständnis von Entwicklungsprozessen bedeutend ist.

Moderne Sozialisationstheorien beschreiben das Verhältnis von Individuum und Sozialwelt interaktionistisch: Sozialisation ist demnach der Prozess der Persönlichkeitsentwicklung in wechselseitiger Abhängigkeit von basalen körperlichen und psychischen Strukturen als „innerer Realität" und den sozialen und physikalischen Umweltbedingungen als „äußerer Realität". Sozialisation und Identitätsentwicklung sind in diesem Sinn untrennbar miteinander verbunden (Hurrelmann 1993).

Identität bildet und verändert sich in der Wechselwirkung zwischen sozialen Erwartungen, Widerspiegelungen und sozialisatorischen Erfahrungen einerseits und dem individuellen Umgang des Subjektes mit diesen sozialen Faktoren andererseits. Die Konzeption des symbolischen Interaktionismus von G. H. Mead begreift Identitätsbildung dementsprechend als einen systematischen Prozess des Rückbezugs, der sich auf den Vorgang der Rollenübernahme gründet. Sprachliche Kommunikation als intersubjektiv gültiges Symbolsystem ist dabei verbunden mit dem Akt des symbolischen Perspektivenwechsels (Mead 1968).

Soziale Interaktion ist Mead zufolge nur möglich, wenn die Interaktionspartner in einem wechselseitigen Prozess ihre Motive und Absichten in einem Akt der Vorstellung darlegen. Das eigene Handeln wird dann durch die Reflexion dieser erschlossenen Absichten kontrolliert. Mead bezeichnet diesen Vorgang als „role taking". Soziale Interaktion ist ein interpretativer Prozess, in dem miteinander interagierende Individuen innerhalb der Interaktion Bedeutungen ausbilden, die sich auf die Intentionen und Einstellungen, die in einer bestimmten Referenzgruppe als bedeutungsvoll erachtet werden, beziehen. Die Grundlagen für die Bildung von Identität liegen somit in den von Mead analysierten Grundzügen menschlicher Sozialität selbst. Drei zentrale Elemente sind bei diesem interaktionistischen Ansatz entscheidend:

- Die Austauschbarkeit der Perspektiven,
- Der Mechanismus der wechselseitigen Rollenübernahme,
- Das Vorhandensein eines eindeutigen Symbolsystems.

Das intersubjektiv gültige Symbolsystem ist dabei die Sprache, über sie erschließen sich die Dialogpartner gegenseitig die Bedeutung der Handlungssituation. Interaktionsbeziehungen sind innerhalb der Theorie von Mead daher immer symbolisch-sprachliche Beziehungen, deren Entstehung im individuellen Lebenslauf der Autor in einem Stufenmodell der kommunikativen Entwicklung präzisiert. Menschliche Kommunikation als Voraussetzung für interaktive Prozesse entsteht demnach in:

- der „Geste": Hier wird der Kontakt durch körperliche Haltungen ausgedrückt, eine gegenseitige Verhaltensangleichung wird zwischen den Akteuren möglich durch ein Ablesen dieser Haltungen.
- der „vokalen Geste": Es vollzieht sich der Übergang zum „signifikanten Symbol". Das Individuum kann sich selbst und über sein Handeln andere beeinflussen.
- der „signifikanten Geste": Intentionen und Bedeutungen können jetzt auf dem allgemein anerkannten Bedeutungsgrund der Sprache vor der konkreten Handlung wechselseitig erschlossen und verarbeitet werden.

Mead bezeichnet den Begriff „Denken" in diesem Zusammenhang als die Fähigkeit des Individuums, die Reaktionen eines Interaktionspartners zu antizipieren und so die Fähigkeit zu einem „inneren Gespräch" zu entwickeln. Zwischen den sozialen Reizen und dem antwortenden Verhalten steht damit die soziale Welt, das Denken. Den Begriff „Geist" definiert Mead mit der Fähigkeit des Menschen zu Anpassungsprozessen von Haltungen und Verhaltensakten auf der Grundlage von gesellschaftlichen Erfahrungen. Der „Sinn" entwickelt sich innerhalb dieser Theorie als die Möglichkeit, das Verhalten bewusst mit dem Verhalten anderer abzustimmen und zu koordinieren.

Identität entwickelt das Individuum durch die reflektierende Verarbeitung der Gesamtheit der Erfahrungen, die das Subjekt durch die sozialen Rückwirkungen seines Verhaltens in den Handlungen seiner Umwelt ablesen kann. Diese Internalisierung des von Mead bezeichneten „generalized other" ermöglicht dem Subjekt, sich selbst vom Standpunkt eines anderen aus zu betrachten. Die interagierende Mitwelt wird so zum Spiegel, in dem das eigene Verhalten wahrgenommen werden kann.

Das „Selbst" erhält so innerhalb der Theorie des symbolischen Interaktionismus eine besondere Qualität, denn es kann innerhalb der Wahrnehmung des Individuums Subjekt und Objekt zugleich sein, es wird „ein Objekt für sich" (Neumann 1983).

Mead formuliert in diesem Zusammenhang die These, dass die Entstehung der menschlichen Kommunikation und das Entstehen der Fähigkeit zum Führen des beschriebenen inneren Dialogs mit sich selbst der gleiche Prozess ist. Durch die Möglichkeit, mit sich selbst sprechen zu können und sich in gleicher Weise antworten zu können, wie eine andere Person antwortet, entwickelt sich beim Menschen ein Verhältnis zu sich selbst und damit Identität.

Innerhalb dieser Theorie unterscheidet Mead zusammenfassend zwei strukturelle Aspekte des Selbst: Die Übernahme der gesamten Menge von Einstellungen der Interaktionspartner nennt der Autor das „Mich"; es bezeichnet die Erwartungen, welche die anderen vom Individuum haben, die der Einzelne im Laufe seiner Entwicklung internalisiert hat. Das „Ich" repräsentiert hingegen die Fähigkeit des Individuums, zu den Einstellungen der anderen Stellung nehmen zu können, es gibt dem Einzelnen ein Bewusstsein seiner Freiheit. Aus diesen beiden Aspekten ergibt sich das theoretische Konstrukt „Ich und Mich (I and Me)" (Mead 1973).

Als eine Vertiefung und Weiterentwicklung der Theorie des symbolischen Interaktionismus kann die Konzeption von Ralph Turner gelten, der mit seinem Begriff des „role making" in Abgrenzung zu Meads Formulierung des „role taking" davon ausgeht, dass soziale Beziehungen durch die wechselseitige Abarbeitung der aneinander gerichteten Ansprüche und Erwartungen definiert werden. Der Autor betont somit die aktive Formung und Definition von sozialen Beziehungen durch das Individuum. Soziale Beziehungen sind demnach nicht endgültige und starre Erwartungsmuster, denn die Definition und die Entwicklung sozialer Handlungskompetenz erfordern aktive und kreative Leistungen des Individuums (Turner 1962).

In ähnlicher Weise argumentiert Jürgen Habermas, der mit dem Begriff der „Ich-Identität" die Fähigkeit zur Umstrukturierung des eigenen Ichs in das Individuum hineinlegt. Soziale Rollen werden demnach von verschiedenen Trägern je nach ihrem Selbstbild unterschiedlich ausgeformt. Die Handlungstheorie von Jürgen Habermas analysiert in Bezug auf die Theorie des symbolischen Interaktionismus und andere soziologische und philosophische Ansätze die Strukturen von sozialen Situationen, um mögliche Spielräume für die individuelle Entfaltung freizulegen. Gesellschaftliche Strukturen und Konstellationen werden so in ihrem Unterdrückungsgehalt, der Dichte der Verhaltensvorschriften und der Intensität von Handlungskontrollen betrachtet. Habermas geht bei der Analyse dieser Strukturen von der fundamentalen Unterscheidung von zweckrationalem Handeln, das sich nach technischen Regeln und Strategien richtet, und kommunikativem Handeln als symbolische Interaktion aus. Das Individuum wird immer als Akteur in gesellschaftlichen Rahmenbedingungen gesehen, die, wenn sie reflektiert erlebt werden,

Möglichkeiten der Individuierung, bei passiver Fügung aber auch Einschränkungen bedeuten können (Habermas 1969, 1977, 1981).

In der Erforschung der kognitiven Grundlagen für das von Mead beschriebene „role taking" analysieren zahlreiche neuere Forschungsprogramme unter dem Stichwort „theory of mind" die Sozialisation des Individuums in Zusammenhang mit der Entwicklung der Fähigkeit des Einzelnen, sich in andere Menschen hineinzuversetzen und ihr Denken und Fühlen verstehen zu können. Der Kern der in dieser Theorie genannten „Alltagspsychologie" entsteht so, auch schon vor dem Spracherwerb, in der Annahme der Existenz von Überzeugungen, Bedürfnissen, Gefühlen und Absichten. Diese Annahme wird vom Individuum gebraucht um zu erklären, warum sich Menschen auf die beobachtbare Art und Weise verhalten und um vorherzusagen, was sie tun werden (Astington 1993).

Klaus Hurrelmann hat diese dargestellten Grundzüge und Weiterführungen des symbolischen Interaktionismus in seiner Theorie einer Subjekt-Objekt-Relation integrativ zusammengefasst. Das Individuum geht seinem Ansatz des „produktiv realitätsverarbeitenden Subjektes" zufolge auf die natürliche und soziale Wirklichkeit ein und bewertet, integriert und modifiziert sie selbsttätig. Damit wird dem Autor zufolge „ein eigenes, individuell einmaliges Bild von der Welt konstruiert" (Hurrelmann 1999, S. 23).

Vor diesem Hintergrund kann für die Entwicklung von Identität das von Hurrelmann formulierte Konzept zu einem sozialisationstheoretischen Ansatz führen, der sich durch drei Schlüsselaspekte auszeichnet:

1. In einer interaktionalen Perspektive wird das Individuum von seiner Umwelt beeinflusst, kann aber auch auf diese einwirken und sie gestalten.
2. Die sozialisatorische Interaktion mit der sozialen Umwelt geschieht in affektiver, kognitiver, funktionaler und handlungsintentionaler Weise.
3. Sozialstrukturelle Rahmenbedingungen, soziale Lebensräume und individuelle Ressourcen sind bei Sozialisationsprozessen wirksam und bedeutend.

Dieser Zugang hat die Möglichkeit, subjektive Erlebnisdarstellungen des Individuums durch rekonstruktionslogische Verfahren zu analysieren, die Entstehung und Veränderung von kognitiven Prozessen im Zuge der Persönlichkeitsentwicklung zu beschreiben, Interaktionen in Sozialsystemen zu untersuchen und durch strukturelle Analysen die gesellschaftlichen Wirkungszusammenhänge zu erfassen, mit denen sich das Individuum auseinanderzusetzen hat. Identitätsentwicklung wird so in einem gesellschaftlichen und ökologischen Kontext betrachtet, der vom Subjekt im Zuge seiner Sozialisation aufgenommen und verarbeitet wird. Aus unterschiedlichen pädagogischen, psychologischen und soziologischen Theorietraditionen wird es so in einer interaktionistischen Perspektive möglich, Entwicklungsprozesse und ihre möglichen Störungen zu analysieren und dabei auch systemdynamische Perspektiven zu berücksichtigen (Stierlin 1977; Zimmerman 1983).

Affekte, Kognitionen und Handlungsintentionen als Grundlagen für die Bildung von Identität werden dann als „Niederschlag von Interaktionsszenen" innerhalb der individuellen Sozialisation eines Menschen betrachtet (Mertens 1981, S. 96).

1.2.2 Identität und Lebenszyklus

Der Sozialpsychologe Erik Erikson versucht in seiner Theorie des Lebenszyklus, die Kernaufgabe der Adoleszenz, also die Bewältigung der entsprechenden Entwicklungsaufgaben, mit seinem Begriff der Identität pointiert zu benennen. Er erneuert dabei den Forschungszugang zur Identitätsentwicklung, indem er Meads Ansatz des symbolischen Interaktionismus mit psychoanalytischen Konzepten verbindet. Seine Arbeiten gelten als die wichtigsten theoretischen Impulse im Bereich der modernen Identitätsforschung.

Eriksons Entwicklungstheorie sieht das Leben eines Individuums in einem generationsübergreifenden Zusammenhang. Die von ihm entwickelte Konzeption des „Lebenszyklus" besagt, dass alle Entwicklungsprozesse eine eigene, spezielle Position im menschlichen Lebenslauf besitzen und im Rahmen einer nicht pathologischen Entwicklung an einem bestimmten Punkt der Biographie auftreten. Dieses Prinzip des „epigenetischen Wachstums" sieht einen Grundplan für die menschliche Entwicklung vor, in dem spezifische, aufeinander aufbauende und miteinander verschränkte Krisen im Entwicklungsverlauf gelöst werden müssen, um eine jeweils nächsthöhere Entwicklungsstufe im Lebenslauf erreichen zu können (Erikson 1974).

In psychoanalytischer Tradition postuliert der Autor ein hohes Maß an Stabilität für Eindrücke von Interaktionsszenen, die das Individuum in Kindheit und Jugend erfährt. Daher ist jede Krisenlösung für die darauffolgende lebensgeschichtliche Zuspitzung entscheidend: Die auftretenden Krisen müssen gemeistert werden, wobei das Subjekt immer der Gefahr ihrer Nichtlösung gewahr sein muss.

In diesem Sinn bestimmt der Autor folgende Stufen in der Kindheit als Basis für die Entwicklung von Identität:

1. „Grundvertrauen versus Angst"; ob in frühester Kindheit sich zwischen Mutter und Kind eine Kommunikation entwickelt, die den grundlegenden Bedürfnissen des Kindes nach Zuwendung und Versorgung gerecht wird, entscheidet darüber, ob sich beim Kind ein Grundvertrauen oder ein Grundmisstrauen im Verhältnis zur Mutter und damit für die Umwelt herausbildet.
2. „Autonomie versus Scham und Zweifel" bezieht sich auf die wachsende Selbständigkeit des Kindes, wenn es zu laufen beginnt und sich frei bewegen kann. Autonomie entsteht dabei durch die wachsende Fähigkeit

des Kindes, Beherrschung über den eigenen Körper und Dinge der Umwelt zu erlangen. Zweifel entstehen durch Verlust der Selbstkontrolle durch Kommunikationsstörungen wie übermäßiges Eingreifen und Kontrollieren durch die Bezugspersonen.
3. „Initiative versus Schuldgefühl"; im Kindesalter festigt sich das Selbstbewusstsein, die Suche nach Identifikationsmöglichkeiten mit erwachsenen Personen ruft bei Aussicht auf Erfolg und entsprechend positiven Erfahrungen beim Kind Initiative und Verantwortungsbewusstsein oder aber bei misslingenden Versuchen Gefühle der Selbstbeschuldigung hervor.
4. „Werksinn versus Minderwertigkeitsgefühl"; zu Beginn des Schulalters entwickelt sich beim Kind das Gefühl, nützlich sein zu wollen und gebraucht zu werden. Die Möglichkeiten, die dabei von der Umwelt für das Kind bereitgestellt werden, entscheiden mit den vorherigen Entwicklungsverläufen darüber, ob das Kind gefördert wird oder gegebenenfalls häufig scheitern muss.

Die für die Identitätsentwicklung zentrale Stufe des Jugendalters und des frühen Erwachsenenalters beschreibt Erikson mit folgenden charakteristischen Konfliktlösungen im entsprechenden Lebensabschnitt und ihrem negativen Pendant des Scheiterns:

5. „Identität versus Identitätskonfusion"; in der späten Kindheit und im Jugendalter beruht das bewusste Gefühl, eine Identität zu besitzen auf zwei gleichzeitigen Beobachtungen: zum einen auf der Wahrnehmung von Gleichheit und Kontinuität der Zeit und zum anderen auf der Fähigkeit, diese unmittelbaren Beobachtungen und Empfindungen mit anderen Personen teilen zu können. Zentral für die Entwicklung von Identität ist demnach eine gelingende Integrationsleistung des Ichs, das individuelle und soziale Aspekte des Lebens möglichst widerspruchsfrei synthetisieren muss.
6. „Intimität versus Isolierung": Eine gelungene Identitätsentwicklung ist für Erikson die Voraussetzung für das Erleben wirklicher Intimität im Sinne einer Gemeinschaft, die über die rein subjektiven Fragen nach Selbstfindung hinausgeht und eine dialektische Gestalt annimmt.

Der Prozess der Identitätsfindung in der Adoleszenz ist nach Erikson entscheidend für die Bewältigung der Lebenskrisen im Erwachsenenalter, die er wie folgt charakterisiert:

7. „Generativität versus Stagnation"; im Erwachsenenalter muss sich ein Interesse für die nächste Generation einstellen. Neben den Wünschen nach Elternschaft können dies auch kreative Tätigkeiten sein, die diese Entwicklungsstufe konstruktiv gestalten.

8. „Integrität versus Verzweiflung"; im späteren Erwachsenenalter stellt sich die Entwicklungsaufgabe, ob die eigene, unverwechselbare Biographie angenommen und bedeutsam gewordene Erfahrungen und Begegnungen als notwendig akzeptiert werden können.

Nach Erikson wählt und übernimmt das Individuum im Prozess der Identitätsfindung die für sein weiters Leben wichtigsten Rollen durch die Aufnahme und Integration von bewussten und unbewussten Anlagen, Bedürfnissen, Fähigkeiten und Identifikationen sowie von verschiedenen, häufig konfligierenden Elementen der zu übernehmenden gesellschaftlichen Rollen- und Statusanforderungen.

1.2.3 Wer bin ich? – Identitätsentwicklung als Suche nach dem ‚wahren Selbst'

Auf der Grundlage der von Erikson formulierten Identitätsentwicklungstheorie als Krisenbearbeitung ist dem Identitätsforscher Augusto Blasi zufolge eine zusammenfassende, integrative Konzeption möglich (Blasi 1988):

- Identität ist eine Antwort auf die Frage ‚wer bin ich?'
- Im Allgemeinen führt die Antwort auf diese Frage zur Herausbildung einer neuen Ganzheit, in der die Elemente des alten mit den Erwartungen an die Zukunft integriert sind.
- Diese Integrität vermittelt die fundamentale Erfahrung von Kontinuität und Selbstsein.
- Die Antwort auf die Identitätsfrage wird durch eine realistische Einschätzung der eigenen Person und der eigenen Vergangenheit sowie der eigenen Kultur, insbesondere ihrer Ideologien und der Erwartungen der Gesellschaft an die eigene Person, erreicht.
- Gleichzeitig werden die kulturellen Erwartungen in ihrer Berechtigung kritisch hinterfragt.
- Der Prozess des Hinterfragens und der Integration kristallisiert sich um fundamentale Probleme, wie die berufliche Zukunft, die Partnerbeziehung und um religiöse Standpunkte.
- Dieser Prozess führt zu einer persönlichen Verpflichtung in diesen Bereichen und ermöglicht die produktive Integration in die Gesellschaft.
- Die sensible Phase für die Entwicklung der Identität ist die Adoleszenz.

In Blasis Identitätsverständnis steht im Mittelpunkt eine Syntheseleistung der verschiedenen Lebensaspekte mit dem Ziel, ein Bewusstsein des Individuums von sich selbst als Subjekt, als kohärente Einheit zu entwickeln. Der Autor geht davon aus, dass Individuen immer nach solchen umfassenden und bereichsspezifischen Syntheseleistungen im Sinne einer Kontinuität und Konsistenz streben.

In Anschluss an Erikson bezeichnet Blasi dementsprechend Identität als das emotionale und gedankliche Einverständnis mit der eigenen Individualität. Identität repräsentiert folgende zentrale subjektive Erfahrungen (Blasi/Glodis 1995):

- Die Erkenntnis der Einheit des eigenen Selbst sowie des Andersseins gegenüber den Mitmenschen,
- das Erleben der Übereinstimmung von Handlungssubjekt und Handlungsziel,
- das Bewusstsein, Ursprung von Handlungen zu sein, für die die eigene Person verantwortlich ist.

Die Ontogenese der Identität, des Selbst, wird von Blasi und anderen zentralen Autoren dieser Theorietradition wie Damon und Hart (1982), Harter (1983) und Kegan (1986) durch eine Sequenz qualitativ unterschiedlicher Selbststrukturen beschrieben, die einzelnen Lebensabschnitten zuzuordnen sind. Auch diesen Stufenbeschreibungen liegt ein interaktionistisches Sozialisationsmodell zugrunde, das sich durch folgende Merkmale auszeichnet:

- Die Transformation wird primär als subjektive Konstruktion aufgefasst, die in einer aktiven Auseinandersetzung des Subjektes mit der Umwelt stattfindet.
- Sozialisationseinflüsse werden dementsprechend als Anregungsbedingungen verstanden, die das Individuum nutzen kann, um in seiner Sinnsuche lebensgeschichtliche Widerfahrnisse verarbeiten zu können.
- Insofern lassen sich generelle Sozialisationsbedingungen für die Identitätsentwicklung von speziellen, stufenspezifischen Sozialisationsbedingungen unterscheiden, die jeweils das Verharren in einer Entwicklungsphase nahe legen oder eine Transformation provozieren.

In Kindheit und Jugend als sensitive Phasen für die Entwicklung von Identität werden Verwendungen äußerer Merkmale zur Selbstkennzeichnung zugunsten psychischer Prozesse und Bedingungen in den Hintergrund gestellt, es erfolgt zudem eine Zunahme von reziproken, emotional begründeten Beziehungen und im Gegenzug eine Abnahme der Betonung von Bindungen an spezifische Personen. Die Selbstkategorien werden abstrakter und konzeptueller gegenüber konkreten, spezifischen und materiellen Eigenschaften, und die Identität wird zunehmend von einem in der frühen Kindheit vorherrschenden einfachen und undifferenzierten Konzept zu einem komplexen Objekt. Schließlich erfolgt eine Zunahme logischer, stimmiger und autonomer Grundlagen der Selbstwahrnehmung (Rosenberg 1979).

Auf Basis dieser grundlegenden Erkenntnisse formulieren Bernd Krewer und Lutz H. Eckensberger eine den jeweiligen Lebensabschnitten angemessene Stufentheorie der Selbstentwicklung. Dieser integrative Entwurf erfasst nicht nur die Schwerpunkte der für diesen Forschungsbereich zentralen Autoren, sondern auch die damit verbundenen Entwicklungstrends, und kann somit als Zusammenfassung der strukturgenetisch orientierten Identitätstheorien präsentiert werden. Die Forscher schlagen zur Erfassung von Selbstentwicklungsprozessen folgende Phaseneinteilung vor (Eckensberger/Krewer 1998):

Die ersten Selbstempfindungen

Ein präverbales Selbstempfinden als ursprünglichste aller Stufen der Selbstentwicklung besteht schon vor der Entstehung von Sprache und der Fähigkeit zur Reflexion. Selbstempfinden bedeutet hierbei ein einfaches, nicht selbstreflexives Gewahrsein auf der Ebene des unmittelbaren Erlebens, nicht auf der Ebene der Begrifflichkeiten. Dieses empfundene, nicht gedanklich erlebte Selbst ist das organisierte, subjektive Erleben dessen, was später verbal als das Selbst und damit als Identität bezeichnet wird.

Das impulsive Selbst

Die Selbststruktur im Vorschulalter ist durch Impulsivität gekennzeichnet. Das Kind erlebt sich in diesem Alter zwar schon als Initiator seiner Handlungen, kann aber kognitiv noch nicht vollständig zwischen dem Selbst und dem Anderen im Sinne der Einnahme fremder Standpunkte, Emotionen und Intentionen differenzieren.

Das opportunistische Selbst

Der impulsiven Phase folgt eine Stufe, in der das Kind egoistischer und opportunistischer ist und Durchsetzungsvermögen zeigt. Über die Schutzfunktion dieser neuen Identitätsqualitäten betonen Krewer und Eckensberger, dass aus den Bedürfnissen der Kindheit nun Ansprüche entstehen. Die Bereicherung der privaten Welt des Kindes umfasst zudem die zunehmende Kontrolle über seine inneren Impulse und seine externe Welt. Das Selbstbild wird in dieser Phase durch die zunehmende Fähigkeit der Reflexion des impulsiven Selbst bestimmt, dadurch wird die Fremdperspektive differenzierter, und ein erstes Rollenverständnis entwickelt sich. Das Kind erkennt, dass Personen andere Wünsche, Gedanken und Gefühle haben als es selbst. Trotz dieses enormen Anstieges der kognitiven und emotionalen Qualitäten des Selbst sind die sozialen Kognitionen in dieser Phase noch nicht stimmig, da sie immer noch große projektive Anteile besitzen und stark durch die eigenen Bedürfnisse bestimmt werden. Die Vorstellungen des Kindes zeichnen sich aufgrund seines Sicherheitsbedürfnisses in den vielfältigen sozialen Erfahrungen durch relativ stereotype Geschlechtsrollenvorstellungen aus, die vor allem durch äußere Merkmale bestimmt werden. Diese Kennzeichen ermöglichen eine interne Konsistenz und subjektive Kontinuität. Auch eigene und fremde Handlungen werden dieser Entwicklungsstufe entsprechend noch durch äußerlich und instrumentell bestimmte Standards bewertet, im Aufbau des Selbstvertrauens kann noch nicht zuverlässig zwischen eigener Tüchtigkeit und Erfolg oder Misserfolg aufgrund der Aufgabenschwierigkeit unterschieden werden.

Das konformistische Selbst

In der Teenager-Zeit der mittleren Schuljahre steht eine konformistische Orientierung im Mittelpunkt der Identitätsentwicklung. Die Koordinierung zwischen dem Selbst und der unmittelbaren Umwelt wird zum zentralen Thema. In dieser Entwicklungsphase empfindet sich das Individuum zwar noch stark eingebunden in soziale Beziehungen, dennoch entwickelt sich gerade hier auch ein Gefühl für Subjektivität. Als Folge dieser Ambivalenz wird die äußere Erscheinung sehr wichtig, es wird aber auch die Selbstkontrolle eigener Bedürfnisse möglich, die im Widerspruch zu sozialen Rollen stehen. Das Individuum definiert sich somit vor allem auf der Verhaltensebene, die durch objektive Fakten und physische Attribute reflektiert werden. Die Beziehungen des Selbst zu anderen wird intensiver und die Fremdperspektive wird differenzierter, das Individuum erkennt in dieser Phase der Identitätsentwicklung, dass andere verstehen können, wie es selbst denkt und fühlt. Emotionen werden nun auch verstärkt aus Kontexten herausinterpretiert und werden so intersubjektiv verstehbar.

Durch die Einnahme sozialer Rollen und die Unterdrückung von Gefühlen und Motiven, die zu diesen im Widerspruch stehen, wird die Erfahrung der Konsistenz und Kontinuität innerhalb der Selbstentwicklung gefestigt. Durch die in dieser Entwicklungsphase gewonnenen selbstrelevanten Bewertungsstandards wird nun auch die bereits von Erikson herausgestellte Spannung zwischen Fleiß und Minderwertigkeit zentral, und Selbstvorwürfe werden bedeutsam.

In der Interaktion mit der sozialen Umwelt steht auf dieser Stufe das Bemühen um Interessenkoordination im Vordergrund, und das Individuum versucht, die Erwartungen zu erfüllen, die andere an sie stellen. Diese sozialen Vergleichsprozesse führen zur Bildung einer umweltrelevanten Leistungsmotivation, die die zunehmende Bedeutung der eigenen Fähigkeiten unterstützt. Krewer und Eckensberger fassen diese Entwicklungsaspekte folgendermaßen zusammen: „Eine Anspruchsniveausetzung im engeren Sinn, die sich auf die subjektive Erfolgswahrscheinlichkeit und damit auf ein stabiles Fähigkeitskonzept als wichtigen Teil des „self esteem" (Selbstachtung) gründet, wird jetzt erst möglich" (Krewer/Eckensberger 1998, S. 585).

Das kontrollierte, bewusste Selbst

Krewer und Eckensberger betonen, dass viele zentrale Autoren im Bereich der Identitätsentwicklung in dieser Stufe eine entscheidende Phase der Selbstentwicklung sehen, da erst hier sich das Selbst im Sinne einer expliziten Beschäftigung mit sich bewusst wird: „Das Selbst wird nun klar als psychischer Gegenstand erfahrbar und mit seinen Gefühlen und Interessen explizit zum Objekt der eigenen Reflexion und Analyse gemacht. Der innere

Raum wird so erweitert, dass eine Distanz zum eigenen Subjekt möglich wird" (Krewer/Eckensberger 1998, S. 586).
Durch die Lösung aus dem vorherigen zwischenmenschlichen Bezugsrahmen wird das Individuum fähig, diesen zu reflektieren. Dies bedeutet, dass die Selbstkontrolle und das Streben nach aktiver Teilhabe an der Realisierung von sozialen und personalen Zielen nun zum zentralen Aspekt der Identität wird. In dieser Phase sieht auch Erikson mit seinen Entwicklungspolen „Identität vs. Identitätsdiffusion" den Kern der Identitätsentwicklung im Jugendalter. Die reflektorische Instanz eines imaginierten Auditoriums bleibt auch in diesem Entwicklungsabschnitt erhalten, erhält aber noch eine zusätzliche Bedeutung, da Jugendliche sich und andere nun von einem gemeinsamen dritten Standpunkt aus denken können. Die für das Jugendalter typischen Gefühlslagen rühren häufig aus der mit dieser Fähigkeit einhergehenden Spannung zwischen dem Bestreben, mit anderen eine Einheit zu bilden und sich gleichzeitig von ihnen zu unterscheiden. Vor dem Hintergrund des in dieser Phase einsetzenden Unabhängigkeitsstrebens erlebt das jugendliche Selbst eine starke Konsistenz und richtet sich im sozial-normativen Bereich bei bestehender personaler Autonomie nach dem Standard des Respekts vor dem Anderen und dessen Interessen.

Das autonome Selbst

Im frühen Erwachsenenalter zeichnet sich das Selbst schließlich durch Vertrauen in die selbst gewählte Kontrolle und durch die Wahl persönlicher Ziele aus, die auch alternative Identitätsprojekte ermöglichen. Die Überbetonung der Selbstkontrolle der vorherigen Identitätsstufe kann nun zum Gegenstand der Reflexion werden. Die in dieser Phase mögliche Verknüpfung von Selbstvertrauen und Rationalität führt zu Gefühlen der Pflicht und Verantwortung, es entsteht die verbindende Übernahme einer persönlichen Philosophie als Muster kognitiver Weltbewältigung. Dadurch wird auch Toleranz gegenüber persönlichen Konflikten möglich. Das Gefühl der Konsistenz, Kohärenz und Kontinuität nimmt in dieser Stufe wiederum zu: „Einheitsstiftende Prozesse in diesem Altersabschnitt sind offenbar einmal das dominierende Gefühl der ‚mastery', der Beherrschung vieler Lebensbereiche, andererseits der verstärkte Versuch, ontologische Unterscheidungen zu treffen, wie ‚innen/außen' oder ‚physikalisch-materiell/sozial/spirituell'. Zudem sorgt die Bedeutung der Lebensziele in diesem Abschnitt oft für fast so etwas wie eine Kontinuität in die Zukunft. Schließlich ist auch das Zulassen negativer Aspekte des Selbst in der Selbstkritik Voraussetzung für das Erleben von Einheit und Kontinuität" (Krewer/Eckensberger 1998, S. 587).
Die Fokussierung auf berufliche Entscheidungen, die Lösung aus der Familie und die Wahl des Lebenspartners führen im jungen Erwachsenenalter zu einer Selbstbewertung in Bezug auf den Erfolg in diesen Bereichen.

Das selbstkritische Selbst

Das mittlere Erwachsenenalter ist zum einen gekennzeichnet durch eine Festigung des Selbst des frühen Erwachsenenalters. Es kann in dieser Entwicklungsphase jedoch auch zu einem krisenhaften Infragestellen aller Grundorientierungen im Sinne einer „midlife-crisis" kommen, das dann eine erneute Konsolidierung erforderlich macht.

Im mittleren Erwachsenenalter erlebt die Identitätskonstruktion des Subjektes einen Höhepunkt, da nun das Individuum der Überzeugung ist, vollständig über Selbstentwürfe entscheiden zu können. Das Selbst nimmt auf dieser Stufe jedoch auch die Einstellung größter Objektivität ein, und so können Ideale vorangegangener Stufen auf einem vorher nicht vorhandenen Niveau reflektiert und in Frage gestellt werden, was eine mögliche Krise in dieser Entwicklungsphase intensivieren kann.

Das Gefühl der Authentizität und Abgrenzung entsteht nun durch die Lösung von sozialen Stereotypen. Da zudem auf dieser Entwicklungsstufe die größte Verbindlichkeit in der Entscheidung über die soziale Welt stattfindet, bildet das Prinzip der Selbstkontrolle ein einheitsstiftendes Element, das über einzelne Ziele hinausgeht. Das Selbst akzeptiert sich, mit Ausnahme einer möglichen „midlife crisis", rückhaltlos.

Das rückschauende Selbst

Die Entwicklung des Selbst im hohen Erwachsenenalter ist gekennzeichnet durch die Rekonstruktionsleistungen des Individuums hinsichtlich der eigenen Biographie. Dabei geht es vor allem um die Reflexion der Selbstkonsistenz und Kontinuität im Lebenslauf und um die Bewertung der im mittleren Erwachsenenalter entwickelten Selbsttheorie.

Auch in diesem Lebensabschnitt spielt die Frage der Kontrolle über den unmittelbaren Handlungsspielraum eine wichtige Rolle, die Aufrechterhaltung eines positiven Selbstwertes im Alter wird dabei durch Vergleiche mit Personen der eigenen Altersgruppe möglich.

In dieser Entwicklungsstufe kommt es zudem häufig zu einer Umordnung der bisherigen Werteskala, bei der etwa die Betonung des Körperlichen abnimmt und andere Werte wie Harmonie, Hilfsbereitschaft und Geistiges in den Vordergrund gestellt werden. Selbstbewertungen werden dann in Hinblick auf diese veränderten Werte vorgenommen.

1.2.4 Formen der Identitätssuche

Identität wird in vielen modernen Untersuchungen für bestimmte Handlungsbereiche, in denen wichtige Entscheidungen zu treffen sind, erforscht. In diesem Sinn unterscheidet zur genaueren Bestimmung der formalen Identitätsentwicklung der Sozialpsychologe James Marcia zwei Dimensionen: „Exploration" bezeichnet die aktive Suche nach neuen Vorbildern und Leitfiguren. „Commitment" meint das Bewusstsein der sozialen Verpflichtung für neue Einstellungen und Anschauungen. In wechselseitiger Kombination dieser beiden Modellvariablen nennt Marcia vier Identitäts-Verlaufstypen (Marcia 1966, 1980, 1989):

Diffusion: Geringes Bewusstsein für Verpflichtung und geringes Maß an aktivem Suchen.

Übernommene Identität: Geringe aktive Suche, vorgegebene Positionen werden nur übernommen.

Moratorium: Intensive aktive Suche, aber geringes Bewusstsein für Verpflichtungen.

Identitätsreife: Beide Dimensionen sind vorhanden, es entsteht ein stabiles Gleichgewicht.

Als Erweiterung dieses Konzeptes unterscheidet Marcia darüber hinaus mehrere Formen der Identitätsdiffusion: die Entwicklungsdiffusion als normalen Übergang zum Moratorium oder zur erarbeiteten Identität, die Störungsdiffusion als Folge eines unbewältigten kritischen Lebensereignisses, die sorgenfreie aber beziehungs-oberflächliche Diffusion und die kulturell adaptive Diffusion, die sich in modernen Gesellschaften durch Flexibilität und Offenheit, aber auch durch Unverbindlichkeit auszeichnet.

Entscheidend für die dargestellten Theorien ist die Fähigkeit zur Selbstreflexion, sie führt zur Erkenntnis von Unstimmigkeiten und Widersprüchen, deren Auflösung und Integration für die Selbstentwicklung unerlässlich ist. Die Hauptdiskrepanz besteht dabei zwischen dem aktuellen Identitätszustand und der Identität, die vom Individuum zukünftig angestrebt wird. Theoretische Ansätze in der Tradition von Marcia unterscheiden in diesem Sinn zwischen aktuellem Selbst, Ideal-Selbst und Sollen-Selbst. Das Ideal-Selbst bezeichnet den Zukunftsentwurf und die Wunschvorstellung für die eigene Identität, das Sollen-Selbst die innere Repräsentation der sozialen Aufgaben und Pflichten (Higgins 1987).

1.2.5 Besonderheiten der Identitätsentwicklung im Jugendalter

Die besonderen Entwicklungsaufgaben Jugendlicher und die Reifung der sensomotorischen, kognitiven, reflexiven und interaktiven Fähigkeiten in diesem Lebensabschnitt führen zu einer besonderen Phase der Sozialisation im Jugendalter, die durch suchende und sondierende Prozesse gekennzeichnet ist. Sie entfaltet zudem eine besondere Dynamik, da Jugendliche die Veränderung ihrer körperlichen und psychischen Struktur bewältigen und mit dem Aufbau ihres Selbstbildes in Verbindung bringen müssen. Von gesellschaftlicher Seite werden von ihnen gleichzeitig soziale Leistungen der Anpassung und Kompetenzentwicklung in ökonomischen und sozialen Sektoren erwartet. Jugendliche beginnen in ihrer Lebensphase die Vielfalt des Wissens über sich selbst zu ordnen, zu organisieren und zu werten und schaffen damit einen kohärenten Zusammenhang ihres Denkens, Fühlens und Handelns zu einem „phänomenalen Selbst" (Blasi 1988).

Durch die Neuordnung subjektiver Erfahrungen nach Organisationsmustern wie wahr und falsch, zentral und peripher, authentisch und artifiziell wird die dargestellte Syntheseleistung erbracht, die das „kohärente Selbst" konstituiert, das den Kern der Persönlichkeit ausmacht.

Identität im Jugendalter ist geprägt von einem Spannungsverhältnis zwischen zwei parallel verlaufenden Aspekten der Sozialisation: der *Integration* als Prozess der Vergesellschaftung im Sinne einer Übernahme und Verarbeitung von gesellschaftlichen Regeln und Normen, sowie der *Individuation* als Aufbau einer individuellen Persönlichkeitsstruktur. Diese beiden Aspekte können in der Jugendphase zum ersten Mal im Lebenslauf bewusst aufeinander bezogen werden. Identitätsentwicklung stellt somit für Jugendliche eine anthropologisch verankerte *Integrationsaufgabe* dar, die in folgenden zusammenfassenden Aspekten auf das Individuum zukommt und von ihm gelöst werden muss, um gesellschaftlich handlungsfähig sein zu können (Eckensberger 1980):

- Die Integration des Spannungsverhältnisses zwischen der Autonomie Jugendlicher und ihrer Bindung an Sozialpartner als ‚externe Konsistenzbildung'.
- Die Integration der kognitiven, affektiv-emotionalen und energetischen Prozesse als ‚interne Konsistenzbildung'
- Die Integration von Konstanz und Wandel im Jugendalter durch ‚Kontinuitätsbildung'
- Die Erhaltung des Kontextes der privaten Erfahrung als ‚Kontextualisierung'
- Die Gewinnung allgemeingültiger Prinzipien als ‚Dekontextualisierung' bzw. ‚Abstraktion'.

Dabei kann von verschiedenen bedeutenden gesellschaftlichen Bereichen gesprochen werden, in denen sich ein Jugendlicher entwickeln und seine Identität entfalten kann. Diese identitätsbeeinflussenden Sozialsysteme werden von Robert Kegan auch jeweils als „einbindende Kultur" oder „haltende Umgebung" bezeichnet (Kegan 1986).

Der Autor behauptet, dass „wir auf jeder Stufe unserer Entwicklung auf qualitativ neue Art ‚gehalten' werden. Die Situation des Gehaltenwerdens ist kein Charakteristikum des empfindlichen Zustandes des Kleinkindes, sondern des Zustandes des Eingebundenseins, der für die gesamte Entwicklung kennzeichnend ist" (Kegan 1986, S. 333). Die Identitätsbildung von Jugendlichen kann so in unterschiedlichen lebensweltlichen Kontexten entsprechend einer ökologisch systemischen Perspektive beschrieben werden. Dabei sind für das Jugendalter folgende Beziehungssysteme zentral:

- Die *familiäre Kultur* als erste grundlegende Voraussetzung für eine konstruktive Identitätsentwicklung.
- Die *Peergroup- und Partnerbeziehungen*, in denen das sich vom Elternhaus allmählich ablösende Kind neue Bezugspersonen findet, die diesen Ablösungsprozess stützen und zugleich in der Gewährleistung von Momenten der Gleichheit und Souveränität neue Beziehungsformen ermöglichen.
- *Schule, Bildungseinrichtungen* und *Beruf,* die in Gestalt der Schüler- und Berufsrolle wichtige Komponenten der Identität vermitteln, indem sie zentrale Teilaufgaben der Integration von Jugendlichen in die sozialen Strukturen übernehmen und wichtige soziale Bezugsysteme darstellen, mit denen sie sich individuell auseinandersetzen können.

1.2.6 Identität in der Postmoderne

In seinem Werk „Identitätskonstruktionen – das Patchwork der Identitäten in der Spätmoderne" aus dem Jahr 2002 plädiert Heiner Keupp mit seinen Autorenkollegen dafür, Identität als subjektiven Konstruktionsprozess zu begreifen, der eine Passung, ein „selbstreflexives Scharnier zwischen der inneren und der äußeren Welt" bildet (Keupp 2002, S. 28).

Diese aus den vorgestellten klassischen Identitätstheorien bekannte Perspektive wird von den Forschern nun in die gesellschaftliche Dynamik der Postmoderne transportiert und unter den spezifischen Besonderheiten dieser Epoche betrachtet. Die beschriebenen anthropologisch-universellen Dimensionen von Identitätsentwicklung werden auf diese Weise mit einer gesamtgesellschaftlichen Perspektive auf die Spätmoderne verbunden.

Ausgangspunkt für eine den postmodernen Veränderungen gerecht werdende Identitätstheorie sieht Keupp in der Lösung von der „bestimmenden Wegweisung der Eriksonschen Theorie" (Keupp 2002, S. 25). Der Kritikansatz von Keupp an Eriksons Konzeption besteht in der These, dass Erikson auf die Identitätsthematik ein modernes Ordnungsmodell regelhaft-linearer Entwicklungsverläufe überträgt. Erikson unterstellt demnach eine gesellschaftliche Kontinuität, in der sich die subjektive Selbstentwicklung verlässlich einbinden kann. Die gesellschaftlichen Veränderungen in der Postmoderne, die mit den Stichwörtern Individualisierung, Pluralisierung und Globalisierung in unterschiedlichen Disziplinen hervorgehoben werden, stellen jedoch diese für Erikson noch selbstverständliche Setzung grundlegend in Frage. Für eine Identitätstheorie der Postmoderne müssen daher zunächst die entsprechenden Veränderungen postmoderner Industriegesellschaften betrachtet werden.

Gesellschaftliche Veränderungsdynamiken der Postmoderne

Die Auflösung von Traditionen und der Prozess der Individualisierung sind bestimmend für die gesellschaftlichen Umbrüche der Moderne, wobei vor allem die technischen Veränderungen, die Globalisierung der Märkte und der Zusammenbruch des realen Sozialismus für Veränderungsdynamiken sorgen, die nicht nur die individuelle Lebensführung, sondern auch soziale Ordnungsannahmen in Frage stellen, die noch in der industriellen Moderne den Status grundsätzlich geteilter Prämissen hatten. Folgende zentrale Umbruchserfahrungen konstatiert Keupp für die postmoderne Gesellschaft:

Pluralisierung von Lebensformen und Milieus

Pluralisierungsprozesse führen zu einer Fülle von alternativen Möglichkeit der Lebensgestaltung. Sozialforscher sprechen dabei von einem ‚explosiven Pluralismus' und von einem ‚Quantensprung': „Die Moderne bedeutet für das Leben des Menschen einen riesigen Schritt weg vom Schicksal hin zur freien Entscheidung" (Berger 1994). Dies bedeutet, dass der Einzelne unter pluralen gesellschaftlichen Bedingungen nicht nur auswählen kann, sondern auch muss, da es immer weniger Selbstverständlichkeiten und etablierte Verhaltens- und Denkmuster gibt, auf die das Individuum zurückgreifen kann. Identität wird unter diesen Bedingungen zu einem Selbstprojekt, das sich immer wieder in sozialen Situationen bewähren muss.

Die individuelle Erfahrung der „Entbettung"

In der Postmoderne verliert das Individuum einen stabilen kulturellen Rahmen von verlässlichen Traditionen, in der es sich ‚eingebettet' fühlen kann. Sicherheit, Klarheit, aber auch soziale Kontrolle fallen durch immer weiter ausgreifende Pluralisierungs- und Individualisierungsprozesse gesamtgesellschaftlich weg. Die individuelle Lebensführung in der Postmoderne muss daher eigene Optionen und Lösungswege finden. Eine ‚Politik der Lebensführung' wird unabdingbar.

Individualisierung im Widerspruch zu Gemeinschaftserfahrungen

Waren in früheren sozialen Epochen traditionelle Strukturen, gemeinsame religiöse Bindungen und Ab- und Ausgrenzungsmechanismen das Regulativ der Gesellschaft, so verlieren diese Mechanismen in der Spätmoderne an Bindekraft und Verbindlichkeit. Individualisierung bedeutet die Freisetzung aus Traditionen und Bindungsgefügen, die das Handeln bestimmen und beurteilen. Das Individuum wird dadurch zur einzigen Steuerungseinheit, die auch ohne Berufungsmöglichkeit auf traditionelle Normierungen sinnvoll handeln muss. Es entsteht dabei ein ‚Authentizitätsideal', in dem der Mensch in sich das Gefühl von Echtheit und Stimmigkeit sucht. Dadurch verändert sich das Verhältnis des Individuums zur institutionellen Rahmung der Gesellschaft: Der Einzelne muss sich für jede Institution entscheiden, wobei diese Entscheidung subjektiv sinnvoll und mit den individuellen Vorstellungen der Selbstgestaltung vereinbar sein muss.

Entgrenzung individueller und kollektiver Lebensmuster

Die Grundkompetenzen für die Errichtung von Identität ändern sich in der Spätmoderne. So stellt Fend fest, dass Tugenden, die dabei helfen, mit sozialen Bedingungen und Umständen leben zu können, weniger funktional und weniger eingeübt sind, als Tugenden, sich klug entscheiden zu können und Beziehungsverhältnisse aktiv befriedigend zu gestalten. Früher selbstverständlich geteilte Vorstellungen von Erziehung sowie Geschlechter- und Generationenbeziehungen verlieren in der Spätmoderne ihre Verlässlichkeit (Fend 2000).

Fragmentierung von Erfahrungen

Die wachsende Komplexität der Lebensverhältnisse führt zu einer Fülle von Erlebnis- und Erfahrungsbezügen, die nicht mehr in eine ganzheitlich erfahrbare Lebenswelt integriert werden können. Keupp beschreibt dieses Phänomen folgendermaßen: „Diese Erfahrungssplitter sind wie Teile eines zerbrochenen Hohlspiegels. Wir haben meist keine andere Chance, als sie unverbunden nebeneinander stehenzulassen" (Keupp 2002, S. 48). Um diese Erfahrungsverarbeitung der Toleranz gegenüber Widersprüchen und Brüchen leisten zu können, sind hohe psychische Kompetenzen erforderlich.

Erwerbsarbeit als instabile Identitätsgrundlage

Während die industriell-kapitalistische Gesellschaft vor allem durch die Erwerbsarbeit mit ihren entsprechenden Berufsbildern eine verlässliche Basis für die Entwicklung von Identität ermöglicht hat, wird es in der Postmoderne zu einer Illusion, alle Menschen in die Erwerbsarbeit integrieren zu können. Die psychologischen Folgen dieses Prozesses liegen in einer Aufwertung der Arbeit mit entsprechender Zuspitzung der Arbeitsplatzsuche bei nicht ausreichenden Angeboten, da die Teilhabe an Erwerbsarbeit auch in der spätmodernen Gesellschaft über Ansehen, Zukunftssicherung und Identitätskonzeption entscheidet. Aus dieser Perspektive kann somit keine Dezentrierung, sondern eher ein Bedeutungszuwachs von Arbeit festgestellt werden.

Veränderungen im Zeitempfinden

Subjektive Bezüge zu Vergangenheit, Gegenwart und Zukunft verändern sich in der postmodernen Gesellschaft. Die Gründe dafür liegen in schneller aufeinanderfolgenden Innovationen. Das aktuell geltende Wissen verändert sich in relativ kurzen Zeitabständen. Damit steigt zur Erneuerungsrate des gesellschaftlich kodierten Wissens die entsprechende Veraltensrate.

Veränderungen der Geschlechterrollen

Die Frauenbewegung hat soziale Selbstverständlichkeiten aufgebrochen, die soziale Ordnungen in besonderer Weise bestimmten. Die klassische Trennung zwischen privatem Raum und Öffentlichkeit wird genauso in Frage gestellt wie häusliche Arrangements von Arbeitsteilung und Kindererziehung, die in der Postmoderne auch Themen politischer und gesamtgesellschaftlicher Diskussion werden. Neben neuen Horizonten der Konstruktionen offener Identitäten werden dabei auch tief verwurzelte Traditionsmuster in Familien oft gegen Widerstände spürbar.

Individualisierte Formen der Sinnsuche

Die Postmoderne ist geprägt vom Verlust des Glaubens an Meta-Erzählungen wie politische, religiöse oder philosophische Überzeugungen und Überlieferungen. Es handelt sich dabei weniger um den Zusammenbruch des Glaubens als Versuch, innere Zusammenhänge der Welt begreifen zu können, als vielmehr um das Ende der etablierten Deutungsinstanzen, die nicht mehr ohne weiteres die Erfahrungsvielfalt und den Pluralismus an Deutungsmustern integrieren können. Da die individuelle Sinnsuche trotzdem weitergeht, entsteht der ‚individuelle Sinnbastler': „Der Einzelne ist der Konstrukteur seines eigenen Sinnsystems, und dieses enthält durchaus Materialien der traditionellen Sinninstitutionen" (Keupp 2002, S. 52).

Nach diesen zentralen Aspekten der sozialen Veränderung in der Spätmoderne kommt Keupp zu dem Schluss, dass die Grunderfahrung der Subjekte in den fortgeschrittenen Industrieländern in einer „ontologischen Bodenlosigkeit, einer radikalen Enttraditionalisierung, dem Verlust von unstrittig akzeptierten Lebenskonzepten, übernehmbaren Identitätsmustern und normativen Koordinaten" liegt (Keupp 2002, S. 53). In dieser Situation erfährt dem Autor zufolge das Individuum eine deutliche Ambivalenz: Keupp konfrontiert die Verheißung der Postmoderne, „(...) ein Stück eigenes Leben entwerfen, inszenieren und realisieren zu können" mit der Tatsache, dass als Voraussetzung für ein solches gelungenes Lebensskript eine Vielzahl von bedeutenden materiellen, sozialen und psychischen Voraussetzungen und Fähigkeiten beim Individuum gegeben sein muss.

Verarbeitungen der postmodernen Gesellschaftsveränderungen in den aktuellen Identitätstheorien

Als Ordnungsversuch für die theoretischen Verarbeitungen der aufgeführten soziologischen Befunde können unterschiedliche Diskussionsschwerpunkte unterschieden werden, die die Betrachtung der sozialen Veränderungen der Spätmoderne in Bezug auf die Entwicklung von Identität eingrenzen sollen.

Verknüpfungsarbeit

Ein erster Aspekt spätmoderner Veränderungsdynamik betrifft das Verständnis von Identität als statischem oder dynamischem Begriff: Während auf der einen Seite das Gleichbleibende, Unverwechselbare einer Person anhand von stabil bleibenden Kriterien überprüft und geltend gemacht werden kann, so stehen auf der anderen Seite demgegenüber die für die Postmoderne charakteristischen Selbstfindungsprozesse des Individuums, die den Entwicklungsaspekt von Identität betonen.

Identität wird in dieser Perspektive zum Projekt, dessen zentrale Begriffe Entfaltung und Entwicklung sind. Identitätsprojekte können sich durch die beschriebenen gesellschaftlichen Besonderheiten der Spätmoderne auch das ganze Leben hindurch tiefgreifend ändern.

Für Keupp ist somit der Aspekt der Veränderungsdynamik für die Beschreibung von Identität in der Postmoderne entscheidend. Unter einer zeitanalytischen Perspektive lässt sich Identitätsentwicklung demnach als Verknüpfungsarbeit beschreiben, die vergangene Identitätsentwürfe reflektiert, bewertet und in Beziehung zu zukünftig-optionalen Identitätsprojekten setzt.

Kohärenz und Authentizität

Diese Überlegungen führen Keupp zu der zentralen Frage nach psychischer Einheit und Spaltung sowie nach Kohärenz und Dissoziation als zweitem Spannungsfeld der aktuellen Identitätsdiskussion. Dabei geht es ihm um die Frage, „wieviel Vielfalt an Erfahrung der Mensch verträgt und wieviel Einheit des Erlebens er braucht" (Keupp 2002, S. 66).

Diese Fragestellung beinhaltet die weitreichende Diskussion um die Existenz eines Identitätskerns, wie er in den Konzeptionen von Erikson und Blasi formuliert wird. Keupp betont dabei, dass ein Verständnis von Identität in der Spätmoderne als nie endender Prozess des Subjektes einen anderen Zugang zu Identitätsbeschreibung verlangt als eines, das sich auf die Entwicklung eines Identitätskerns konzentriert. Um Missverständnisse zu vermeiden, betont Keupp in diesem Zusammenhang jedoch, dass es auch in den Identitätsanalysen der Postmoderne keinen Sinn macht, auf den Begriff der Einheit der Person zu verzichten. So stellt auch der Psychologe Elster fest, dass von pathologischen Fällen abgesehen der Begriff der mehreren Selbste nicht wörtlich, sondern metaphorisch zu verstehen ist (Elster 1987).

Obwohl die dargestellten Analysen spätmoderner Gesellschaftssysteme es nahe legen könnten, den Begriff der Kohärenz als nicht mehr einlösbare Ideologie auszuklammern, hält Keupp in den analytischen Abstraktionen seiner eigenen Forschungsarbeiten in einem verändertem Sinn an der Notwendigkeit einer Herstellung von Kohärenz auch in postmodernen Identitätskonstruktionen fest, da deren Fehlen zu schweren emotionalen und gesundheitlichen Schädigungen führt. Es kommt in der Postmoderne jedoch entscheidend darauf an, eine reflexive Offenheit für Identitätsveränderungen zu gewinnen, die in spätmodernen Gesellschaften nahezu unvermeidlich werden. Diese Forderung nach aktiver Aneignung, Gestaltung und Veränderung von Erfahrungsräumen führt Keupp zu dem Begriff des prozessual verstandenen Kohärenzprinzips, in dem nicht mehr langfristige Festlegung und Unveränderlichkeit, sondern Veränderung und Dynamik im Vordergrund stehen: Auch in der Postmoderne existiert das Individuum zwar empirisch als eine Person; das Entscheidende ist aber, dass der Einzelne über eine Strukturierung hinaus die einzelnen Elemente durch einen reflexiven Bezug miteinander zu einer konsistenten, synthetischen Identität verknüpfen muss. Diese Konstruktionsarbeit an einem inneren Zusammenhang der Selbsterfahrungen sind in der Postmoderne unabdingbar. Das Selbst wird in dieser Perspektive nicht zu einem festen Besitz des Individuums, sondern zu einem Konstrukt, das sich im Laufe der individuellen Entwicklung ausbildet. Entzieht sich das Individuum dieser Konstruktionsaufgabe, kommt es zu psychischer Fragmentierung.

Aus diesem Grund ist die Konstante des Selbst nach Keupp nicht im Ziel einer Auflösung der Differenzen des Erlebens pluraler Lebensbereiche zu sehen, sondern in einem Ertragen und Meistern der Spannungen der Spätmoderne und ihren immer wiederkehrenden Krisen, die vom Individuum Konfliktaushandlungen verlangen. In der Verarbeitung von Selbsterfahrungen bleiben damit auch immer Differenzerfahrungen erhalten, sie bilden nach Keupp eine motivationale Grundspannung für neue Identitätsentwürfe und entsprechende Handlungen. Identitätsentwicklung zielt somit auf die Herstellung eines konfliktorientierten Spannungszustandes, der sich entsprechend den Identitätsforschungen von Habermas (1987) und Krappmann (1997) in einer „Ambiguitätstoleranz" zeigt, in einem Aushalten von nebeneinander existierenden und berechtigten bereichsspezifischen Erfahrungszuständen. Jedes Subjekt entwickelt hierfür ein eigenes, subjektiv definiertes Maß, das Keupp als Gefühl der Authentizität bezeichnet. Gemeint ist dabei die Leistung des Subjektes, die Ambivalenzen und Veränderungen in der Identitätsentwicklung in ein für das Individuum akzeptables Spannungsverhältnis zu bringen. Bei authentischem Verhalten steht also die Frage im Vordergrund, ob die Gründe für das Handeln aus der Sicht des Subjektes stimmig sind. Dies schließt Autonomie als Verantwortlichkeit des Subjektes für eine bestimmte Handlung mit ein.

Alterität und soziale Anerkennung

Ein dritter Diskussionspunkt beinhaltet das Verhältnis zwischen Identität und Alterität, das heißt von Selbstbezogenheit und dem Bezug zu anderen Individuen, die auch in der Spätmoderne in einem unauflösbaren Zusammenhang stehen. Charakteristisch für die Postmoderne ist in diesem Zusammenhang jedoch, dass soziale Einbindungen zur Konstruktionsleistung des Einzelnen werden, da unanzweifelbare gesellschaftliche Kategorien nur noch in geringem Maße vorhanden sind und sich daher Identitätsprojekte immer wieder im sozialen Austausch bewähren müssen.

Die für Identitätsentwicklung unverzichtbare Anerkennung des Einzelnen durch das soziale Umfeld erhält einen zeit- und kulturtypischen Akzent: In traditionellen, stärker hierarchisch oder formal organisierten Kulturen vollzog sich Anerkennung zwischen Individuen vor allem über den jeweiligen sozialen Status und die entsprechende soziale Rolle. Diese objektiven, gesellschaftlich hergestellten und wirksamen Erkennungsmuster gaben den Subjekten den gesellschaftlichen Stellenwert vor, der im sozialen Umgang bestätigt wurde.

In pluralisierten Gesellschaften ist dieser Automatismus auf vielen Ebenen der Gesellschaft erodiert. Neben den Lebensmöglichkeiten sind auch die Zwänge zur Selbstbehauptung gewachsen, Umgangsformen sind häufig informeller geworden und somit muss Anerkennung heute im dialogischen Austausch mit anderen Individuen aktualisiert und ausgehandelt werden. Fähigkeiten zur Selbstrepräsentation gewinnen daher eine größere Bedeutung als in früheren gesellschaftlichen Epochen.

Ressourcennutzung

Identitätsentwicklung wird ganz entscheidend von den Ressourcen bestimmt, die ein Subjekt für die beschriebenen Konfliktaushandlungen nutzen kann. Für die Beschreibung dieser Ressourcen bietet sich die von dem Sozialwissenschaftler Bourdieu entwickelte Kategorisierung von Kapitalien an. Der Autor unterscheidet dabei zwischen den materiellen, direkt in Geld konvertierbaren „ökonomischen Ressourcen", den „kulturellen Ressourcen", die sich in verinnerlichten Fertigkeiten und Haltungen sowie staatlich anerkannten Bildungsabschlüssen und Titeln zeigen, und den auf die Zugehörigkeit zu anderen Personen beruhenden „sozialen Ressourcen" (Bourdieu 1983, 1992).

Für den Prozess der Identitätskonstruktion ist entscheidend, wie diese Ressourcen für die jeweiligen Prozesse in Abläufe übersetzt werden, die für die Identitätsentwicklung relevant sind. Die unterschiedlichen Kapitalsorten werden nach Keupp bei Identitätskonstruktionen in den drei Übersetzungskategorien Optionsraum, subjektive Relevanzstruktur und Bewältigungsressource transferiert, die bei der Passung von gesellschaftlichen Anforderungen und individuellen Ressourcen zentral sind.

Soziale Netzwerke können materielle, emotionale und soziale Ressourcen zur Verfügung stellen, Optionen für Identitätsprojekte und -entwürfe vorstellen und die Komplexität der dargestellten sozialen Welt durch die Vermittlung von Leitlinien und Relevanzen reduzieren. Identitätsprojekte gestalten zudem soziale Netzwerke, da sich in ihnen Individuen positionieren und in Beziehung zu anderen stellen können. Soziale Netzwerke werden daher so gestaltet, dass die Identitätsprojekte einer Person darin Einbindung, Anerkennung und Unterstützung finden. Über diese unmittelbaren sozialen Beziehungen hinaus sind die in sozialen Netzwerken vermittelten kulturellen

Werte, Orientierungen und Einstellungen für die Identitätsentwicklung bedeutsam.

Auch neuere Formen von Produktversprechen und Werbung sowie Vorschläge des Lebensstils, die durch die Massenmedien vermittelt werden, sind kulturelle Orientierungen, vor deren Hintergrund gerade Jugendliche ihre Identitätsentwürfe bilden und das Gelingen ihrer Identitätsprojekte und Identitätsentscheidungen prüfen und beurteilen.

Zusammenfassend kommt Keupp zu dem Schluss, dass sich in der Postmoderne ein hohes Maß an Ringen um Identität ausmachen lässt: Konfliktaushandlung und Ressourcennutzung des Einzelnen mit dem Ziel der Herstellung von Kohärenz, Autonomie, Anerkennung und Authentizität müssen im individuellen Lebenslauf immer wieder geleistet werden. Dieser Prozess zeigt in der Spätmoderne eine nie zuvor dagewesene Schärfe und Verbreitung. Keupp fasst dies folgendermaßen zusammen: „Identität ist sowohl der Name für den Lösungsprozess des gleichnamigen Problems wie auch der Name für die temporären Lösungen des Problems" (Keupp 2002, S. 70).

Konstruktionsleistungen postmoderner Identitätsentwicklung

Die analytischen Abstraktionen der empirischen Forschungen Keupps sehen es vor, „den Herstellungsmodus von Identität als einen offenen Prozess zu konzeptualisieren, der einer alltäglichen (...) Bearbeitung zugänglich ist" (Keupp 2002, S. 189). Dabei verwendet der Autor bewusst den Begriff der „Konstruktion" um deutlich zu machen, dass Identität als ein Passungsprozess angesehen wird, der immer wieder Bewährungsproben standhalten oder gegebenenfalls modifiziert werden muss. Keupp unterscheidet folgende zentrale Konstruktionsleistungen der Identitätsentwicklung:

Teilidentitäten

Über die Reflexion von situativen Selbsterfahrungen und deren Integration entstehen verschiedene lebensweltlich-spezifische Teilidentitäten, die ein Bild des Subjektes von sich selbst bezeichnen, in dem unterschiedliche Aspekte seines Handelns verallgemeinerte Konturen erhalten. So entsteht beispielsweise die berufliche Identität als entsprechende Typisierung der eigenen Person neben anderen, außerhalb des Berufsfeldes stehenden Aspekten des eigenen Selbst. Die unterschiedlichen Facetten einer Teilidentität sind als Projekte und Entwürfe auf die Zukunft gerichtet, als realisierte oder gescheiterte Identitätsprojekte können sie aber auch der Vergangenheit einer Person angehören.

Teilidentitäten haben immer kognitive, emotionale, soziale und körperbezogene Aspekte, die harmonisch, aber auch ambivalent erlebt werden können. Es ist empirisch nicht möglich, logische Festlegungen oder Begrenzungen von Teilidentitäten auszumachen, da diese nicht einfach nebeneinander stehen. Personen bilden nämlich in ihren Identitätskonstruktionen oft Zu-,

Unter- und Überordnungen ihrer bereichsspezifischen Selbstbilder heraus. Keupp spricht in diesem Zusammenhang dann von „dominierenden Teilidentitäten", die aktuell besser organisiert sind und dadurch dem Subjekt mehr Anerkennung, Autonomie und Authentizität vermitteln und in der jeweiligen Lebensphase eine höhere Relevanz besitzen.

Keupp betont, dass Subjekte nicht gleichwertig an allen Teilidentitäten arbeiten, sondern selektiv bestimmte Aspekte des Selbst im Vergleich zu anderen intensiver betrachten und behandeln. Alle Konstruktionsleistungen unterliegen dabei einem fortlaufenden Veränderungsprozess, neue Teilidentitäten können in postmodernen Lebensläufen immer wieder hinzukommen und andere können sich auflösen.

Identitätsgefühl

Das Identitätsgefühl entsteht aus der Verdichtung aller Erfahrungen im menschlichen Lebenslauf und deren entsprechenden subjektiven Bewertungen. Subjekte verarbeiten bestimmte Aspekte situationaler Selbsterfahrungen nicht nur im Rahmen einer Teilidentität, sondern in ihrem Kerninhalt auch in einem Identitätsgefühl.

Bei der weiteren Entwicklung der begrifflich-logischen und sozialen Kompetenz im Lauf der Biographie enthält das Identitätsgefühl sowohl die Bewertungen über die Qualität und Art der Beziehung des Individuums zu sich selbst als auch Bewertungen über die Bewältigung der Alltagsanforderungen. Das Identitätsgefühl besteht dabei aus der Vielfalt dieser verdichteten, als positiv oder negativ abgespeicherten Selbsteinschätzungen. Das Subjekt entwickelt so ein Gefühl dafür, inwieweit es selbst seine Identität gestaltet und welchen Einfluss die sozialen Faktoren haben. Dies bezeichnet Keupp als „Kohärenzgefühl", das dem Sozialpsychologen Antonovsky (1998) zufolge drei entscheidende Aspekte beinhaltet:

Das Gefühl von *Sinnhaftigkeit* entsteht, wenn Identitätsziele in Entwürfe und Projekte übersetzt werden können und so Erfahrungen von positiver Authentizität vermitteln.

Das Gefühl der *Umsetzbarkeit* ist die Folge einer Weiterentwicklung von Entwürfen und Ideen in realisierte Identitätsprojekte.

Das Gefühl der *Möglichkeit des Verstehens* stellt sich bei Reflexion des selbst gestalteten Prozesses der Zielübersetzung in Entwürfe und realisierte Identitätsprojekte ein.

Das Identitätsgefühl ist somit einem Individuum nicht direkt über konkrete Inhalte präsent, sondern bezeichnet das basale Grundgefühl eines sozial und individuell bestimmten Selbst, das der eigenen Reflexion zugänglich ist.

Biographische Kernaussagen

Mit erzählten Kernaussagen kann ein Subjekt Teile der Identität konkret darstellen und damit eine Ideologie von sich selbst entwerfen. Die Sozialforscher Gergen und Gergen (1988) benennen hierfür notwendige Erscheinungsformen:

- *Sinnstiftender Endpunkt*: Damit eine erzählende Selbstdarstellung verständlich ist, muss ein Subjekt das Ziel seiner Erzählung über strukturiertes Berichten erreichen.
- *Beschränkung auf relevante Ereignisse:* In Abgrenzung zu anderen biographischen Erlebnissen muss eine Kernaussage ein Verständnisfeld mit den Interaktionspartnern erreichen. Da dies bei ausgefaserten Identitäten in der Spätmoderne mit ihren dargestellten Besonderheiten teilweise schwierig ist, muss mehr, aber auch eingeengter erzählt werden. Darüber hinaus kann eine solche Selbstdarstellung erschwert werden, wenn die zu erzählende Geschichte noch nicht vorüber ist, es also noch nicht klar sein kann, was die Ereignisse sind, die rückblickend als die relevanten zu benennen sein werden.
- *Herstellung von kausalen Verbindungen:* Ein Identitätsprojekt ist erst dann plausibel und realistisch, wenn der Übergang von einer Teilidentität zu einer anderen einer kausalen Logik folgt und in die Folgerichtigkeit des Gesamtprojektes eingebunden ist.
- *Grenzzeichen innerhalb einer Selbstdarstellung*: Anfang und Ende einer zentralen Selbstbeschreibung werden in der Darstellung durch Anfangs- und Endzeichen gerahmt. Dadurch eröffnet der Erzähler dem Zuhörer den Eintritt in die Darstellung und ihr Verlassen.

Biographische Kernaussagen und Kernerzählungen bieten „Lesarten des eigenen Selbst" (Keupp 2002, S. 232). Wird im Identitätsgefühl das Vertrauen zu sich selbst ausgedrückt, handelt es sich bei diesen Aussagen um eine Verdichtung und Ordnung biographischer Erlebnisse, mit der sich das Subjekt vergegenwärtigt, welche Lesart seiner Identitätsentwicklung die derzeit dominierende ist.

Das dargestellte dreigliedrige Identitätsmodell kann in engem Zusammenhang mit der individuellen Handlungsfähigkeit einer Person gesehen werden. So bestimmt der jeweilige Entwurf einer Teilidentität die Möglichkeit einer selbst bestimmten Partizipation im entsprechenden sozialen Kontext, die durch Kerndarstellungen vermittelte Selbstideologie einer Person verdeutlicht das Maß an Selbstreflexion und offenbart moralische, politische und weltanschauliche Einstellungen. Das Identitätsgefühl schließlich bestimmt die Handlungsfähigkeit in dreifacher Hinsicht mit: Der Gefühlsaspekt des Verstehens gesellschaftlich begründeter Anforderungen ist für die Entwicklung sozialer Kompetenz notwendig, das Gefühl für Sinnhaftigkeit ist bedeutsam für die Vermittlung eigner Ziele und für die Bezugnahme auf die Ziele anderer. Das Gefühl der Umsetzbarkeit bezieht sich auf die subjektive Bewertung der Gestaltungsmöglichkeiten des individuellen Handelns.

1.2.7 Narrative Identität

Ein Konzept, das sowohl die dargestellten Besonderheiten postmoderner Identitätskonstruktion berücksichtigt als auch die anthropologischen Grundmerkmale der klassischen Ansätze umrahmt, ist die Theorie der „narrativen Identität", auf der die methodologische Ausrichtung der vorliegenden Arbeit basieren soll. Sie stellt die integrativste Theorie dar, die auf alle vorstellten Konzepte von Identität angewendet werden kann.

Die Grundthese dieses Ansatzes ist, dass Identität als Selbstkonstruktion primär im Modus der Narration, der Erzählung, gestaltet wird. Diese Überlegungen basieren auf Konzepten der narrativen Psychologie, die vor allem von den Autoren T. R. Sarbin (1986), P. Ricoeur (1991), G. Widdershoven (1993) und J. Bruner (1997) entwickelt wurden.

Die narrative Psychologie postuliert, dass der Lebenslauf eines Individuums und seine Beziehungen zur Umwelt in Geschichten und Erzählungen gestaltet werden. Der im symbolischen Interaktionismus beschriebene Umgang des Subjektes mit den sozialen Erwartungen, Widerspiegelungen und sozialisatorischen Erfahrungen geschieht in diesem Sinne durch die Herstellung von individuellen Narrationen: In der Konstruktion von subjektiven Lebensgeschichten definiert der Einzelne seine Identität als individuell einmalig ausgehandelte Gelenkstelle zwischen Individuum und Umwelt. So formuliert der Sozialpsychologe B. Hardy: „Wir träumen narrativ, tagträumen narrativ, erinnern, antizipieren, hoffen, verzweifeln, glauben, zweifeln, planen, revidieren, kritisieren, konstruieren, klatschen, hassen und lieben in narrativer Form (Hardy 1968, S. 5).

Narrationen sind somit das primäre strukturierende Schema, durch das Subjekte ihr Verhältnis zu sich selbst und zur sozialen und physikalischen Umwelt sinnstrukturiert organisieren. Narrative Identität kann in diesem Sinn definiert werden als „die Einheit des Lebens einer Person, so wie diese Person sie in den Geschichten erfährt und artikuliert, mit denen sie ihre Erfahrungen ausdrückt" (Widdershoven 1993, S. 7).

Das Individuum bezieht identitätsrelevante Ereignisse auf der Zeitachse mit Hilfe der Selbsterzählung aufeinander, indem kohärente Verbindungen zwischen einzelnen Lebensereignissen hergestellt werden. Der Sozialpsychologe Gergen schreibt in diesem Sinne: „So leben wir auf signifikante Weise durch Geschichten – sowohl durch das Erzählen als auch durch das Handeln selbst" (Gergen 1988, S. 18).

Narration und Sozialität

Das Konzept der narrativen Herstellung und Performanz von Identität bedenkt auch das Subjekt in Bezug auf seine soziale Umwelt: Die Geschichten, die ein Individuum über sich und seine Beziehungen zur Außenwelt erzählt, sind Produkte des sozialen Austauschs. Narrationen verwenden immer sozial vermittelte Erzählformen und Erzählinhalte. Individuelle Freiheitsgrade beim Herstellen von narrativer Identität können somit immer nur relational genutzt werden, sie unterliegen stets auch der sozialen Bewertung. Narrative Strukturen sind daher keine Eigenschöpfung des Subjektes, sondern sie sind immer schon im sozialen Kontext verankert. Ihre Genese und Veränderung findet in einem komplexen Prozess der Konstruktion sozialer Wirklichkeit statt. Somit formen sie die Art und Weise, wie eine Person sich erzählen kann vor und damit auch ihr Verständnis von sich selbst. Die Herstellung von Selbstnarrationen ist daher ein genuin sozialer Prozess, in dem sich Individuen anderen mitteilen und sich in die Gesamtkultur einer Gesellschaft einbringen. Selbstnarrationen zielen darüber hinaus auf Anerkennung. Im Sinne der für die Entwicklung von Identität entscheidenden Ressourcen eines Individuums kommt es dabei darauf an, ob die in den jeweiligen sozialen Milieus und Subkulturen gültigen sprachlichen Regeln für die Konstruktion narrativer Identität dem Individuum geläufig sind und von ihm eingehalten werden (Deppermann/Lucius-Hoene 2002).

Zentrale Formen der Selbstnarration

Die Konzeption des symbolischen Interaktionismus, des Lebenslaufmodells und auch der postmodernen Identität kann an entscheidenden Stellen mit der Theorie narrativer Identität untermauert und ausgefüllt werden: Analysiert Keupp Identitätskonstruktion als einen „Passungsprozess, bei dem vergangene, gegenwärtige und zukunftsbezogene Selbsterfahrungen unter den verschiedenen Identitätsperspektiven reflektiert und zu Teilidentitäten zusammengefasst werden" (Keupp 2002, S. 207), so wählt der Autor zur Beantwortung der Frage, welches das Mittel für diese Verknüpfungen ist, das Konzept der narrativen Identität: „Erzählend organisiert das Subjekt die Vielgestaltigkeit seines Erlebens in einen Verweisungszusammenhang" (Keupp 2002, S. 208). So sind es in entscheidendem Maße die von dem Subjekt hergestellten Narrationen, die vergangene Ereignisse sozial sichtbar machen und dazu dienen können, Erwartungen zukünftiger Ereignisse zu begründen. Die Identitätsforscher Gergen und Gergen unterscheiden dabei drei zentrale Formen der Selbstnarration:

1. Die *Stabilitätsnarration* bezeichnet eine während der Erzählung vergangener Ereignisse evaluative, unveränderte Position. Die Narration wird hier bestimmt durch gleichbleibende Darstellungsformen.
2. Die *progressive* Narration zeichnet sich durch das subjektive Erleben eines ‚Auf und Ab' aus, das heißt einer häufig wechselnden Darstellungsform mit entsprechend unterschiedlich eingesetzten Stilmitteln der Erzählung.

3. Die *regressive* Narration beinhaltet eine Veränderung der Position des Subjektes über der Zeit auf der Dimension der Evaluation vergangener Ereignisse.

Reale, objektive Fakten sind für narrative Identitäten nur grundlegende Bausteine für Anfänge und Anlässe subjektiver Lebensgeschichten. Individuen bauen Ereignisse und Sätze in größere Strukturen ein, die wiederum einen interpretativen Kontext für die von ihnen umfassten Komponenten bilden (Bruner 1998).

Es geht somit bei einer narrativen Identitätskonstruktion nicht um Faktizität, sondern um eine individuelle, erzählgestalterische Formung von Erinnerungen und Erwartungen.

Identität ist in dieser Perspektive nicht nur Handeln und praktische Vermittlungsarbeit, sondern auch ein vom Subjekt verfasster Text. Das von Keupp analysierte Zusammenwirken von Kohärenz, Anerkennung, Authentizität, Ressourcen und Handlungsfähigkeit muss vom Subjekt als solches narrativ präsentiert und interpretiert werden.

Bezüglich struktureller Aspekte steht auch innerhalb des Konzeptes der narrativen Identität die Einheit eines Individuums im Sinne von Kontinuität und Kohärenz im Mittelpunkt:

- Kontinuität bestimmt sich bei narrativen Identitäten in ihrer temporären Strukturierung, die unterschiedliche Abschnitte im zeitlichen Wandel des Lebenslaufes zu einem einheitlichen gegenwärtigen Selbst sinnhaft ordnet.
- Kohärenz bezeichnet das Streben eines Individuums nach innerer Stimmigkeit der unterschiedlichen gesellschaftlichen Rollen und Handlungsaspekte sowie der individuellen psychischen Bedürfnislagen.

Das von Erikson formulierte Identitätskonzept des Lebenszyklus kann auf diese Weise als ‚Lebenslauferzählung' verstanden werden, da jede Integrationsarbeit von biographischen Erfahrungen in das Selbstbild in narrativer Form geschieht. Die so entstehenden symbolischen Systeme bleiben jedoch ganz im Sinne postmoderner Identitätskonstruktion nicht stabil, sondern bilden und verändern sich in sozialen Austauschprozessen.

Das Konzept der narrativen Identität zeigt wiederum seine hervorragende Anschlussfähigkeit an die Theorie des symbolischen Interaktionismus in der zentralen Stellung der Sprache als Mittel der interpersonalen Verständigung und der Aushandlung von Identitätsentwürfen mit Sozialpartnern. Identität lässt sich so als sprachlich-symbolische Struktur begreifen, die sich im Werdegang der individuellen Biographie ständig verändert. Sprache ermöglicht den Zugang zu kulturellen Sinnstiftungsangeboten der Sozialwelt und stellt neben den kognitiven, instrumentellen und materiellen Mitteln die wichtigste Ressource dar, mit deren Hilfe Identitätsansprüche umgesetzt und sozial durchgesetzt werden können. Innerhalb des sprachlich-symbolischen Bereiches sind dabei sozialisatorisch geprägte Aspekte wie rhetorische Fähigkeiten und Deutungsmuster für die Herstellung narrativer Identität zentral, die das Individuum sozial handlungs- und orientierungsfähig machen. Diese symbolisch- sprachliche Struktur kann in drei Dimensionen beschrieben werden:

1. Die *temporale Dimension:* Narrative Identität ist durch temporale Strukturierungs- und Verknüpfungsleistungen bestimmt. Dabei ist entscheidend, welche Ereignisse und Erfahrungen des Lebens integriert und narrativ wiedergegeben werden. Weiterhin wird narrative Identität durch die Art und Weise bestimmt, wie Lebenserfahrungen miteinander verknüpft werden, um so Kohärenz herstellen zu können. Biographische Ereignisse können kausal oder final aufeinander bezogen werden, indem Ursachen, Gründe oder Bedingungen in der individuellen Biographie narrativ aufgearbeitet werden. Daraus ergibt sich ein weiterer entscheidender Aspekt narrativer Identität, nämlich die Frage, wie Handlungsmöglichkeiten und Handlungsinitiativen im Hinblick auf diese individuellen Ereignisse narrativ konstruiert werden (Schütze 1981). Eine Besonderheit narrativer Identität ergibt sich dabei durch eine „Doppelung des Ichs" (Lucius-Hoene/Deppermann 2002, S. 60): Im Erzählen kann das Individuum Bezug auf das erzählende Ich nehmen und es in einer bestimmten Weise darstellen. Damit entsteht innerhalb der Narration durch die Bezugnahme auf das vergangene Subjekt die Demonstration eines Entwicklungsprozesses vom vergangenen zum gegenwärtigen Selbst.

2. Die *soziale Dimension:* Auch Erzählen ist als sprachliche Handlung durch die Ausrichtung auf die zuhörende Person immer intersubjektiv angelegt und auf die soziale Umwelt ausgerichtet. Dabei ist in einer Erzählung die soziale Positionierung bedeutend, die ein Individuum interaktiv herstellt und sich damit im sozialen Raum verortet und in Relation setzt zu anderen Personen und sozialen Kategorien. Hierbei werden die schon erwähnten, durch Sozialisation dem Individuum nahe gebrachten kulturell vorgeprägten Muster und Erzählfolien aktiv vom Subjekt verarbeitet und genutzt.

3. Die *selbstbezügliche Dimension:* Hierbei werden die verschiedenen Aspekte der Selbsterfahrung einer Person in den Blickpunkt gestellt: Durch die Fähigkeit des Individuums, sich selbst zum Objekt der Betrachtung machen zu können, beeinflusst der Prozess der Narration immer auch den Einzelnen in seinem Verhältnis zu sich selbst (Engelhardt 1990). Dieser Prozess geschieht narrativ durch explizit selbstbezügliche Aussagen und Manifestationen zunehmender Selbsterkenntnis des Subjektes, die zu ‚Eigentheorien' im Sinne theoretischer Erörterungen im Hinblick auf die eigene Person ausgebaut werden können (Lucius-Hoene/Deppermann 2002).

Narrative Identität bezeichnet diesen Aspekten zufolge eine in der Situation des Erzählens vom Subjekt interaktiv hergestellte und dargestellte Identitätskonstruktion und umfasst gleichermaßen Struktur und Performanz von Identität als Produkt der situativen Vergegenwärtigung und Reflexion des individuellen Lebenslaufes.

Mit diesen Darstellungen sind die theoretischen Erörterungen zum Thema „Identität als zentrales Thema des Jugendalters" abgeschlossen. Bevor das Konzept der narrativen Identität auf die empirische Untersuchung kirchlicher Orientierung im Jugendalter angewendet wird, ist es jedoch nötig, diesen speziell ausgewählten Kontext der vorliegenden Arbeit zu klären. Daher wird nun der Bereich „Kirche und Religion im Jugendalter" theoretisch aufgearbeitet.

2 Kirche und Religion im Jugendalter

Für die Bestimmung kirchlicher Identitäten wird im Folgenden zunächst der Begriff ‚Kirche' theoretisch erläutert. Daran anschließend folgen zentrale Theorien religiöser Entwicklung im Jugendalter als Grundlage für die religiösen Identitätsaspekte der empirischen Studie.

2.1 ‚Kirche' – der Bezug zur Jugend im Modernisierungsprozess

Der Begriff Kirche bezeichnet die verfasste Sozialgestalt des christlichen Glaubens im Sinne einer Institution und ihrer repräsentativen Organe. Sie erscheint aus theologischer Sicht als Gegenstand des Glaubens: Der Begriff „Kirche" leitet sich vom lateinischen Wort ‚Ecclesia' ab, das wiederum auf dem griechischen Wort ‚ekkalein' beruht und ‚einberufene Versammlung' bedeutet. Es bezeichnet eine Volksversammlung, zumeist religiösen Charakters. Dieser Ausdruck wird in der griechischen Übersetzung des Alten Testaments oft für die Versammlung des auserwählten Volkes vor Gott verwendet, dabei vor allem für die Versammlung am Sinai, wo Israel der Bibel nach das Gesetz erhielt und von Gott zu seinem heiligen Volk erklärt wurde. Die erste Gemeinschaft, deren Mitglieder an Christus glaubten, verstand sich als Erbin dieser Versammlung und nannte sich deshalb ‚Ecclesia'. In diesem Sinne bedeutet das Wort ‚kyriake', aus dem sich der Begriff ‚Kirche' und ‚Church' ableitet, ‚die dem Herrn gehörende'.

Aus soziologischer Perspektive wird Kirche als gesellschaftliche, institutionalisierte Organisation gesehen, die von bürokratisch organisierten Leitungsgremien im Handeln bestimmt wird (Kaufmann 1989).

Die im Zuge wissenschaftlicher, politischer und wirtschaftlicher Veränderungen sich modernisierende Gesellschaft zeichnet sich durch funktionale Differenzierung aus. Die Gesellschaft zerfällt in einzelne Teilfunktionssysteme, die jeweils für spezielle Problemlösungen zuständig sind (Luhmann 1994).

Kirchen gehören in dieser Perspektive zum gesellschaftlichen Subsystem des „religiösen Feldes" (Ziebertz 2003, S. 126), in dem als Folge gesellschaftlicher Pluralisierung keine Religion mehr ein Monopol besitzt, sondern verschiedene religiöse Institutionen in Konkurrenz zueinander stehen. Unter dieser Bedingung erscheint auch die intern segmentierte kirchliche Religion als ein besonderes Subsystem, das seine soziale Funktion in Form von religiöser Kommunikation, seine Leistungen für die Systeme der sozialen Umwelt in Form von Diakonie und Caritas und seine Selbstbeschreibung in Form einer entsprechenden Theologie ausübt. Die funktionale Differenzierung der Gesellschaft bedeutet für die Religion, dass sie ausschließlich religiöse Funktionen ausübt, daher erscheinen die anderen Subsysteme als säkularisiert (Theologische Realenzyklopädie 1997).

Innerhalb des deutschen Gesellschaftssystems bestehen die Grundmerkmale des Kirchenrechts in der Gleichbehandlung aller Religionen und in der Trennung von Staat und Kirche. Durch ihre anerkannte Existenz verdrängt die Kirche andere soziale Institutionen, insbesondere den Staat, aus dem Bereich Religion und Weltanschauung. Gleichermaßen wird die Kirche durch die Modernisierung der Gesellschaft auf ihren Funktionsbereich beschränkt. Im Grundgesetz wird daher die Aussage getroffen, dass eine Staatskirche nicht existiert. Auch wird hierbei nicht der Begriff Kirche, sondern der aus der Aufklärung stammende Begriff der „Religionsgesellschaft" bzw. „Religionsgemeinschaft" gebraucht (RGG – Religion in Geschichte und Gegenwart 2004, S. 999).

Das deutsche Staatskirchenrecht behandelt die Kirchen im Grundsatz wie jede Vereinigung von Bürgern. Unter Religionsgesellschaft ist „ein Zusammenschluss von mindestens zwei natürlichen Personen zu verstehen, der von einem religiösen Konsens seiner Mitglieder getragen wird und auf eine umfassende Bezeugung dieses Konsenses abzielt" (RGG 2004, S. 999). Wenn diese Merkmale gegeben sind, gewährt das Grundgesetz im Interesse der kollektiven Religionsfreiheit und des Selbstbestimmungsrechtes der Religionsgemeinschaften besondere Regeln und Vergünstigungen, die sich auf Finanzen, Eigentum und Selbstverwaltung der Kirchen, auf Feiertagsrecht und auf die Beteiligung der Kirchen am Bildungswesen in Form von Religionsunterricht erstrecken (RGG 2004).

Jenseits dieser soziologischen Beschreibungen wird Kirche natürlich auch theologisch betrachtet. Demnach „gehört die Kirche in die Kommunikation zwischen Gott und Mensch" (Ziebertz 2003, S. 127). In theologischer und religionswissenschaftlicher Perspektive ist dabei die im Folgenden näher zu beschreibende Unterscheidung zwischen katholischer und protestantischer Kirche entscheidend.

2.1.1 Kirche im katholischen Selbstverständnis

Im katholischen Verständnis beginnt die Sammlung des Gottesvolkes in dem im alten Testament beschriebenen Augenblick, als die Sünde die Gemeinschaft der Menschen mit Gott und mit den Mitmenschen zerstört. Die Sammlung der Kirche ist in diesem Sinne die Reaktion Gottes auf das durch die Sünde hervorgerufene Chaos. Die entfernte Vorbereitung der Sammlung des Gottesvolkes beginnt mit der Berufung Abrahams, dem Gott verheißt, er werde der Stammvater eines großen Volkes werden. Die unmittelbare Vorbereitung hingegen beginnt mit der Erwählung Israels zum Gottesvolk. Die Propheten des antiken Israels kündigen schließlich einen neuen und ewigen Bund an, den nach christlichem Selbstverständnis Jesus Christus gestiftet hat. Diese Gemeinschaft hat durch Christus eine Struktur erhalten, die sich nach der Wahl der zwölf Apostel mit Petrus als ihrem Haupt richtet. Die Apostel repräsentieren dabei die zwölf Stämme Israels. Nach katholischem Selbstverständnis ist die Kirche eine komplexe Wirklichkeit, die aus „menschlichem und göttlichem Element zusammenwächst" (Katechismus der katholischen Kirche, S. 232). Sie umfasst gleichzeitig mehrere Aspekte:

- die mit hierarchischen Organen ausgestattete Gemeinschaft
- die sichtbare Versammlung und die geistliche Gemeinschaft,
- die irdische Kirche und die mit himmlischen Gaben beschenkte Kirche.

Dem katholischen Katechismus zufolge ist die „Kirche in Christus" das Sakrament schlechthin, das heißt „Zeichen und Werkzeug für die innigste Vereinigung mit Gott und für die Einheit des ganzen Menschengeschlechts" (S. 233). Die Einheit der katholischen Kirche wird dabei von folgenden Gemeinschaftsaspekten gesichert:

- das Bekenntnis des von den Aposteln überlieferten Glaubens,
- die gemeinsame Feier des Gottesdienstes, vor allem der Sakramente,
- die apostolische Sukzession.

Die katholische Kirche sieht sich in ihrer systematischen Theologie in ungebrochener Kontinuität mit den Christen der apostolischen Zeit und den frühen, grundlegenden Gemeinden wie jene in Jerusalem, Korinth, Rom, Konstantinopel, Ephesus und anderen Städten. Kirche bedeutet in diesem Sinne die Versammlung des Volkes Gottes in Christus „auf dem Fundament der Apostel und Propheten errichtet" (Eph 2,20).

Im Verhältnis von Allgemeinem und Besonderem besteht die katholische Kirche aus unterschiedlichen Ortskirchen, von denen Rom diejenige ist, die unter allen den Vorsitz hat und für die Gesamtheit steht. Die hierarchische Ordnung der katholischen Kirche, die auf der überlieferten Sendung der Apostel und ihrer Nachfolger durch Christus beruht, sieht es vor, dass der Papst als Bischof von Rom und als Nachfolger des Apostels Petrus als „Haupt des Bischofskollegiums, Stellvertreter Christi und Hirte der Gesamtkirche hier auf Erden" (Katechismus, S. 272) eingesetzt wird. Der Papst besitzt die höchste und universale Seelsorgegewalt. Die Bischöfe sind als Nachfolger der Apostel „sichtbares Prinzip und Fundament der Einheit in ihren (...) Teilkirchen" (Katechismus, S. 272). Sie haben den Auftrag, Gottesdienst zu feiern und den Glauben weiterzugeben. Die Mitarbeiter der Bischöfe, die Priester und Diakone unterstützen die Bischöfe durch die Leitung der Ortsgemeinden. Kennzeichen des geweihten Lebens ist das öffentliche Gelübde der Armut, Keuschheit und des Gehorsams in einem von der Kirche anerkannten dauernden Lebensstand.

Der normative Grund der katholischen Kirche besteht aus den Überlieferungen über die Apostel und Märtyrer sowie aus den ersten Konzilien und Glaubensbekenntnissen. Nach katholischer Theologie gründet sich Kirche nicht auf dem Willen ihrer Mitglieder, sondern auf dem „geheimnisvollen Ratschluss Gottes, der Auferstehung Jesu, der Sendung des Heiligen Geistes, dem Wort Gottes, der Taufe, der Feier des Herrenmahles" (RGG 2004, S. 1021). Die katholische Kirche ist nach ihrem Selbstverständnis als Verkörperung der Kirche Christi auf eine empirisch fassbare Einheit von Geschichte und Gegenwart bedacht. Da diese empirische Einheit sich nur rechtlich sichern lässt, ist die katholische Kirche eine Rechtskirche, deren hervorstechendes Merkmal die formale Strukturierung ihrer Dogmen als Rechtssätze ist. Nach katholischem Kirchenverständnis macht somit das geschichtlich-konkrete Moment der Kirche ihr Wesen aus: Die Kirche wird als die universale Gemeinschaft verstanden, die in der Einheit des Geistes durch, in und mit Christus lebt und wirkt und für die Vermittlung des Heils bestimmt ist (RGG 2004).

2.1.2 Kirche im protestantischen Selbstverständnis

Ausgehend von den theologischen Grundgedanken Martin Luthers sind die wesentlichen Punkte des evangelischen Kirchenverständnis gegenüber dem katholischen auch heute noch gemeinsame Grundlage der protestantischen Kirchen. Die wichtigsten inhaltlichen Punkte sind dabei:

- „Sola scriptura": Die Schrift ist die Grundlage des christlichen Glaubens, nicht die kirchliche Tradition.
- „Solus Christus": Allein Christus, nicht die Kirche, hat Autorität über die Gläubigen.
- „Sola gratia": Allein durch die Gnade Gottes wird der gläubige Mensch errettet, nicht durch eigenes Tun.
- „Sola fide": Allein durch den Glauben wird der Mensch gerechtfertigt, nicht durch gute Werke.

Auf der Grundlage dieser Überzeugungen werden in der Reformation zu Beginn des 16. Jahrhunderts die Traditionen der Kirche ausgehend von der Bibel geprüft. Traditionen, die der Schrift widersprachen, werden kritisiert und gegebenenfalls abgelehnt. Luther tritt jedoch auch dafür ein, für die glaubenden Menschen hilfreiche Traditionen, die sich nicht direkt aus der Bibel ableiteten, beizubehalten. So spricht er sich beispielsweise auch gegen ein Bilderverbot in der Kirche aus. Erst Ulrich Zwingli und Johannes Calvin lehnen alle Traditionen ab, die nicht in der Bibel begründet sind.

Zentral für Luthers Kirchenverständnis ist die Kritik am Konzept des Papsttums. Wird im katholischen Verständnis die Sonderstellung des römischen Bischofs mit Matthäus 16,18 begründet („Ich aber sage dir: Du bist Petrus und auf diesen Felsen werde ich meine Kirche bauen und die Mächte der Unterwelt werden sie nicht überwältigen"), stellt Luther die Bibelstelle Matthäus 18,19 als für sein Kirchenverständnis zentral heraus, in der die Gemeinde Christi als Versammlung von mindestens zwei Menschen unter dem Namen Christi definiert wird. Der Pfarrer wird innerhalb dieses Kirchenverständnisses auch nicht mehr geweiht, sondern als das Glied der Gemeinde verstanden, das aufgrund seiner Ausbildung die Aufgaben der Predigt und der Seelsorge am besten wahrnehmen kann.

Luther und andere Reformatoren bemühen sich im Zuge ihrer theologischen Ansätze zudem um die Schaffung neuer Gottesdienstordnungen im Sinne von Wortgottesdiensten in der Landessprache, in deren Zentrum die Schriftlesung und die Predigt stehen. Die deutsche Bibelübersetzung Luthers ermöglicht es dabei jedem Gemeindemitglied, die Auslegung des Pfarrers mit dem Wort der Bibel zu vergleichen.

Die Kirche der protestantischen Lehre hat somit eine nachgeordnete Bedeutung gegenüber dem Glauben des Einzelnen. Ihre Aufgabe besteht nicht in der Vermittlung zwischen Gott und Mensch, sondern in der geschichtlichen und kulturellen Vermittlung der Aussagen und Handlungen des Glaubens.

Entscheidend für das evangelische Kirchenverständnis ist die Unterscheidung zwischen „sichtbarer" und „unsichtbarer" Kirche: Die sichtbare Kirche entsteht durch das Zusammenschließen der Gläubigen und ist daher vor allem in der Gemeinde verwirklicht. Da sie immer mit der Kultur einer Gesellschaft verbunden ist und Gemeindemitglieder immer auch Gesellschaftsmitglieder sind, hat der Glaube des Einzelnen Priorität vor der Kirchenbindung. Nach der protestantischen Theologie kann letztlich nur Gott den Glauben der Menschen kennen und beurteilen, und so konstituiert sich die unsichtbare Kirche aus Gläubigen innerhalb und außerhalb der Gemeinden und nimmt in allen Gemeinschaften, die an Christus glauben, je und je Gestalt an, nicht nur in einer. Die evangelische Kirche findet somit ihrem Selbstverständnis nach die Kirche Christi nicht in einer bestimmten, jedem sichtbaren Kirche, sondern erfasst sie im Glauben. Sie bedarf des Rechts daher nur als einer Ordnungshilfe, lehnt jedoch eine rechtliche Bindung des Glaubens eindeutig ab (Kühn 1980).

Entsprechend diesem Verständnis wird die Kirche ausschließlich durch das Wort Gottes und seiner Verkündigung geistig konstituiert, jedes kirchliche Amt als eigenständiges Konstitutions- und Definitionsmoment entfällt damit genauso wie die Möglichkeit, bestimmte geschichtlich gewordene Struktur-, Gestalt- und Verfassungsprinzipien als notwendiges Indiz der wahren Kirche auszugeben (RGG 2004).

Der Kirchenbegriff hat infolge der abendländischen Kirchenspaltung wichtige seiner traditionellen Bedeutungskomponenten an den Begriff „Christentum" abgegeben, der in analoger Weise den universellen Wahrheitsanspruch von Kirche geltend macht. Die katholische und die evangelische Lehre von der Kirche haben dabei den biblischen, kirchengeschichtlichen und theologischen Befund zwar unterschiedlich, jedoch jeweils erschöpfend gedeutet. Der Kirchenbegriff der Ostkirche und der anglikanischen Kirche tritt daneben an Bedeutung zurück; in der Ostkirche ist er grundsätzlich mit dem katholischen gleich, in der anglikanischen Kirche schwankt er zwischen dem katholischen und dem evangelischen.

Die Ökumenische Bewegung hat in Bezug auf den Kirchenbegriff in der dogmatischen Konstitution „Über die Kirche" des II. Vatikanischen Konzils ihren Niederschlag gefunden. Der darin hervorgehobene Begriff des „Volkes Gottes" soll in Zusammenhang mit dem Begriff des „Leibes Christi" neben der Notwendigkeit der rechtlichen Verfassung den spirituellen und eschatologischen Charakter betonen (*katholisch*: Küng 1969; Schnackenburg; 1986; *evangelisch*: Brunner 1971).

Die evangelische und die katholische Kirche stellen sich als Institutionen dar, die eine dem christlichen Wirklichkeitsverständnis entsprechende Ethik vertreten und versuchen, diese mit den ihnen zur Verfügung stehenden Möglichkeiten zu vermitteln. Darüber hinaus geht es den Kirchen um alle Leistungen, die für die Gesellschaft in ihrer Entwicklung und in Bezug auf globale Aufgaben erbracht werden können. Sie bringen sich daher auf der Grundlage des christlichen Selbstverständnisses in jene öffentlichen Diskurse ein, in denen Menschenwürde und Menschenbilder thematisiert werden.

Nach diesen generellen Begriffbestimmungen soll nun der Zustand der Institution Kirche in der modernen Gesellschaft betrachtet werden.

2.1.3 Kirche in der Moderne – sozialstrukturelle Analysen

Im Sinne eines sozialstrukturellen Ansatzes sind die kirchen- und religionssoziologischen Arbeiten Franz-Xaver Kaufmanns von der Analyse des Diffus-Werdens der Religion in der Moderne geprägt. Der Autor stellt fest, dass die religiösen Funktionsbezüge ihrem Ideengehalt nach diffundieren und sich institutionell diversifizieren.

In Bezug auf die christlichen Kirchen konstatiert Kaufmann vor diesem Hintergrund für moderne Industriegesellschaften eine „Krise in der Weitergabe des Glaubens" (Kaufmann 1989), die sich aus der Schwächung der Bereitschaft von Eltern und Erziehern zu religiöser Erziehung ergibt. Nach Ansicht von Kaufmann erklärt sich dieser Wandel und die daraus entstandene Situation der Volkskirchen aus grundlegenden sozialen Modernisierungsprozessen, die einen Gewinn an individueller Freiheit und einen Verlust an Plausibilität und Bindungsbereitschaft mit sich bringen.

Diese gesellschaftlichen Phänomene sind dem Autor zufolge als strukturelle Differenz, die im Zuge der abendländischen Entwicklung immer deutlicher hervortritt, zu betrachten: Im Unterschied zu allen anderen Religionen etabliert sich im Christentum aus den Folgen des mittelalterlichen Investiturstreits ein „strukturelles Gleichgewicht zwischen geistlicher und weltlicher Gewalt" (Kaufmann 1989). Das Kaisertum und das Papsttum repräsentieren beide gemeinsam die Christenheit, ‚Kirche' und ‚Reich' sind somit noch zwei Seiten des gleichen gesellschaftlichen Zusammenhanges, sie sind symbolische Einheiten mit einer wechselseitigen Limitierung der Herrschaftsansprüche. Kaufmann betont, dass diese Trennung und die damit verbundene Verdoppelung der sozialen Herrschaftsansprüche und der gesellschaftlichen Ordnung die Bedingung für weitere Differenzierung, Emanzipation und Individualisierung darstellt.

An die historischen Prozesse des Mittelalters anknüpfend wird in der Perspektive soziologischer Geschichtsschreibung die Epoche der Aufklärung als fundamental für den weiteren Weg von der traditionellen in die moderne Gesellschaft beschrieben. Diese Veränderungen seit dem 18. Jahrhundert beinhalten vor allem Prozesse der Säkularisierung und der Entflechtung kirchlicher und weltlicher Machtstrukturen. Im europäischen Kulturraum geht die Vorherrschaft der religiös-christlichen Existenzinterpretation als ausschließlicher Perspektive verloren. In der Aufklärung wird der Anfang eines „universalen Siegeszuges von Wissenschaft und Rationalität" gesehen (Fend 2000, S. 132). Das Kernergebnis des rationalen Weltbildes besteht dabei im verbindlich begründeten Vertrauen in die Fähigkeiten des Menschen zum selbständigen Denken und zum empirischen Erfassen der Gesetze der Wirklichkeit. Im Zuge der Aufklärung wird ein Menschenbild generalisiert, nach dem der denkende Mensch zum Zentrum der Wahrheitsfindung und Verantwortung wird. Aus der Haltung des Forschens und Experimentierens differenzieren sich schließlich die in der Moderne selbstverständlich gewordenen unterschiedlichen gesellschaftlichen Funktionsbereiche Politik, Recht, Wirtschaft, Wissenschaft und Technik, Erziehung, Kunst und auch Religion auf gesamtgesellschaftlicher Ebene immer weiter aus und entwickeln Eigendynamiken. Sie folgen nun eigenen Zielen und Methoden und sind nur lose miteinander verbunden.

Diese geschichtlich neue Bestimmung des Verhältnisses von Mensch und Umwelt findet ihren Niederschlag auch in den sozialen Lebensräumen: Die traditionelle Gesellschaft besteht vorwiegend aus kleinen sozialen Einheiten wie Dörfern und Kleinstädten, in denen die Weitergabe von Weltanschauungen und Traditionen relativ ungehemmt funktioniert. Politische Bindungen sind nur lose, am stärksten schafft die Kirche überlokale Verbindungen, und der Lebensbereich Kirche besitzt die herausragende Aufgabe, die gesamte Gesellschaft mit ihren Teilbereichen durch seine Sinngebungen und moralischen Normierungen zu legitimieren und zu integrieren. Auch Wirtschaftsformen, politische Strukturen und Institutionen sind in traditionalen Gesellschaften primär lokal angesiedelt. Die durch die Aufklärung angestoßenen Modernisierungsprozesse beinhalten demgegenüber ein hohes Maß an politischer, wirtschaftlicher und infrastruktureller Vernetzung.

Die beschriebenen strukturellen Differenzierungen der Gesellschaft im epochalen Wandel bleiben in ihren sozialen und psychischen Konsequenzen noch so lange latent, wie homogene konfessionelle Milieus erhalten bleiben. Deren Auflösung ist das Ergebnis der sozialen Prozesse der letzten Jahrzehnte, die unter dem Stichwort Modernisierung und Individualisierung thematisiert werden.

Die Segmentierung der konfessionellen Milieus kommt in den 60er Jahren des 20. Jhr. voll zum Durchbruch und wird daher als Modernisierungsschub bezeichnet: Leben Menschen in traditionalen Gesellschaften in fest gefügten sozialen Ordnungen mit klaren Statusregelungen, wird die soziale Struktur in modernen Gesellschaften vergleichsweise durchlässiger, da Geburt und Herkunft immer mehr an Bedeutung verlieren und soziale Aufstiege über Leistungen insbesondere im Bildungswesen möglicher werden. Infolge dieser Entwicklung setzt sich ein Wertesystem der Freiheit, Gleichheit und Leistungsorientierung durch.

In der Moderne verstehen sich die ausdifferenzierten Lebensbereiche weitgehend autonom und säkular. Wie schon in den Analysen postmoderner Identität dargestellt, gibt die segmentierte Gesellschaft anders als die traditionale dem Einzelnen keinen Lebensentwurf mehr vor, der Einzelne *kann, muss* aber auch selbst bestimmen, welche Funktionen er in Anspruch nehmen will und wie er sein Lebensskript gestaltet. Normierende Traditionen verlieren aufgrund der geforderten Innovationsbereitschaft der Gesellschaft an Verbindlichkeit, Kaufmann spricht hierbei von „Enttraditionalisierung" (Kaufmann 1989, S. 143). Homogene kirchliche Milieus lösen sich weitgehend auf und die Einheit des exklusiv christlich geprägten Kulturkreises geht verloren.

Mit der Ausdifferenzierung ist nach Kaufmann der Funktionsbereich Kirche nicht aus der modernen Gesellschaft verschwunden, jedoch zu einem Einzelbereich reduziert, der hoch spezialisiert nur noch von denen in Anspruch genommen wird, die individuell an ihren ethisch-religiösen Angeboten interessiert sind. Die Entscheidung für Kirche als Träger institutionalisierter Religiosität wird vollends zur Privatsache, Kirche hat kein gesamtgesellschaftliches Sinnstiftungsmonopol mehr (Kaufmann 1989).

Kirche und Jugend im Modernisierungsprozess

Als Weiterführung des von Kaufmann entwickelten Ansatzes können die kirchensoziologischen Arbeiten Karl Gabriels gelten, der in seinem Aufsatz „Jugend, Religion und Kirche im gesellschaftlichen Modernisierungsprozess" aus dem Jahre 1994 die kirchliche Situation in der Moderne auf das Verhältnis von Jugend und Kirche bezieht.

Gabriel stellt zunächst fest, dass die industriegesellschaftliche Modernisierung eine Entfernung und Entfremdung der christlichen Kirchen und der von ihr repräsentierten Religion zur Jugend beinhaltet. So kann dem Autor zufolge das moderne Staatswesen den Kirchen keine eigenständige Rolle in der Herstellung und Kontrolle von Jugend zugestehen und die Kirchen müssen sich demzufolge den autonomen Zugang zur Lebensphase Jugend selbst erarbeiten. Dies bildet nach Gabriel einen entscheidenden Gegensatz zu anderen abendländischen Geschichtsepochen wie etwa dem Feudalsystem, in dem die Kirche in Bezug auf Normen- und Wertevermittlungen einen monopolisierten Zugang zu Kindern und Jugendlichen besitzt.

Die Kirchen, und Gabriel betont dies besonders für die katholische, reagieren auf diese gesellschaftlichen Prozesse „mit der Herstellung einer eigenen Jugend" (Gabriel 1994, S. 57). Der Autor argumentiert, dass die Jugendbewegung auch einen katholischen Flügel besitzt, der durch erhöhte Natur- und Gemeinschaftserlebnisse geprägt ist, aber auch die Orientierungen der Jugendbewegung spezifisch umformt. Die Jugendbewegungen des 20. Jahrhunderts führen im kirchlichen Raum zu Organisierungen und Prägungen der Jugend als Teil des katholischen Verbandssystems. Diese kirchliche Jugend bildet einen zentralen Teil des konfessionellen Milieus, das individuellen Biographien durch die neu geschaffenen institutionellen Bezugsmöglichkeiten Struktur stiften kann.

Gabriel resümiert, dass die Kirche somit einerseits in den Prozess der Herstellung von Jugend als eigenständige Lebensphase verflochten ist, aber gleichzeitig das traditionell durch Autorität bestimmte Verhältnis zur Erwachsenenwelt vor autoritätskritischen Modernisierungsprozessen schützen möchte. So bleibt die kirchliche Jugend von Normen und Werten der Erwachsenenwelt und des Klerus bestimmt und enthält Aspekte inszenierter konservativer Reaktion auf Modernisierungsschübe. Die Organisierung und Strukturierung von Jugend bietet andererseits aber auch Möglichkeiten der Selbstorganisation und Peergroup-Bildung sowie entwicklungsfördernde Möglichkeiten der Einübung eigenverantwortlichen Handelns.

Gabriel stellt in seinen Analysen fest, dass die Rolle der milieuspezifischen kirchlichen Jugend in den sozialwissenschaftlichen Analysen des 20. Jahrhunderts unterschätzt wird, da die organisierte kirchliche Jugend einen hohen Prozentsatz aller katholischen Jugendlichen erreichen und in die spezifischen Kommunikationsstrukturen einbinden kann. Die Modernisierung der Industriegesellschaften bringt somit auch „milieuspezifische Versionen von Jugend" hervor (Gabriel 1994, S. 58). Dieses Muster von „halbmoderner" Jugend bildet nach Gabriel die strukturelle Grundlage für die schon von Kaufmann bedachten Modernisierungsprozesse.

In diesen Modernisierungsprozessen verändern sich die sozialstrukturellen Rahmenbedingungen auf ambivalente Weise: Einerseits erweitern sich die Wahlmöglichkeiten und Bedingungen, ein eigenständiges Lebensskript zu entwerfen, da die von Staat und Kirche aufrechterhaltenen Autoritätslinien zusammenbrechen und Platz machen für Aushandlungsprozesse egalitärer Richtlinien. Andererseits macht der Zwang zu Individualisierung Jugendliche anfällig für konsumgesteuerte Außenlenkung. Die mitunter riskante Arbeit an der eigenen Biographie und ihren Bewährungsprüfungen droht in der Lebensphase Jugend zur Überforderung zu werden. Nach Gabriel hat dies zur Folge, dass der Kontext radikaler, reflexiver Modernisierung ein bedrohliches Gebiet jugendlicher Gegenmodernisierung in autoritär geprägten Szenen beinhaltet.

Diese Phänomene verändern die sozialen Bedingungen religiöser Repräsentation in den Industriegesellschaften. So analysiert Gabriel, dass die christlichen Kirchen aufgrund der folgenreichen Verschiebung der Machtbalance zugunsten des Individuums nur noch eine Minderheit sozialisieren, ohne dass ein ähnlich strukturiertes alternatives Modell an ihre Stelle getreten ist. Der einst von einem Monopolanbieter beherrschte religiöse Bereich wandelt sich in der Moderne hin zu einer Struktur, in der sich Individuen ihre Religion selbst auswählen und mit anderen Faktoren der Lebenswelt kombinieren und synthetisieren. Je nach Alter, Milieubindung und Beeinflussung durch modernisierte Lebensstile entsteht somit das Muster der religiösen ‚Bricolage'. Neben dem Alter ist ein beeinflussender Faktor für das jeweilige religiöse Baukastensystem die Nähe oder Ferne zu den kirchlich-konfessionellen Milieus: In ihrer Nähe etwa kommt es zu einer scharfen Hierarchisierung der Glaubenswahrheiten und des synkretistischen Einbaus neuer Elemente.

Nach Gabriel verändert das neue religiöse Feld aber auch die Qualität der Religion, sie nimmt eine stärker bedürfnis- und erlebnisorientierte Form an. Dennoch betont der Autor, dass die aufgezeigten Prozesse der Pluralisierung des religiösen Feldes nicht ausschließt, dass „die Kirchen als ehemalige Monopolanbieter nach wie vor eine Sonderstellung am Markt einnehmen" (Gabriel 1994, S. 64). Diese Sonderstellung zeigt sich im Anbieten religiöser Rituale, in ihrer Dominanz in den öffentlichen Bildungsprozessen und in ihrem sozial-karitativen Handeln in der Gesellschaft. Gabriel fasst diese Überlegungen folgendermaßen zusammen: „Nach wie vor spielen sich auch die religiösen Diskurse in einer Sprache ab, deren kirchliche Prägung unverkennbar bleibt" (Gabriel 1994, S. 64).

Für die kirchlichen Jugendlichen bedeuten die Prozesse der Postmoderne mit ihren beschriebenen gesellschaftlichen Veränderungen im Allgemeinen und den Auflösungen der konfessionellen Milieus im Besonderen eine doppelte Freisetzung: Sie werden aus den Sinnbezügen moderner Jugend und aus den Sicherheiten des biographieprägenden kirchlich-konfessionellen Milieus herausgelöst. Seit dem schon von Kaufmann hervorgehobenen tief greifenden Modernisierungsschub zwischen 1968 und 1973 wirkt dieser Umbruch des Auszuges aus dem Milieu der klassischen kirchlichen Jugend besonders radikal. Gabriel differenziert hierbei, dass der Katholizismus in seiner lang anhaltenden Minderheitenposition die konfessionelle Milieubildung mit mehr Stringenz und Erfolg betreiben konnte als der Protestantismus.

Als Ergebnis der beschriebenen sozialen Entwicklung spricht Gabriel von einem „doppelten Graben zwischen Jugend und Kirche" (Gabriel 1994, S. 69): Ein erster Graben besteht zwischen der Alltagswelt kirchlicher Lebenspraxis und der Lebenswelt der mehrheitlichen Jugendlichen. Dem theologischen Modell der christlichen Kirchen stehen lebensweltlich-integrative, oft unbestimmte religiöse Orientierungen und Praxen gegenüber. Die auftretenden fertigen Modelle der kirchlichen Welt- und Lebensdeutungen haben dabei wenig Chancen, da Jugendliche eigene Deutungskompetenzen entwickeln können und auch müssen, um mit ihren disparaten Erfahrungen umgehen zu können. In der Interaktion zwischen den Individuen und der Institution kommt es so zu Kommunikationsbrüchen.

Ein zweiter Graben besteht in der Tatsache, dass die kirchlich-christliche Religion für die Mehrheit der Jugendlichen die Erwachsenenwelt repräsentiert, gegenüber der sich Jugendliche in den westlichen Industriegesellschaften seit den 60er Jahren eine eigene Identität behaupten.

Nach Gabriel „leistet die Kirche und ihre Wahrnehmung als Gegenhorizont einen paradoxen Beitrag zur Aufrechterhaltung des gesellschaftlichen Phänomens Jugend" (Gabriel 1994, S. 69). Die Verzerrungen in der Wahrnehmung und in der Kommunikation zwischen Jugend und Kirche gehören somit zu den Voraussetzungen des Funktionsbezugs, die Kirchen für eine mehrheitliche Jugend als Abgrenzungsmöglichkeit nutzbar machen. So macht Kirche gerade als negativ bestimmbarer und sichtbarer Gegenhorizont für eine Mehrheit der Jugendlichen in den westlichen Industriegesellschaften einen Aspekt selbst konstruierter jugendlicher Identität aus.

Da für kirchliche Identitäten neben diesen institutionellen Aspekten subjektive Religiosität bedeutsam ist, sollen nun noch die zentralen Theorien religiöser Entwicklung dargestellt werden.

2.2 Entwicklungstheorien religiösen Fühlens, Denkens und Handelns

Religionspsychologische und -pädagogische Theorien für die Entwicklung von Religiosität betrachten die „Stellungnahme zur Transzendenz" (RGG 2004, S. 265).

Somit steht nun in Abgrenzung zu dem vorher dargestellten *funktionalen* Religionsbegriff, der den objektiven Beitrag von Religion zu historischen Prozessen oder zum Funktionieren einer Gesellschaft beschreibt, der *substantielle* Religionsbegriff im Vordergrund. Er bezeichnet den subjektiven Bezug des gläubigen Individuums „auf eine unsichtbare Welt, auf Transzendenz, auf Götter und Geister" (Barz 1992, S. 119).

Die folgenden Theorien systematisieren auf der Basis empirischer Untersuchungen subjektive Religiosität. In der Zusammenfassung stehen dabei zunächst strukturgenetische Theoriemodelle, und anschließend psychoanalytische und lerntheoretische Konzepte religiöser Entwicklung im Fokus.

2.2.1 Strukturgenetische Theorien religiöser Entwicklung

In der religionspädagogischen Psychologie haben sich zwei bedeutsame strukturgenetische Theorien herausgebildet, die die Entwicklung religiösen Denkens, Erlebens und Verhaltens erklären. Es handelt sich dabei um die „Stufen der religiösen Entwicklung" von Fritz Oser und Paul Gmünder, und um die „Stufen des Glaubens" von James Fowler. Da sich besonders die Autoren Oser/Gmünder auf die grundlegenden Erforschungen des moralischen Urteils von Lawrence Kohlberg beziehen, soll als Grundlage für die Darstellung der Theorie des religiösen Urteils zunächst das strukturgenetische Modell für das moralische Urteil dargestellt werden.

Lawrence Kohlberg: „Das moralische Urteil"

Auf der Grundlage der strukturgenetischen Theorie der kognitiven Entwicklung von Jean Piaget, die die aktive Entfaltung des menschlichen Verstandes in nicht überspringbaren Hauptstufen fasst, in denen nach ersten reflexhaften Handlungen die Umwelt zunehmend gedanklicher, differenzierter und logischer verstanden wird, hat Lawrence Kohlberg eine Stufentheorie für die Entwicklung des moralischen Urteils vorgelegt.

Kohlberg erforscht in seinen Untersuchungen, die seit 1963 große Aufmerksamkeit gefunden haben, wie normative Urteile und moralische Orientierungen begründet werden und wie sich diese Begründungen entwickeln. So interessiert sich der Forscher weniger für die letztlich getroffenen normativen Entscheidungen, sondern für die Prinzipien, die diesen Entscheidungen zugrunde gelegt werden. Aus den von ihm analysierten Mustern der Argumentationen sind diese Prinzipien zu erschließen. Kohlberg geht davon aus, dass Begründungen von Normen am besten anlässlich moralischer Dilemmata studiert werden können, die sich in Konflikten zwischen zwei moralischen Normen zeigen. Solche Dilemmata sind in allen Lebensbereichen zu finden, etwa in der Frage der Kriegsverweigerung (Tötungsgebot vs. Gebot, den Staat zu schützen), Aufdeckung oder Vertuschung einer Straftat einer nahestehenden Person, Gewährung oder Verweigerung von Sterbehilfe bei unerträglichen Schmerzen, Wahrung oder Bruch einer beruflichen Schweigepflicht angesichts einer Gefahr usw. Im Zuge seiner Untersuchungen differenziert er drei Niveaus mit je zwei Stufen der Entwicklung, die sich in der Bevorzugung ihrer jeweils spezifischen Orientierungspunkte bei der Lösungssuche unterscheiden. Im *präkonventionellen* Stadium orientiert sich das Verständnis von Recht und Unrecht an Strafe und Gehorsam sowie an einem naiven instrumentellen Hedonismus. Im Stadium der *konventionellen* Moral erfolgt eine Orientierung an nahen, wichtigen Sozialpartnern und am gegebenen gesellschaftlichen Ordnungssystem. Das *postkonventionelle* Stadium beschreibt Kohlberg schließlich als das Niveau moralischen Urteilens, auf dem die Orientierung an einer Moral im Sinne eines Gesellschaftsvertrages erfolgt oder an selbst erkannten, universellen Prinzipien festgehalten werden kann. Nach Kohlberg sind die Stufen des moralischen Urteils in ihrer Reihenfolge nicht umkehrbar, die Urteile einer Stufe entstehen aus einer gemeinsamen Form des Urteilens, jede Stufe bildet demnach eine geschlossene Einheit (Kohlberg 1995).

Fritz Oser und Paul Gmünder: „Stufen des religiösen Urteils"

In Anschluss an die strukturgenetische Theorie der moralischen Entwicklung von Kohlberg haben Fritz Oser und Paul Gmünder eine Theorie der Entwicklung des religiösen Urteils erarbeitet. Die beiden Forscher bezeichnen damit „eine Art kognitives Muster der religiösen Weltbewältigung" (Oser/Gmünder 1984, S. 55), also ein Konstrukt, das sich auf die Beziehung einer Person zu einem Letztgültigen, Göttlichen in einer bestimmten, mitunter kritischen Lebenssituation konzentriert. Ähnlich wie Kohlberg arbeiten die Forscher mit der Methode der Dilemmata, die sie Kindern, Jugendlichen und Erwachsenen vorlegen. Entscheidend sind für Oser/Gmünder dabei nicht die inhaltlichen Antworten oder die positive oder negative Einstellung zu Gott. Sie verstehen das religiöse Urteil als eine Tiefenstruktur, die allem Denken und Urteilen über religiöse Fragen zugrunde liegt. Diese Tiefenstruktur kann daher bei allen Religionen analysiert werden, sie erhebt universellen Anspruch. Ähnlich wie Kohlberg differenzieren Oser/Gmünder beim religiösen Urteil sechs Stufen, die nacheinander in aufsteigender Reihenfolge durchlaufen werden. Entwicklung des religiösen Urteils bedeutet dann die sich in Stufen vollziehende Veränderung der Urteilsstrukturen. Das religiöse Urteil verstehen die Forscher dabei als „Ausdruck jenes Regelsystems einer Person, welches in bestimmten Situationen das Verhältnis des Individuums zum Ultimativen überprüft" (Oser/Gmünder 1984, S. 28). Somit wird untersucht, wie eine Person ihr Verhältnis zu Gott bzw. zum letztlich gültigen Ultimativen auffasst und bestimmt.

Oser und Gmünder erschließen den Bereich des Religiösen unter strukturgenetischem Vorzeichen auf einem symboltheoretischen Weg. Auf der Basis umfangreicher Interviews mit Jugendlichen unterschiedlicher Konfessionen schlagen Oser und Gmünder folgende Phasen für die Entwicklung des religiösen Urteils vor:

1. Stufe: Orientierung an einem Letztgültigen, das direkt in die Welt eingreift. Der Mensch erfährt sich als reaktiv und genötigt, im Sinne des Letztgültigen sich zu verhalten.
2. Stufe: Orientierung an einem Letztgültigen, mit dem ein Geben-und-Nehmen-Verhältnis gepflegt wird. Der Mensch kann auf das Letztgültige einwirken, um sich vor Sanktionen abzusichern oder eigene Ziele zu verwirklichen.

3. Stufe: Orientierung an der Selbstbestimmung und Eigenverantwortung des Menschen, die auch gegenüber dem Letztgültigen reklamiert wird. Dies schließt einen eigenen vom Zuständigkeitsbereich des Menschen getrennten Sektor mit ein.
4. Stufe: Orientierung an der Freiheit des Menschen, die fortan an das Letztgültige zurück gekoppelt wird. Der transzendentale Grund menschlichen Daseins scheint in der konkreten Immanenz auf, es existiert eine Korrelation von Gott und Welt in Form eines sinnhaften Plans.
5 Stufe: Orientierung an religiöser Autonomie durch unbedingte Intersubjektivität. Das Letztgültige wird im befreienden zwischenmenschlichen Handeln zum Ereignis. Einnahme einer universalen Perspektive, die andere Religionen und Kulturen einschließt.
6. Stufe: Orientierung an universeller Kommunikation und Solidarität. Diese Stufe ist reines Postulat, das bisher empirisch nicht überprüft worden ist. Auf dieser Stufe wird die Freiheit stets aus der Perspektive universeller Kommunikation und Solidarität und im Vertrauen auf die Akzeptanz durch das Ultimative gesehen.

Die Stufentheorie folgt den Maßstäben des kognitiven Entwicklungsstrukturalismus. Die Stufen weisen in diesem Sinne eine qualitative Verschiedenheit auf, sie haben eine nicht umkehrbare Abfolge ohne Möglichkeit von Sprüngen und Rückschritten und zeigen eine hierarchische Differenzierung und Integration. Es wurde zudem nachgewiesen, dass ein höherer Bildungsstand und ein wirtschaftlich und sozial besserer Status auch mit höheren Stufen korreliert. Demnach sind Bildung und soziale Schichtung auch für die Entwicklung des religiösen Urteils bedeutsam (Oser/Gmünder 1984).

James Fowler: „Stufen des Glaubens"

Eine weitere Stufentheorie, die parallel zu der von Oser/Gmünder steht, hat in den USA James Fowler entworfen. Fowler entfernt sich weiter von seinen kognitionspsychologischen Vorbildern, als dies bei Oser/Gmünder der Fall ist, da er auch psychoanalytische Konzepte in seine Theorie aufnimmt. Bei seinen Untersuchungen spricht Fowler nicht von religiöser Entwicklung, sondern von der Entwicklung des Glaubens, die er psychologisch beschreibt. Bei seinem Glaubensverständnis geht der Forscher davon aus, dass der Mensch auf Sinn und Vertrauen angewiesen ist. Dies geht über einen rein kognitiven Vorgang hinaus und bezeichnet allgemeiner das Streben nach Sinn: „Glaube schließt eine Ausrichtung des Willens ein und eine Wahl des Herzens, und zwar in Übereinstimmung mit einer Auffassung transzendenten Wertes und transzendenter Macht, d.h. mit dem, was einen unbedingt angeht. (...) Glaube ist eine Orientierung der ganzen Person. Sie gibt Zweck und Ziel für Hoffen und Streben, Denken und Handeln" (Fowler 1991, S. 36). Fowler

schlägt zur entwicklungspsychologischen Beschreibung des auf diese Weise definierten Glaubens ein Theoriemodell mit ebenfalls sechs Stufen vor:
Erster Glaube: Vorsprachlicher Glaube, bestehend in dem Vertrauen, das dem Kleinkind geschenkt wird und das es ihm ermöglicht, seinerseits der Umwelt zu vertrauen.

1. Stufe: *Intuitiv-projektiver Glaube:* Die Glaubenswelt des Kindes wird von Intuitionen und Phantasievorstellungen dominiert, Wünsche und Emotionen werden von Kindern auf magische Symbolgestalten projiziert.
2. Stufe: *Mythisch-wörtlicher Glaube:* Entsprechend dem konkret-operationalen Denken werden Mythen dem Wortsinn nach verstanden und nicht als symbolische Sprache erkannt.
3. Stufe: *Synthetisch-konventioneller Glaube:* Jugendliche orientieren sich an den Glaubensinhalten anderer, die sie übernehmen und synthetisieren.
4. Stufe: *Individuierend-reflektierender Glaube:* Der frühere Glaube wird kritisch durchdrungen, um einen eigenen Standpunkt zu beziehen.
5. Stufe: *Verbindender Glaube*: Der Erwachsene relativiert seine religiöse Position, erkennt andere Positionen und verbindet diese zu einem toleranten, umfassenden Glaubenssystem.
6. Stufe: *Universalisierender Glaube:* Einige Erwachsene entwickeln einen religiösen Standpunkt, der das gesamte Dasein umgreift und herausragende Leistungen in sozialen Bereichen des Lebens ermöglicht.

Für das Erreichen einer bestimmten Stufe gelten keine streng festgelegten Altersgrenzen. Jedoch liegt der Schwerpunkt bei Kindern auf den Stufen 1 und 2, im Jugend- und Erwachsenenalter etwa bei Stufe 3. Die 4. Stufe ist die höchste, die vor dem Erwachsenenalter auftritt, alle höheren Stufen sind nur im Erwachsenenalter zu finden (Fowler 1991).

Psychoanalytisch orientierte Theorien religiöser Entwicklung

Diejenige aktuelle Religionspädagogik, die sich auf die psychoanalytische Perspektive menschlicher Entwicklung bezieht, nimmt überwiegend Anschluss an Objektbeziehungstheorien des Religiösen und an Konzeptionen der Persönlichkeitsentwicklung, wie sie Erik Erikson formuliert hat, die über die nur religionskritische Sicht Sigmund Freuds hinausgehen (Schweitzer 2004).

Nach der psychoanalytischen Objektbeziehungstheorie verfügt der psychische Apparat über einen „intermediären Bereich", der den Übergang von der subjektiven Innenwelt zur objektiven Außenwelt ermöglicht. Dieser Raum zwischen individueller Psyche und sozialer und physikalischer Umgebung ermöglicht einen kreativen, aber auch der Wirklichkeit angemessenen Umgang mit der Umwelt. In diesem Bereich ist neben Erfahrungen in Kunst und Wissenschaft auch Religiosität zu verorten. Die Psychoanalytikerin Ana-Maria Rizzuto beschreibt in ihrer Konzeption, dass eine erste unbewusste Gottesvorstellung mit 2 bis 3 Jahren als ein besonderes Übergangsobjekt gebildet und von dieser frühesten Kindheit bis ins hohe Alter als Potential erhalten bleibt. Sozialisationsprozesse entscheiden dann darüber, ob dieses Potential genutzt wird oder nicht, dabei bestimmt zum einen das jeweilige theologische Gottesverständnis einer Kultur und das aus subjektiver Erfahrung mit der Umwelt entstehende Gottesbild diese Entwicklung (Rizzuto 1979).

Vielfach wird auch Erik Eriksons Theorie der Persönlichkeitsentwicklung religionspädagogisch genutzt, um Prozesse religiöser Entwicklung über die Lebensspanne hinweg oder bezogen auf konkrete Lebensphasen zu verstehen und einzuordnen. Dabei stehen besonders die Entwicklungsaspekte des Urvertrauens, der Identität und der Integrität im Mittelpunkt des Forschungsinteresses (Grom 2000; Nipkow 1997; Schweitzer 2004).

Nach Erikson ist im Urvertrauen die Quelle von Glaube und Hoffnung zu sehen, und Religion bietet zur kreativen und konstruktiven Lösung der Lebenskrisen hilfreiche Metaphern und Rituale. Zudem gibt es auf jeder Entwicklungsebene die Möglichkeit, Religion sinnvoll zu integrieren oder zu reintegrieren. So eröffnen sich an verschiedenen Stellen dieser Entwicklungskonzeption Möglichkeiten, eine „Entsprechung zur theologischen Anthropologie" anzugeben (Schweitzer 2004, S. 97).

Der unbedingte Charakter des Urvertrauens kann beispielsweise theologisch so verstanden werden, dass er immer schon über die Mutter als Bezugsperson hinausgeht und implizit auf das Absolute verweist. Dieser Zusammenhang kann später durch religiöse Sozialisation in reflektierter Weise thematisiert werden (Küng 1978; Pannenberg 1983).

Eine zweite Entsprechung besteht in Eriksons Verständnis von Jugend und Identität: In Eriksons Sicht sind Jugendliche im Prozess ihrer Identitätsfindung „ideologiebedürftig" (Schweitzer 2004, S. 87). Ein Bezugssystem oder Weltbild ist für die Lösung der für diese Lebensphase spezifischen Krise unabdingbar. Religion kann an das frühkindliche Gefühl der Zuwendung anknüpfen und spielt daher für Erikson eine wichtige Rolle. Allerdings können auch andere Weltanschauungen diese sinnstiftenden Funktionen erfüllen. Auch nicht religiöse Ideologien weisen daher in der Jugendphase durch ihre wichtige Bedeutung bei der Identitätsentwicklung oft strukturell einen religionsähnlichen Charakter auf, auch wenn entscheidende Dimensionen dabei fehlen. Darüber hinaus ist als dritter Anknüpfungspunkt die letzte Entwicklungsebene des Lebenszyklus bedeutend, die besonders von der Konfrontation mit der eigenen Endlichkeit geprägt ist. In solchen existentiellen Erfahrungen offenbart sich die „letztlich religiöse Qualität" des Ichs (Schweitzer 2004, S. 89), das in seinem Bewusstsein niemals endgültig quantifiziert und erfasst werden kann. Religiosität kann in diesem Zusammenhang eine fundamentale Bedeutung gewinnen, da durch sie wiederum eine Distanz zum eigenen Selbst und „ein Weg jenseits der Identität" ermöglicht wird (Schweitzer 2004, S. 87).

Religionspädagogische Anwendungen psychologischer Lerntheorien

Neben klassischen religionspädagogischen Methoden der Einsicht, der Instruktion und der Fremd- und Selbstverstärkung können besonders moderne integrative Modelle das Lernen religiöser Inhalte erklären und fördern.

Verbindungen der klassischen Lerntheorien mit Konzepten der modernen kognitiven Entwicklungstheorie gehen davon aus, dass die meisten Verhaltensweisen durch Beobachtung und Nachahmung unter Einwirkungen von Fremd- und Selbstverstärkungsprozessen erlernt werden (Bandura 1986).

Dabei wird das Beobachtungslernen als weitgehend aktive Informationsverarbeitung verstanden. Zwischen den Beobachtungseindrücken wirken dabei Prozesse der Aufmerksamkeit, des Gedächtnisses, der Übung und der Motivation. In dieser mehrdimensionalen Lerntheorie lässt sich die „Eigenart verschiedener Lernorte des Glaubens (Familie, Kinder- und Jugendgruppe, Religionsunterricht) beschreiben, aber auch der geschichtlich-kulturelle Kontext, in dem sich religiöse Erziehung heute befindet, verstehen" (Grom 2000, S. 84).

Integrative Modelle religiöser Sozialisation

Religiöse Sozialisation kann nach den erfolgten Darstellungen weder als Abfolge genetisch programmierter Reifungsphasen noch als vollkommen abhängig von der sozialen Umwelt gesehen werden, da religiöse Entwicklung sowohl individuelle Bereitschaft, als auch eine geeignete Umwelt voraussetzt (Grom 1992, 2000; Schweitzer 2004).

Daher bietet sich auch für eine Theorie religiöser Sozialisation ein interaktionistischer Zugang an. Religiöse Entwicklung entfaltet sich in der Wechselwirkung des aktiven Subjektes mit der sozialen und physikalischen Umwelt und verläuft daher individuell verschieden. Religiöse Sozialisation vollzieht sich in einander verflochtenen kognitiven, emotionalen und sozialen Dimensionen.

Primäre Faktoren religiöser Sozialisation sind dabei die „religiösen Überzeugungen der Eltern" (Fend 2000, S. 386) und die ihnen entsprechenden Interaktionen mit ihren Kindern. In den Wechselwirkungen mit ihren primären Bezugspersonen entwickeln sich die religiösen Einstellungen Heranwachsender entsprechend sozialer und geistiger Veränderungen: Zwischen sechs und fünfzehn Jahren geht die Tendenz zurück, unkritisch Überzeugungen der Bezugspersonen nachzuahmen und zu übernehmen. Auch die Haltung, nach strategischen Prinzipien wie direkter Belohnung und Bestrafung durch Gott zu handeln und zu denken nimmt in diesem Altersrahmen mit fortschreitenden Lebensjahren ab. Artifizialistische und anthropomorphe Gottesvorstellungen und buchstäbliches, nicht symbolisches Verstehen von metaphorischen Aussagen über Gott nehmen bei christlich und jüdisch erzogenen Heranwachsenden kontinuierlich ab und weichen transzendenteren Auffassungen (Grom 1992). Diese Prozesse zeigen jedoch als bereichsspezifische Entwicklungsverläufe individuelle Unterschiede. Sie erfolgen bei schulisch erfolgreichen Kindern und Jugendlichen früher als bei schulisch schwachen und sind häufiger und schneller zu beobachten, wenn in der Familie oft religiöse Inhalte besprochen und Gottesdienste regelmäßig besucht werden.

2.3 Kirchliches und religiöses Leben in der Jugendphase heute

Wie gestaltet sich das religiöse Leben Jugendlicher in der postmodernen Gesellschaft? Nach den gesellschaftlich-strukturellen und religionspsychologischen Betrachtungen soll diese Frage den Abschluss des theoretischen Teils der vorliegenden Arbeit bilden. Um sie zu beantworten, eignet sich neben den erwähnten Befunden der aktuellen Shell-Jugendstudie (2006) in besonderer Weise das Werk „Religiöse Signaturen heute" von H. G. Ziebertz, B. Kalbheim und U. Riegel aus dem Jahr 2003. Die Autoren zeigen nämlich auf, dass trotz einer möglichen Trendwende in Bezug auf Religion die Einstellungen Jugendlicher zu religiösen und kirchlich-institutionellen Aspekten besonders differenziert betrachtet werden müssen, um das Verhältnis von Jugend und Religion umfassend nachzuvollziehen. Die wichtigsten Ergebnisse der Studie sollen im Folgenden kurz vorgestellt werden.

Religion und postmoderne Pluralität

In ihrem Werk unterstreichen die Autoren, dass in der spätkapitalistischen Gesellschaft der Bereich der Religion einen „tief greifenden Wandel" (Ziebertz/Kalbheim/Riegel 2003, S. 417) erfährt, dessen besondere Merkmale die sinkende Relevanz der herkömmlichen Praxis kirchlicher Religiosität und die Entstehung neuer, alternativer religiöser Formen ausmachen. Der von Jugendlichen verwendete Religionsbegriff erscheint dementsprechend vielschichtig: „In Situationen, in denen Religion (...) als allgemeines, d.h. vom eigenen Leben unabhängiges Thema verhandelt wird, bleibt die abendländische Tradition einer Identifikation von Religion mit Kirche – obwohl modernitätstheoretisch unzeitgemäß – weiterhin wirksam. Kirche und Religion treten in ihren Bedeutungen erst auseinander, wenn Jugendliche über ihren eigenen Glauben nachdenken" (Ziebertz/Kalbheim/Riegel 2003, S. 417).

Religion gewinnt als Orientierungshilfe und Richtungsweisung leichte Zustimmung, wobei die eher schwachen Korrelationen in diesem Bereich für die Forscher „eine gewisse Gelassenheit gegenüber der Bedeutung von Religion im eigenen Leben" signalisieren (Ziebertz/Kalbheim/Riegel 2003, S. 421).

Kirche wird als selbstverständlicher Teil des sozialen und physikalischen Umfeldes angenommen, der Jugendliche weder leidenschaftlich positiv noch negativ tangiert. Dies gilt unabhängig von Geschlecht, Alter und Konfessionszugehörigkeit.

Die zentrale Herausforderung in dieser Lebensphase besteht im Austesten vielfältiger religiöser Angebote, Jugendliche sind in der Auseinandersetzung mit traditionellen religiösen Formen auf der Suche nach einem individuellen religiösen Stil. Die Form dieser Auseinandersetzung ist abhängig von der Aufgeschlossenheit des Einzelnen gegenüber Religion: Je glaubwürdiger eine Religion individuell beurteilt wird, umso stärker wird der Wunsch nach eigenen religiösen Erfahrungen und die Neigung, die subjektiv erfahrene Wirklichkeit in religiösen Kategorien zu deuten. Die Autoren betonen, dass sich christliche und bekenntnislose Jugendliche in diesen Einstellungen nicht unterscheiden und ziehen daher den Schluss, dass religiöse Individualisierung auch über konfessionelle und institutionelle Grenzen hinaus geteilt wird.

Entsprechend diesen Beobachtungen befürwortet die Mehrzahl der Jugendlichen soziokulturelle Pluralität und gibt an, dass alle Religionen gleichwertig sind.

Kirchliche Religiosität ist für Jugendliche mehrheitlich nur von geringer Bedeutung, obwohl der Anteil an Jugendlichen, die zu Weihnachten und Ostern in die Kirche gehen, hoch ist und mit der Bedeutung von Festen im Alltag korrespondiert. Auffallend ist in diesem Zusammenhang auch, dass Jugendliche kirchliche Angebote zur Feier von Lebensübergängen, wie Taufe, Hochzeit oder Beerdigung, im Vergleich zu anderen Formen kirchlich-religiöser Praxis befürworten und suchen.

Im Bereich des Religionsunterrichtes sehen die Autoren zwei Beurteilungsmuster von Jugendlichen. Religionskundlichem Unterricht, der über die unterschiedlichen Religionen informiert und helfen möchte, Orientierungen zu finden, stimmen Jugendliche mehrheitlich zu; ein katechetisch orientierter Religionsunterricht, der in eine bestimmte Tradition einführen möchte, wird mehrheitlich abgelehnt.

Religiöse Vorstellungen und Konzepte

In Bezug auf Vorstellungen von Gott oder dem Göttlichen zeigen sich in der Studie von Ziebertz, Kalbheim und Riegel vier Bedeutungszentren des religiösen Selbstverständnisses von Jugendlichen. Demnach wird Gott gesehen als

1. kosmodeistische Kraft und höhere Macht
2. immanente Kraft im Menschen selbst

3. Gott der Bibel
4. Illusion des Menschen.

Jugendliche lehnen demnach entweder die Möglichkeit einer Existenz Gottes ab oder präsentieren ein Gottesbild, das viele Konturen aufweist. Diese Komponenten lassen sich den Autoren zufolge theologisch einordnen, denn „in der christlichen Tradition gibt es keineswegs ein einziges oder einheitliches Gottesbild, sondern viele Versuche, den unsichtbaren Gott zu beschreiben." (Ziebertz/Kalbheim/Riegel 2003, S. 425).

Die Befunde zeigen somit nicht einfach ein Verdunsten christlicher Gottesvorstellungen, sondern eine Akzentuierung der religiösen Aussagen Jugendlicher in Richtung einer abstrakteren Rede von Gott.

In Bezug auf das Verhältnis zur Institution Kirche stehen sich das gotteskritische Konzept und das Konzept „Gott der Bibel" gegenüber: Kritische Jugendliche geben der Religion keine Zukunft, lehnen die Kirche ab und halten den Glauben für eine negative Erscheinung, biblisch orientierte Jugendliche hingegen befürworten die Phänomene Glaube und Kirche.

Mit diesen Befunden soll der Theorieteil der vorliegenden Arbeit seinen Abschluss finden. Die dargestellten Verhältnisbestimmungen von Jugend und Religion hinsichtlich institutioneller und substantiell-religiöser Faktoren sollen nun für das Forschungsziel der Untersuchung, der Rekonstruktion *kirchlicher Identität* im Jugendalter, fruchtbar gemacht werden: Das Konzept der narrativen Identität wird methodisch konzeptualisiert, und für die Auswertungen der empirischen Daten werden ausgesuchte theoretische Ansätze der Identitätsforschung sowie der Religionssoziologie und -pädagogik genutzt, um die Relevanzfaktoren, die kirchlich aktive Jugendliche in ihren autobiographischen Erzählungen als Begründung für ihre kirchliche Orientierung nennen, zu erfassen und zu analysieren.

Der empirische Abschnitt der vorliegenden Arbeit teilt sich dabei in zwei Unterkapitel auf; in dem nun folgenden zweiten Teil wird die methodische Rahmung der Arbeit vorgestellt, im sich daran anschließenden dritten Teil erfolgt die Darstellung der empirischen Befunde.

Teil II
Das Forschungsdesign und die methodologischen Grundlagen

Der folgende Teil der Arbeit beinhaltet die Vorstellung der Untersuchungsmethode und des für die Studie gewählten Fallsamplings. Um die Forschungslogik der Arbeit transparent zu halten, wird zunächst die Untersuchungsmethode in ihrem Bezug auf das gewählte Grundlagenkonzept der ‚narrativen Identität' in den Vordergrund gestellt, daran anschließend erfolgt die Beschreibung des Erhebungsvorganges.

3 Rekonstruktion narrativer Identität

Um die Frage zu klären, wie sich kirchliche Orientierung gemäß des Paradigmas der narrativen Identität erfassen und untersuchen lässt, wird im folgenden eine gegenstandsangemessene Methodik der Rekonstruktion narrativer Identität vorgestellt.

Der für die vorliegende Arbeit gewählte narrative Ansatz als Möglichkeit, Identitätskonstruktionen in der Postmoderne angemessen beschreiben zu können, hat nach Keupp „auf verschiedenen Ebenen Konsequenzen für die Identitätsforschung" (Keupp 2002, S. 105). So ist es in methodologischer Hinsicht konsequent, Identitätskonzepte mit Hilfe einer Erhebung und Auswertung zu rekonstruieren, die narrativ orientiert ist und sich auf die vom Individuum hergestellten Erzählungen und Geschichtsdarstellungen konzentriert.

Wenn somit für die Analyse von Identitäten von der subjektiven Narration als Fokus auszugehen ist, bietet sich in besonderer Weise die von Gabriele Lucius-Hoene und Arnulf Deppermann entwickelte Forschungsmethode „Rekonstruktion narrativer Identität" aus dem Jahr 2002 als neue Sicht auf das narrative Interview an.

Die Autoren gehen in ihrem Werk davon aus, dass das narrative Interview den Zugang zu der biographischen Selbstdeutung einer Person eröffnet, indem es ihr Möglichkeiten des Ausdruckes und der Setzung persönlicher Relevanzen gibt. Deppermann und Lucius-Hoene verstehen autobiographisches Erzählen als „Herstellung und Darstellung von narrativer Identität im Interview" und entwickeln „eine Auswertungsmethodik für das Erkenntnisinteresse ihrer Rekonstruktion" (Lucius-Hoene/Deppermann 2002, S. 10).

Grundlage des Rekonstruktionsverfahrens ist das von Autoren wie Keupp beschriebene Verständnis von Identität als situierte und subjektiv motivierte sprachliche Konstruktionsleistung. Im Zentrum steht dabei die narrative Identität „als eine im Prozess des Erzählens hergestellte Form der Selbstvergewisserung" (Lucius-Hoene/Deppermann 2002, S. 10).

Dieser Ansatz geht in besonderer Weise auf die Forschungen Fritz Schützes zurück, der ebenfalls von der Annahme ausgeht, dass sich biographische Selbstpräsentationen am überzeugendsten in Erzählungen, der Textform für die Vermittlung selbst erlebter Ereignisse und Lebensprozesse, darstellen lassen (Schütze 1983).

Als Identitätsrekonstruktion wird die Analyse der vom Individuum narrativ dargestellten Biographie zentral genutzt, sie ist innerhalb dieser Methodologie als Medium der Selbstpräsentation Grundlage der Erhebung und Analyse von Identität. Der Erkenntnisgewinn bezieht sich dann auf die aktuell vollzogene Identität des erzählenden Subjektes im Interview.

Rekonstruiert werden die sprachlich-kommunikativen Leistungen, mit denen narrative Identität hergestellt und dargestellt wird. Dabei werden die Erkenntnisse über formale Prinzipien der Herstellung von Sinn in verbalen Interaktionen im Allgemeinen und von narrativer Identität im Besonderen für die Analyse fruchtbar gemacht. Diese neuartige Methode basiert somit einerseits auf erzähltheoretischen und hermeneutischen Grundlagen und andererseits auf den theoretischen und methodischen Ansätzen der „discursive psychology", der „Konversations- und Gesprächsanalyse" und der „Positionierungsanalyse".

Die für den vorliegenden Zusammenhang bedeutenden Feststellungen über Prinzipien des Erzählens sollen im folgenden als Basis für die anschließende Darstellung des Analyseverlaufes zusammengefasst werden.

3.1 Textanalyse als Grundlage der Identitätsrekonstruktion

Erzählen ist im Sinne des symbolischen Interaktionismus immer Kommunikation mit einer zuhörenden Person. Wenn narrative Erfahrungsdarstellungen erfolgen, werden sie durch die Urteils- und Empathiefähigkeit des Gegenübers sozialisiert, da im Erzählprozess der soziale Hintergrund der Erzählung vom zuhörenden Gegenüber geschaffen wird.

Durch eine Bedeutungsstruktur in Form einer Sinn stiftenden Ordnung wird eine zeitliche Ereignisabfolge zu einer Geschichte, einem Plot. Die Struktur dieses Plots wird durch die Segmentierung des Ereignisflusses, der Selektion von Elementen, ihrer Ordnung zu Satzreihenfolgen sowie der entsprechenden Bedeutungszuweisung geschaffen, die der grundlegenden Art entspricht, wie Menschen zeitlichen Abläufen im Leben Bedeutung verleihen. Ein besonderes Merkmal besteht dabei in einer „doppelten Zeitperspektive" (Lucius-Hoene/Deppermann 2002, S. 24): Beim Erzählen von biographischen Erlebnissen wird das vergangene Geschehen als Ablauf aus der Erlebnisperspektive wiedergegeben. Der Erzähler ist zu dem Zeitpunkt des Erzählens seinem damaligen Erkenntnisstand voraus, da er weiß, wie damals alles gekommen ist. Dieses Wissen bestimmt die Wahl der darzustellenden Ereigniselemente in einer Erzählung.

Da Erinnerung als selektiver, konstruktiver und aktiver Prozess auf Informationen zugreift, die bereits teilweise kodiert, vergessen und transformiert wurden, konserviert das autobiographische Gedächtnis einer Person das Vergangene nie in der Weise, wie es ursprünglich erlebt wurde. Vielfältige Bearbeitungen dienen nämlich der Bewältigung und Adaption von Erinnerungen an aktuelle Bedürfnisse und Konzepte einer Person und ihrem lebensweltlichen Zusammenhang (Singer 1993).

Aus diesem Grund kann in einem autobiographischen Interview auch nie die Ebene der Betrachtung dessen, was in der Vergangenheit objektiv geschehen ist, eingenommen werden, da im Erzählen auf eine Wirklichkeit Bezug genommen wird, die in der Geschichte selbst konstituiert wird. Die Erzählung repräsentiert somit die Realität.

Die Rekonstruktion narrativer Identität basiert ganz im Sinne Fritz Schützes auf der Textanalyse einer autobiographischen Erzählung. Identität wird so von ihren sprachlichen Grundlagenprozessen her aufgeschlüsselt.

Die Äußerungen einer Person werden innerhalb dieser Methodik nicht fixen Kategorien untergeordnet, die es dann zu überprüfen gilt; die Forschungslogik der Rekonstruktion als ‚bottom-up-Verfahren' zielt vielmehr auf die wissenschaftliche Entdeckung, Bestimmung und Systematisierung der vom Individuum selbst konstituierten Prozesse und Zusammenhänge in der spezifischen Narration. Folgende methodologische Leitlinien sind dabei von Bedeutung:

- *Kontextsensitives Sinnverstehen:* Unterschiedliche mögliche Interpretationen des Interviewtextes können in Bezug auf den spezifischen Kontext einer Textstelle entworfen und mit dem Ziel geprüft werden, die Struktur der narrativen Identität im Fallkontext zu rekonstruieren. Diese Forschungsperspektive stützt sich auf drei zentrale Interpretationsansätze: (1.) Die Hermeneutik als Kunst der Auslegung von Texten mit Prinzipien, die den allgemeinen Rahmen für jede Interpretation bieten. (2.) Die Konversationsanalyse, die untersucht, wie Personen Gespräche organisieren und dabei Sinn und soziale Wirklichkeit herstellen. (3.) Die Erzähltheorie, die Begriffe und Verfahren liefert, die speziell für die Rekonstruktion der Strukturen von Erzählungen wichtig sind.
- *Gegenstandsfundierte Methodologie:* Die Auswertung hält sich strikt an das Protokoll des Interviews. Aussagen über die untersuchten Fälle müssen vom Interviewprotokoll ausgehen und an ihm ausgewiesen werden. Dabei ist die Prämisse entscheidend, dass grundsätzlich jedes Detail des Interviewtextes sinnhaft motiviert ist und seine Funktion für die indivi-

duelle biographische Erzählung inne hat (Deppermann/Lucius-Hoene 2002, S. 36).

Die beschriebene Forderung nach einer textorientierten Analyse eines Interviews verlangt eine differenzierte und systematische Betrachtung einer autobiographischen Erzählung. Die hierfür notwendigen Begriffe und Kategorien sollen nun näher erläutert werden.

Segmentierung

Ein erstes zentrales Merkmal des Interviewtextes sind unterschiedliche erkennbare Segmente, die sprachlichen Markierungen entsprechend voneinander abgegrenzt werden können. Diese darstellerische Gliederung wird in der Erzählung durch folgende Markierungen herbeigeführt:

- Zeitliche Grenzziehungen in biographische Abschnitte
- Thematische Zusammenhänge als inhaltliche Ausrichtung des Erzählten.

Da eine Biographie im narrativen Interview meistens in Form einer chronologischen Bearbeitung der individuellen Lebensgeschichte erfolgt, entsprechen die Segmente eines Interviewtextes häufig zeitlich definierten biographischen Etappen.

Den Beginn einer neuen Erzähleinheit zeigen ‚Gliederungsmarkierer' an. Die zentralsten sind dabei Rahmenschaltelemente (z. B. ‚und dann', ‚als nächstes'), Schluss- bzw. Anfangsformulierungen, inhaltlich zusammenfassende Ankündigungen des Kommenden, Orientierungshinweise sowie sinkende Intonationskurven und Sprechpausen.

Das Prinzip der Segmentierung lässt sich auch in die Betrachtung von Haupt- und Nebenerzähllinien übertragen. Auch hierbei sind Relevanzmarkierungen die entscheidenden Hinweise zur Auffindung und Abgrenzung. So kann durch eine entsprechende Einleitung eine Nebenerzähllinie angekündigt oder eine Haupterzähllinie wieder aufgegriffen werden (z. B. „um wieder auf... zurückzukommen"). Ein bedeutendes Indiz ist hierbei auch die Stimmführung, durch die eine Wichtigkeit des Gesagten in Bezug auf die Gesamterzählung ausgedrückt werden kann (Deppermann/Lucius-Hoene 2002).

Textsorten im autobiographischen Interview

In narrativen Interviews lassen sich unterscheidbare Arten von Texten finden, die sich auf der Grundlage von funktionalen Gemeinsamkeiten bündeln und differenzieren lassen. Sie werden innerhalb der Rekonstruktion narrativer Identität als „Textsorten" bezeichnet und nach unterschiedlichen Kriterien voneinander abgegrenzt. Deppermann und Lucius-Hoene führen folgende drei zentrale Textsorten auf, die bei der Analyse narrativer Identität wichtig sind:

Erzählen

Obwohl im Allgemeinen auch retrospektive Zusammenfassungen und chronikartige Darstellungen, in denen größere autobiographische Abschnitte oder Ereignisse eher unverbunden und ohne erzähldynamische Entwicklung in der Reihenfolge ihres Geschehens aufgezählt werden, als ‚Erzählungen' bezeichnet werden können, erscheint es sinnvoll, „Erzählen im engeren Sinne" über die Definition als komplexen Handlungstypus hinaus als eine „szenisch-episodische Darstellung" (Deppermann/Lucius-Hoene 2002, S. 145) zu definieren. Hauptmerkmal einer episodischen Erzählung ist die Herstellung einer Szene mit einer dramatisierenden Darstellungsform aus der Perspektive des damaligen Handelns und Erlebens. Es handelt sich somit um eine Reinszenierung in einem vom erzählenden Individuum aufgebauten Vorstellungsraum, in dem die Ereignisse und Handlungen als dynamische Entwicklung aufeinander bezogen und auf einen Höhepunkt hin organisiert werden. Die Pointe der Erzählung begründet dabei ihre Erzählwürdigkeit. Das kommunikative Hauptziel einer Erzählung liegt in der Einbindung des Interviewers in den Vorstellungsraum, so dass die Erfahrungen und Handlungen aus der Erlebnisperspektive nachvollziehbar werden.

Beschreiben

Charakteristisch für Beschreibungen sind „zeitunabhängige Merkmalszuschreibungen zu Objekten" (Deppermann/Lucius-Hoene 2002, S. 160).

Beschreibungen kommen häufig dann zum Einsatz, wenn ein Vorstellungsraum einer Erzählung ausgestaltet und sprachlich charakterisiert wird. Dabei finden sich beschreibende Textteile innerhalb von Sätzen als eigenständige Formulierungen und als satzübergreifende Textzusammenhänge. Beschreibungen können darüber hinaus in biographischen Erzählungen auch zu eigenständigen Textpassagen, so genannten Deskriptionssequenzen, ausgebaut werden. Erst dann liegt eine eigenständige Textsorte vor, die das zeitliche Voranschreiten einer Erzählung unterbricht und sich der Deskription und Charakterisierung eines bestimmten Bereiches zuwendet. Beschreibungen können zudem mit expliziten oder impliziten Bewertungen belegt und in Unterscheidung zu anderen Beschreibungsgegenständen konstruiert werden. Mit der Betrachtung von Beschreibungen wird es möglich zu verstehen, wie eine Person Wirklichkeit konstruiert.

Argumentieren

Argumentationen unterstreichen die interpersonale Beschaffenheit des narrativen Interviews. Durch Argumentieren kann ein bestimmter Standpunkt gesteigert, geschwächt oder abgelehnt werden. Argumentieren ist demzufolge eine geltungskritische Aktivität. Da im Gegensatz zu Diskussionen das narrative Interview monologisch ist, geht es beim Argumentieren in biographischen Erzählungen nicht um den Konsens zwischen Diskussionspartnern, sondern um mögliche Positionen und Erwartungen, die der Proband selbst in seiner Biographie kennen gelernt hat.

Die Struktur des Argumentierens besteht darin, „mit Hilfe des kollektiv Geltenden etwas kollektiv Fragliches in etwas kollektiv Geltendes zu überführen" (Deppermann/Lucius-Hoene 2002, S. 163). Die Möglichkeit, auf gemeinsame Ausgangspunkte wie Wissensbestände und Wirklichkeitsannahmen rekurrieren zu können, stellt die zentrale Grundlage dar, um die Gültigkeit oder Ungültigkeit einer These zu erweisen, wobei das kollektiv Geltende als Pro- oder Contra-Argument eingesetzt werden kann. Argumentationen eröffnen einen Zugang zu komplexen Deutungsmustern des Erzählers, da in ihnen häufig Annahmen über die eigene Person und Mitmenschen, sowie normative Orientierungen und Deutungen erschlossen werden können.

Durch eine Identifizierung von Textsorten wird es möglich zu bestimmen, in welcher sprachlichen Darstellungsform die erzählende Person die von ihr gewählten Themen im Interview präsentiert. Textsorten können in Bezug auf die Gesamterzählung unterschiedliche Funktionen erfüllen: Erzählerische Zusammenhänge können durch beschreibende und argumentative Passagen erläutert und unterstützt werden, deskriptive Aspekte der Darstellung können episodische Schilderungen und Beschreibungen illustrieren. Argumentative Passagen schließlich besitzen meistens eine Beleg-, Rechtfertigungs- oder Plausibilisierungsfunktion.

In der fortschreitenden Textanalyse können die funktionalen Verhältnisse der Texteinheiten zueinander betrachtet werden. Im Mittelpunkt des Interesses stehen dabei die Fragen, mit Hilfe welcher Textsorten bestimmte Erfahrungen dargestellt werden, ob es Textsorten gibt, die der Erzähler bevorzugt und ob bestimmte lebensgeschichtliche Epochen jeweils dominierenden Textsorten zugeordnet werden.

Positionierungen

Positionierungen als eine grundlegende Form, Identität in Interaktionen zu konstruieren, bezeichnen diejenigen Aspekte in einer Erzählung, mit denen Personen den sozialen Raum und ihre jeweilige Stellung und ihren Status darin beschreiben, zuweisen und aushandeln. Dabei gilt es, zwei grundlegende Positionierungsformen und -ebenen zu unterscheiden:

- *Selbstpositionierungen* beinhalten die direkte oder indirekte Zuschreibung von Bestimmungsstücken zur erzählenden Person. Sie kann in der Ereigniskette der Geschichte direkt Positionierungshandlungen in Bezug auf sich selbst ausführen, und das Subjekt kann sich von Interaktionspartnern in der Erzählung positionieren lassen.
- *Fremdpositionierungen* beinhalten entsprechende Zuschreibungen und Positionszuweisungen an die Sozialpartner, die mit der erzählenden Person interagieren.

Als sprachliche Handlungen sind Selbst- und Fremdpositionierungen miteinander verwoben, da jeder Positionierungsakt in Hinblick auf den anderen gleichzeitig auch eine Komponente im Bezug auf die eigene Person besitzt. Positionierungsakte können auf persönliche Attribute, Ansprüche und Moralordnungen verweisen sowie soziale Rollen interaktiv zuweisen. Positionierungen können so explizit oder implizit für den Stand der Kommunikation im Interview geltende Identitäten der erzählenden Person schaffen. Indem jemand sich selbst aus der aktuellen Perspektive im Interview mit bestimmten Eigenschaften und Positionierungsaktivitäten ausstattet, nimmt er Stellung zu sich und bewertet sich selbst implizit. Positionierungen lassen sich auf vielfältigen Ebenen des Interviewtextes identifizieren. Dadurch wird es möglich, verschiedene Aspekte der Identitätskonstruktion, wie etwa Teilidentitäten oder Kernnarrationen, herauszuarbeiten und dabei entsprechende Begründungsnotwendigkeiten, interaktive Interessen, Konflikte oder Bewältigungsaufgaben, die in der Narration in Erscheinung treten, zu analysieren.

Kategorisierungen

Kategorisierung als eine Kernoperation in Narrationen betrifft die Frage, als was eine Person, ein Ereignis oder eine Handlung bezeichnet und eingeordnet wird. Da sie substanziell bestimmend orientiert sind, werden bei Kategorisierungen vor allem Inhaltswörter, das heißt Substantive, Verben und Adjektive verwendet. Für die Analyse einer Erzählung sind zwei Gegenstandsbereiche der Kategorisierung wichtig:

1. Bei der *Kategorisierung von Personen* werden den Erzählakteuren Eigenschaften wie Status, psychologische Merkmale und soziale Rollen sowie die Zugehörigkeit zu sozialen Gruppen und Milieus zugeschrieben. Diese Kategorien ziehen Schlussfolgerungen des Erzählers wie die Bewertung und Achtung einer Person nach sich und bestimmen Erwartungen an ihre Handlungen und Einstellungen und ermöglichen Erklärungen von Handlungen einer Person durch Motive, die aufgrund der Kategorisierung des Erzählers zu vermuten sind. Ebenso verweist die Kategorisierung von Personen häufig implizit auf die Motive für das Handeln des Erzählers ihnen gegenüber.

2. Bei der *Kategorisierung von Handlungen und Ereignissen* werden die in einer Narration beteiligten Personen als aktiv handelnd oder passiv erleidend bestimmt und es wird angezeigt, ob ein Ereignis absichtlich herbeigeführt oder durch äußere Umstände bedingt ist. Mit dieser Zuschreibung verbinden sich Bewertungen und direkte oder indirekte Behauptungen darüber, ob ein Ereignis durch Zufall eintrat, unvermeidlich war oder nur durch besonderen Einsatz zustande kam. Häufig werden in Zusammenhang mit Kategorisierungen zwei Darstellungsverfahren verwendet, nämlich (1.) die Kontrastierung von Kategorisierungen und Be-

schreibungen, in der zwei unterschiedliche Personen, Handlungen oder Ereignisse einander gegenübergestellt werden, und (2.) die Listenbildung durch die Aneinanderreihung mehrerer Beschreibungskategorien, die zu einer gemeinsamen Oberkategorie gehören oder aus denen eine allgemeinere Schlussfolgerung gezogen werden kann (Deppermann/Lucius-Hoene 2002).

Kleinflächig-feinstrukturelle Verfahren
Über die dargstellten makrostrukturellen Eigenschaften eines autobiographischen Textes sind folgende konkrete, für die mikroskopische Wort-für-Wort-Analyse bedeutsame sprachliche Verfahren für die Gestaltung und den Sinn in einzelnen Äußerungen maßgeblich. Die Kenntnis dieser linguistisch beschreibbaren Phänomene dient neben Segmentierung und Textsortenbestimmung als begriffliches Instrumentarium zur präzisen Analyse des kommunikativen Handelns der erzählenden Person.

Rahmungen

Vorgreifende leitende oder rückwirkende vereindeutigende Metakommunikationen können als Rahmung einer ganzen Erzählung oder eines Segmentes Verstehensanweisungen beinhalten, die das Verständnis einer erzählten Handlung und Rückschlüsse auf Motivationen leiten sollen. Neben neutralen Einleitungen können dies auch Bewertungen und Einschätzungen sein. Die erzählende Person kann in einer Rahmung eine Bewertung aus der geschichtlichen oder gegenwärtigen Perspektive des erzählten Ichs oder anderer Personen vornehmen.

Auch Kommentare, in denen die erzählende Person aus dem Prozess des Erzählens heraustritt, können Relevanzen, Anspruch auf Wahrheit und Präzision, sowie die Funktion von Darstellungen verdeutlichen.

Einsatz von Stimmen und Ausdruck von Perspektiven

Die Analyse der in einer Erzählung häufig wechselnden Perspektive und der emotionalen und vergegenwärtigenden Beteiligung einer erzählenden Person eröffnet einen Zugang zur subjektiven Bedeutsamkeit verschiedener Teile und Themen des vergangenen Geschehens. Die innere Beteiligung der erzählenden Person drückt sich dabei in der Lebendigkeit der Erzählung aus. Dies wird besonders durch die Veränderung und Reinszenierung von Stimmen der eigenen und der fremden Rede deutlich. Die Animation von Stimmen, gleichsam das ‚Nachspielen' von Interaktionen durch unterschiedliche Betonung und sprachliche Profilierung können Intentionen, Befindlichkeiten sowie soziale und psychische Eigenschaften der Sprecher ausdrücken. Ein Wechsel der Vergangenheits- in die Gegenwartsform oder eine Versetzung in die räumliche und zeitliche Position der erzählten Zeit weist auf einen

Höhepunkt in einer Erzählung hin, eine hoch aufgelöste und präzise Erzählweise führt zu einer Dynamisierung der Darstellung.

Reformulierungen
Im Unterschied zu schriftlichen Biographien wird in narrativen Darstellungen vielfach das schon Gesagte reformuliert und dadurch unterstrichen, aber auch häufig korrigiert, modifiziert oder spezifiziert. Dadurch entsteht eine grundlegendes Merkmal mündlicher Darstellungen, nämlich die sukzessive Sinnspezifikation. Ein häufig vorkommendes Muster besteht dabei in der konkretisierenden Detailauflösung abstrakter oder vager sprachlicher Erzählankündigungen. Reformulierungen haben darüber hinaus häufig die Funktion einer Selbstkorrektur der erzählenden Person, bei der eine vorangegangene Formulierung durch eine passendere und adäquatere ersetzt wird (Deppermann/Lucius-Hoene 2002).

3.2 Der Verlauf einer Rekonstruktion

Der transkribierte Text des narrativen Interviews wird zunächst aus einer makroskopischen, auf strukturelle Aspekte gerichteten Perspektive betrachtet. Der Text wird nach strukturellen Merkmalen in Segmente unterteilt, um die narrative Gliederung im Verlauf der Erzählung aufzudecken. Dabei wird besonders auf die folgenden sprachlichen Markierungen von Segmentgrenzen geachtet:

- biographische Einschnitte
- thematische Wechsel
- zeitliche und perspektivische Wechsel
- Textsortenwechsel

Nach dem Aufsuchen größerer Texteinheiten werden innerhalb einzelner Segmente Subsegmente mit einer Binnengliederung identifiziert und die jeweiligen Textsorten analysiert. Der Text wird auf diese Weise von ‚Außen' nach ‚Innen' analysiert, das heißt von der Betrachtung übergreifender Textstrukturen über Subsegmentierung hin zu Feinanalysen einzelner Passagen und Sequenzen.

Dieser methodologischen Ausrichtung entsprechend erfolgt nach der Segmentierung und Textsortenbestimmung schließlich die mikroskopische Betrachtung der pragmatisch-rhetorischen Identitätskonstruktion anhand kleinflächiger Textphänomene. Auf der Basis der Erkenntnisse über die Gesamtstruktur des Textes werden Erzählpassagen ausgewählt, die einer Feinanalyse unterzogen werden sollen. Besonders Kernnarrationen einer Erzählung sind dabei von Interesse, da sie entscheidend identitätsrelevante Selbstdarstellungen beinhalten.

Die charakteristische Frage bei der mikrostrukturellen Rekonstruktion narrativer Identität ist: „Wie wird in dieser Passage narrative Identität hergestellt?" (Deppermann/Lucius-Hoene 2002, S. 321).
Diese zentrale Ausgangsfrage kann in folgende Unterfragen differenziert werden:
- Was wird dargestellt?
- Wie wird es dargestellt?
- Wozu wird dies dargestellt – und nicht etwas anderes?
- Wozu wird es jetzt dargestellt – und nicht zu einem anderen Zeitpunkt?
- Wozu wird es auf diese Art und Weise dargestellt – und nicht anders?

Zur Beantwortung dieser Fragen werden folgende Techniken eingesetzt:

- *Variationstechniken* ziehen unterschiedliche Alternativen für ein bestimmtes sprachlich- kommunikatives Textphänomen zum Vergleich heran, um so die spezifische Funktion einer Äußerung in Bezug auf verschiedene Sinnebenen freizulegen.
- *Kontextanalysen* untersuchen, in welchem Zusammenhang Äußerungen in ihrem Bezugsrahmen stehen.
- *Analysen der Folgeerwartungen* erforschen, welche Erwartungen an die Fortsetzung der Erzählung mit einer Äußerung geschaffen werden und wie sich die tatsächlich folgenden Darstellungen dazu verhalten.
- *Analysen der sprachlich-kommunikativen Verfahren* erschließen aus dem Kontext die jeweiligen identitätsrelevanten Bedeutungen für Positionierungen, Perspektiveneinnahmen und Kategorisierungen.

Die aus diesen Analyseschritten entstehenden Facetten lassen sich schließlich zu einer fallspezifischen Identitätsrekonstruktion zusammenfügen.

Das Verfahren der Analyse sieht dabei vor, dass die feinanalytisch herauszuarbeitenden Aspekte des Textes wiederum zur strukturellen Betrachtung des Interviewtextes beitragen. Es erfolgt somit ein wechselseitiges Aufeinanderbeziehen von Mikro- und Makroperspektive der Textanalyse.

Als Ergebnis dieser Arbeitsschritte erfolgt eine analytische Abstraktion in Form eines Zusammenfügens der Untersuchungsergebnisse zu einer Fallstruktur, in der als Untersuchungsresultat für die Rekonstruktion narrativer Identität die Äußerungen des Erzählers zusammengefasst und die Analysen sukzessive in die fallstrukturelle Darstellung eines Abschlussberichtes überführt werden. Dabei werden die Aussagen in Bezug auf allgemeinere, die einzelnen Stellen übergreifende Struktureigenschaften abstrahiert und die Beziehungen zwischen einzelnen Aspekten der Fallstruktur herausgearbeitet (Deppermann/Lucius-Hoene 2002).

4 Die Gespräche – Stichprobe und Einsatz des narrativen Interviews

Um die biographischen Motivstrukturen für kirchliche Orientierung im Jugendalter zu erforschen, wird der Begriff der ‚narrativen kirchlichen Identität' als empirisches Ausgangskonzept gewählt. Die Bezeichnung ‚kirchliche Identität' soll sich in diesem Zusammenhang auf Jugendliche beziehen, die sich in besonders aktiver Weise in einer Ortsgemeinde engagieren und sich dabei kirchlich verorten. Es geht somit nicht um Jugendliche in neuen religiösen Gemeinschaften oder außerkirchlichen religiösen Bewegungen, sondern um Jugendliche in den evangelischen und katholischen Gemeinden ihrer jeweiligen Heimatorte.

Die Bedenken, ob es gelingen kann, solche Jugendliche überhaupt identifizieren zu können, wurden schon zu Beginn der Erhebungsphase zerstreut, da die Ansprechpartner in den angefragten Ortsgemeinden, meistens Pfarrerinnen und Pfarrer oder Gemeindereferenten und Referentinnen, schnell und eindeutig jene Jugendliche in ihrer Gemeinde nennen konnten, die für ein solches Interview in Frage kamen. Sie bezeichneten sie oft als „Stütze der Jugendarbeit" oder als „junge Pfeiler der Gemeinde". Tatsächlich gab es in fast jeder größeren Ortsgemeinde mindestens einen Jugendlichen, meistens waren es kleine Arbeitsgruppen, die bestimmte zentrale Aufgaben im Jugendbereich übernommen und dadurch die entsprechenden Inhalte in ihrem Aktionsbereich gebündelt haben. Manche Gemeinden stützten ihre gesamte Jugendarbeit auf einzelne Jugendliche, sodass sie nicht nur in diesen Bereichen, sondern auch in der gesamten Gemeinde nicht wegzudenken waren. Dadurch positionierten sich diese Jugendlichen so deutlich, dass eine Sichtung ihrer kirchlichen Persönlichkeiten über die Gemeindeleitungen einfach wurde, da genau solche aktiven jugendlichen Gemeindemitglieder die Voraussetzungen des Begriffs ‚kirchliche Identität' im Sinne der vorliegenden Arbeit erfüllten.

Die empirische Erhebungsphase, die von Sommer 2005 bis Frühjahr 2007 erfolgte, ermöglichte eine Begegnung mit 18 katholischen und 16 evangelischen Jugendlichen.

Da die vorliegende Arbeit eine qualitative erziehungswissenschaftliche Studie ist, sind alle interviewten Jugendlichen in ihrer Individualität für die Arbeit bedeutsam, und auch wenn aus arbeitsökonomischen Gründen nicht jede(r) von ihnen zu Wort kommt, so sollen doch alle GesprächspartnerInnen bei der ersten Präsentation eines Auszuges ihrer Identitätskonstruktion kurz portraitiert werden.

Vorab sollen jedoch allgemeine Informationen über die Untersuchungsstichprobe im Ganzen erfolgen. Zunächst steht dabei eine einführende Beschreibung der Untersuchungsorte und -regionen im Vordergrund und anschließend die deskriptive Darstellung der Stichprobe.

4.1 Die Regionen und Orte der Datenerhebung

Die empirische Konzentration der vorliegenden Studie liegt auf der Region des Rhein-Main-Gebietes und auf Rheinhessen in den Bundesländern Hessen und Rheinland-Pfalz. Die zentralen Datenerhebungen fanden in Frankfurt am Main und Mainz und deren Umgebung statt. Als Vergleichstudie zu diesen sehr urbanen Regionen dient eine Untersuchung im Allgäu als ländliche Gegend. Zu den Erhebungsorten sollen nun einführend historische und strukturelle Informationen zum jeweiligen Verhältnis der Orte zu Religion und Kirche vorgestellt werden.[1]

Frankfurt

Über eine lange Zeit nach der Reformation ist Frankfurt eine fast ausschließlich protestantische Stadt mit lutherischem Bekenntnis. Als „Freie Stadt" regelt Frankfurt auch ihre kirchlichen Angelegenheiten selbständig. Anfangs besteht eine lutherische, später auch eine reformierte Verwaltung der Kirche. Beide Verwaltungsbehörden sind dabei für die Gemeinden ihres Bekenntnisses zuständig. 1934 wird die Evangelische Landeskirche mit der Evangelischen Kirche in Nassau und der Evangelischen Kirche in Hessen-Darmstadt vereinigt. Frankfurt wird innerhalb der neuen Landeskirche Sitz einer Propstei, die später in die „Propstei Rhein-Main" umbenannt wird.

Die römisch-katholischen Gemeindemitglieder bleiben nach der Reformation eine Minderheit. Sie gehören zunächst weiterhin zum Erzbistum Mainz, nach dessen Aufhebung vorübergehend zum Bistum Regensburg und ab 1827 zum neu gegründeten Bistum Limburg. Im 19. Jahrhundert ziehen wieder vermehrt Katholiken in die Stadt, sie gehören zunächst gemeinderechtlich zur Bartholomäuskirche, dem Kaiserdom Frankfurts. Erst nach 1884 werden die Pfarrbezirke aufgeteilt, wenngleich der Dom zunächst noch die einzige Pfarrkirche der Stadt bleibt.

Seit 1995 gibt es in der eigentlich traditionell lutherischen Stadt mehr Katholiken als Protestanten. Die Zahl der evangelischen Einwohner sinkt zwischen 1990 und 2006 von 220.000 auf 167.000, die der Katholiken von 206.000 auf 170.000 (gerundete Werte).

---

1   Die qualitative Ausrichtung der Studie sieht es nicht vor, eine flächendeckende Betrachtung jugendlicher Kirchlichkeit vorzunehmen, da es die Forschungsmethode nicht erlaubt, Korrelationen in Bezug auf die Orte der Datenerhebung zu formulieren. So wurde insbesondere darauf verzichtet, Regionen der neuen Bundesländer in die Erhebung mit einzubeziehen, da hierfür die besonderen historischen Kontexte der ehemaligen DDR beleuchtet werden müssten.

Die Interviews mit katholischen Jugendlichen fanden in den pastoralen Räumen Frankfurt-Bockenheim, Frankfurt-Nord und Frankfurt-Nordost statt, die Interviews mit evangelischen Jugendlichen erfolgten in den Dekanaten Frankfurt-Höchst, Frankfurt-Mitte-Ost, Frankfurt-Nord und Frankfurt-Süd innerhalb der Evangelischen Kirche in Hessen und Nassau.

Um nicht nur großstädtische Jugendliche zu interviewen, wurden auch in ländlichen Regionen des Main-Taunus-Kreises bei Frankfurt kirchlich orientierte Jugendliche aufgesucht.

Mainz

Als Stadt mit Sitz eines der höchsten katholischen Reichsfürsten bleibt Mainz jahrhundertelang immer katholisch geprägt. Mainz verfügt über den einzigen ‚Heiligen Stuhl' (sancta sedes Moguntia) außerhalb von Rom. Eine frühchristliche Gemeinde besteht vermutlich schon seit der Spätantike, um 343 wird in den mittelalterlichen Quellen das Bistum Mainz erstmals erwähnt. 780/782 wird Mainz zum Erzbistum erhoben.

Auch in der Zeit der Reformation bleibt Mainz katholisch, erste Berührungen mit dem Protestantismus werden erst mit dem 30-jährigen Krieg und der daraus resultierenden Besetzung durch schwedische Truppen möglich, jedoch kann sich die neue Konfession nicht durchsetzen. Nach dem Zusammenbruch der schwedischen Herrschaft noch während des 30-jährigen Krieges wächst nicht nur der Katholizismus erneut; Einwohner mit evangelischem Bekenntnis erlangen zudem keine Bürgerrechte mehr. Das katholische Bistum wird 1821 in seinen heutigen Grenzen festgeschrieben.

Erst im frühen 18. Jahrhundert gibt es in Mainz eine kleine lutherische Gemeinde, und ab der Mitte des 18. Jahrhunderts werden die inzwischen in die Stadt zugezogenen Protestanten geduldet und in öffentlichen Ämtern zugelassen. 1802 wird die erste „unierte" evangelische Kirchengemeinde mit lutherischen und reformierten Gemeindemitgliedern gegründet. Sie gilt als Vorbild für die 1822 durchgeführte Union beider Konfessionen in Rheinhessen.

Die evangelischen Kirchengemeinden von Mainz gehören zum Dekanat Mainz, der Propstei Rheinhessen sowie der evangelischen Kirche in Hessen und Nassau.

Das derzeitige konfessionelle Verhältnis liegt in Mainz bei ca. 86.000 Katholiken zu 52.000 Protestanten. Für die vorliegende Untersuchung wurde entsprechend der Datenerhebung im Großraum Frankfurt neben der Stadt Mainz auch das Umland bei der Auswahl der Probanden berücksichtigt.

Insgesamt wurden 12 Jugendliche aus dem Raum Frankfurt und 12 aus Mainz und Umgebung interviewt.

Die Vergleichsstudie im Allgäu

Da die beiden ersten ausgewählten Regionen trotz der Berücksichtigung des jeweiligen Umfeldes der Städte sehr urbanen Charakter haben, sieht es die Konzeption der vorliegenden Untersuchung vor, neben den städtisch geprägten Regionen als Vergleichsstudie einen sehr ländlichen Raum auszuwählen, um mögliche Hypothesen in Bezug auf unterschiedliche Identitätskonstruktionen bei städtischen und eindeutig ländlichen Regionen gegebenenfalls formulieren zu können. Die Wahl hierfür viel auf das Allgäu, genauer auf den Großraum Kempten. Obwohl das Allgäu traditionell katholisch geprägt ist, zeigten sich jedoch auch hier sehr aktive evangelische Gemeinden, deren Jugendbereich zum Teil von Jugendlichen selbst organisiert wird. Daher erschien es sinnvoll, auch hier katholische und evangelische Jugendliche in Bezug auf Religion und Kirche zu befragen. Der Kontakt entstand wie bei allen Interviews über Erstgespräche mit Gemeindeleitungen, die die Anfrage an die Jugendlichen ihrer Kirchengemeinde weitergaben. Es fanden hier 10 Interviews mit Jugendlichen zwischen 16 und 18 Jahren statt.

4.2 Deskriptive Samplingdarstellung

Ausgehend von den empirisch entwickelten Konzepten des Jugendforschers Klaus Hurrelmann weist die Abgrenzung des Jugendalters zur Lebensphase Kindheit und zum Erwachsenenalter in der empirischen Betrachtung fließende Übergänge auf. Individuell- biographische Unterschiede in der hochgradig ausdifferenzierten westlichen Industriegesellschaft erschweren es, konkrete Altersangaben als Grenzziehung zwischen den Lebensphasen zu nennen (Hurrelmann 1999).

Dennoch besteht in der psychologischen, pädagogischen und soziologischen Forschung weitgehend Konsens darüber, den Beginn des Jugendalters in die Jahre um die Geschlechtsreife zu bestimmen, die zwischen 12 und 13 Jahren liegen.

Da die vorliegende Studie ein möglichst breites Spektrum des Jugendalters abzudecken versucht, soll diese Altersdefinition zu Beginn der Jugendphase beibehalten werden.

Das Ende des Jugendalters sehen zahlreiche Autoren im Alter von 18 bis 21 Jahren, da in dieser Lebensphase häufig die jugendspezifischen Entwicklungsaufgaben gelöst werden und eine Integration in die Gesellschaft in Form eines selbständigen Mitgliedschaftsentwurfes erfolgt. Die vorliegende Arbeit wird jedoch zeigen, dass entscheidende Entwicklungsprozesse im Bereich der kirchlichen Identität erst gegen Ende des Jugendalters formuliert werden. Darüber hinaus sind viele Individuen bis in die Nachjugendphase hinein ihrem sozialen Status und ihrem Bearbeitungsstand der Entwicklungsaufgaben nach noch als Jugendliche zu bezeichnen und gehen daher teilweise bis ins 24. Lebensjahr in die Untersuchung mit ein. Die Stichprobe untergliedert sich dem entsprechend innerhalb des für die vorliegende Studie ausgewählten Alters der Probanden in zwei größere Teilabschnitte:

1. 13–19 Jahre: die *pubertäre Phase* Jugendlicher, die zur Unterscheidung wiederum in die Kategorien 13–15 und 16–18 Jahre unterteilt wird.
2. 19–23 Jahre: die *nachpubertäre Phase* jugendlicher Heranwachsender.

Die konkrete Verteilung der geführten Interviews gestaltet sich folgendermaßen:

Alter		13–15	16–18	19–23	Summe
Geschlecht	männlich	3	12	4	19
	weiblich	5	7	3	15

Bei dieser Übersicht wird deutlich, dass der Schwerpunkt der Erhebung auf dem späten Jugendalter zwischen 16 und 19 Jahren liegt, da hier identitätsrelevante Aushandlungsprozesse besonders deutlich zu beobachten sind. Die anderen Probanden, besonders diejenigen, die der letzten Alterskategorie zugeordnet wurden, nehmen eine ergänzende Stellung zur Stichprobe und können einen Ausblick auf das Erwachsenenalter geben. Gerade ihre Position, aus einer kurzen biographischen Distanz auf die Jugendphase zurückschauen zu können, macht ihre Identitätskonstruktionen aber auch besonders interessant.

Die konfessionelle Verteilung der Gesprächspartner

Bei der vorliegenden Stichprobe handelt es sich ausschließlich um evangelische und katholische Jugendliche, auch hier konnte eine relativ ausgeglichene Verteilung erreicht werden:

Alter		13–15	16–18	19–23	Summe
Konfession	katholisch	5	9	4	18
	evangelisch	3	9	4	16

Der Bildungsstatus der Gesprächspartner

Um der Gefahr zu entgehen, einseitig Bildungsunterschiede bei den Befragten abzubilden, wurde versucht, auch in diesem Bereich eine möglichst breite

Streuung zu erreichen. Hierbei bestand jedoch das Problem, dass die meisten Jugendlichen, die kirchlich aktiv und orientiert waren, entweder Abitur hatten oder zum Zeitpunkt des Interviews Gymnasialschüler waren.

In Vorgesprächen mit den Leitungspersonen der für die Untersuchung besuchten Gemeinden wurde dies meistens mit der Tatsache begründet, dass kirchliche orientierte Jugendliche mit 15 bis 16 Jahren häufig beginnen, zur aktiven Jugendarbeit überzugehen und sich in Ferienfreizeiten oder Jugendtreffs der Gemeinde einzubringen. Hierfür brauchen Jugendliche allerdings Zeit, vor allem in den langen Sommerferien, in denen Zeltlager und Kinderfreizeiten stattfinden. Haupt- und Realschülern, die sich unter Unständen in diesem Alter schon in betrieblichen Ausbildungszusammenhängen befinden, stehen dann die Schulferien nicht mehr zur Verfügung, und die aktive Teilnahme an solchen Veranstaltungen wird häufig beendet.

Diese Einschätzung deckt sich insoweit mit den Befunden der vorliegenden Untersuchung, dass tatsächlich Jugendarbeit in der narrativen Identitätskonstruktion oft als Grund genannt wird, kirchlich aktiv zu sein und zu bleiben. Zudem liegt in diesem Bereich die Möglichkeit eines sozialen Aufstiegs in der Institutionshierarchie, die, wie zu zeigen sein wird, für viele Jugendliche eines bestimmten Typus eine wichtige Komponente kirchlicher Identität bedeutet. Entsprechend nimmt mit zunehmendem Alter auch die Häufigkeit von Real- und Gesamtschülern ab. In der letzten Gruppe ist sie gleich Null.

Demzufolge besteht die große Mehrheit der befragten kirchlich aktiven Jugendlichen aus Gymnasiasten oder Abiturienten, gefolgt von Real- und Gesamtschülern. Aus dem Hauptschulbereich konnten nur zwei Probanden gefunden werden, allerdings lagen manche Gesamtschüler in bestimmten Kursen auf Hauptschulniveau. Nach Abschluss der Datenerhebung liegt folgende Verteilung im Bereich Bildungsstatus vor:

Alter		13–15		16–18		19–23		Summe	
Geschlecht		m	w	m	w	m	w	m	w
Schulform	Hauptschule	1		1				2	
	Realschule		1	3	2			3	3
	Gymnasium	2	2	6	4	4	3	12	9
	Gesamtschule		2	2	1			2	3

Bezogen auf die Konfessionszugehörigkeit zeigt sich die Bildungsverteilung folgendermaßen:

Alter		13–15		16–18		19–23		Summe	
Konfession		kath.	ev.	kath.	ev.	kath.	ev.	kath.	ev.
Schulform	Hauptschule	1		1				2	
	Realschule			2	3			2	3
	Gymnasium	2	1	5	5	4	4	11	10
	Gesamtschule	2	2	1	1			3	3

Hinsichtlich der genannten Erhebungsorte verteilt sich die Stichprobe in den angegebenen Altersstufen von 13 bis 23 Jahren gleichmäßig. Die Verteilung in Bezug auf den Bildungshintergrund der Jugendlichen zeigt sich hierbei für die Regionen gleich, in allen Orten waren die Gymnasiasten in der Mehrheit.

Sozialisationsstudien belegen, dass für die Entwicklung von Identität nicht nur der Bildungsstand der Jugendlichen selbst, sondern gerade auch der ihrer Herkunftsfamilie von hoher Bedeutung ist (Krappmann 1997).

Der genauere Bildungshintergrund, der auch diese Fragen mit einschließt, soll daher in den Kurzportraits der einzelnen Jugendlichen mit beleuchtet werden, die an den entsprechenden Interviewausschnitten erfolgen.

4.3 Der Einsatz des narrativen Interviews

Da das narrative Interview als zentrale Erhebungsmethode der vorliegenden Studie das Erzählen als Darstellungs- und Erkenntnisform nutzt, soll ein Gespräch mit einem Jugendlichen dazu führen, dass der Informant möglichst viel erzählt. Erzählen bedeutet wiederum die Darstellung eines zeitlichen Wandels. Daher kann nur das erzählt werden, was eine lebensgeschichtliche Dimension mit einer zeitlichen Entwicklungsgestalt besitzt.

Die Forschungsfrage zu einem narrativen Interview muss somit mit einer erzählgenerierenden Einstiegsfrage beginnen, mit der eine biographische Dimension abgerufen werden kann, die als Erlebnis- und Erfahrungsgeschichte darstellbar ist. Diese Erzählbarkeit muss wiederum überschaubar sein, um in ihrer Bewertung für die individuelle Lebensgeschichte betrachtet werden zu können. Diese narrativierbaren Aspekte werden in der Forschungsfragestellung der vorliegenden Arbeit insofern ins Zentrum der Interviews gestellt, als nicht eine biographische Erzählung im Allgemeinen, sondern bestimmte Aspekte ausgewählter Lebensgeschichten im Fokus des Interesses stehen. Nicht die Identität des Jugendlichen schlechthin, sondern seine *kirchliche* Identität soll erforscht werden. So könnte Augusto Blasis zentrale Identitätsfrage ‚wer bin ich?' für den vorliegenden Zusammenhang in die Fragestellung übertragen werden ‚wer bin ich in Bezug auf Religion und Kirche?'. Hierbei ist es aus folgenden Gründen vorteilhaft, auf die frühesten Erinnerungen in diesem Lebensbereich abzuzielen:

1. Die Chronologie der Biographie kann als Orientierungshilfe dienen und den Einstieg in die Thematik erleichtern.
2. Der Erzählbeginn mit der Einführung der sich darstellenden Person am Anfang der Lebensgeschichte ist für die narrative Identitätskonstruktion sehr aufschlussreich.
3. Die Einbettung der spezifischen Fragestellung in gesamtbiographische Deutungsmuster kann von Interesse sein.

Die Gesprächstruktur des narrativen Interviews

Die erhobenen narrativen Interviews teilen sich in drei Phasen auf: die Spontanerzählung, den tangentialen Nachfrageteil und den strukturierten Nachfrageteil, in denen vorgefasste Frageinteressen vorgebracht werden. Für die Nachfragen wird im Sinne Fritz Schützes die „Erklärungs- und Abstraktionsfähigkeit des Informanten als Experte und Theoretiker seiner selbst" genutzt (Schütze 1983).

Für die Durchführung der narrativen Interviews mussten somit im Vorfeld drei Fragen lgeplant werden:

1. Die erzähgenerierende Einstiegsfrage,
2. Fragenformate für den tangentialen Nachfrageteil,
3. Fragenköcher für den inhaltlich ausgerichteten Nachfrageteil.

Alle drei Frageteile sollen nun näher erläutert werden.

Die erzählgenerierende Eröffnungsfrage

Da mit der Eröffnungsfrage das Startzeichen zur autobiographischen Erzählung gegeben wird, bestimmt die Formulierung der Einstiegsfrage in entscheidendem Maße, wie die Aufgabe zur Darstellung der Lebensgeschichte und damit zur Herstellung der narrativen Identität aufgefasst wird. Am wichtigsten ist hierbei, dass die Erzählaufforderung erzählgenerierend formuliert wird, das heißt, dass die Jugendlichen auf diese Frage hin eine biographische Entwicklung, einen Wandel in ihren Erfahrungen und Erlebnissen darstellen können. Fragen, die auf Begründungen oder Argumentationen abzielen, werden in diesem Sinne vermieden zugunsten solcher Fragen, die auf die

Darstellung zeitlicher Prozesse abheben. Auf diese Weise wird eine künstliche Provokation bestimmter Textsorten vermieden und der freie Erzählfluss gewährleistet. Da es nicht genügt, einfach zum Erzählen aufzufordern, wird ein definierter zeitlicher Anfangspunkt zur Erleichterung des Einstieges gesetzt. Dabei ist es sinnvoll, Jugendliche möglichst früh in ihrer Biographie einsetzen zu lassen.

Folgende Einstiegsfrage wurde zur Eröffnung des biographischen Interviews gewählt:

- „Stelle dar, wie sich dein Verhältnis zu Religion und Kirche im Laufe deines Lebens entwickelt hat; beginne mit deinen frühesten Erinnerungen, am besten in deiner Kindheit."

Der tangentiale Nachfrageteil

Der tangentiale Nachfrageteil knüpft an den erzählten Inhalten bei Lücken, Verständnisproblemen und Kernbereichen der interessierenden Thematik vertiefend an. Auch hier werden die Fragen auf ihr erzählgenerierendes Potential durchdacht. Auch in diesem Teil wird versucht, Fragen an den damaligen Erlebnissen und nicht an heutigen Bewertungen anzuknüpfen und sich gezielt danach zu erkundigen, wie sich biographische Wendepunkte vollzogen haben und ob den Probanden zu bestimmten Erfahrungen konkrete Ereignisse einfallen. Typische Fragestellungen waren hierbei:

- „Du hast vorhin erzählt, dass... Wie ging es denn dann weiter?"
- „wie ist es denn dazu gekommen, dass..."

Der Fragenköcher für den inhaltlich ausgerichteten Nachfrageteil

Bei sehr kurzen Interviews erschien es sinnvoll, einen Fragenköcher bereitzuhalten, der im Falle einer früh auslaufenden autobiographischen Erzählung eingesetzt werden konnte. Da schon in einer frühen Phase der Datenerhebung deutlich wurde, dass vor allem Jugendliche aus der unteren Altersgruppe häufig Themen nur andeuten, ohne sie auszuführen und zu vertiefen, wurden zwei zentrale Fragegruppen erarbeitet, die den Informanten dazu anregen sollten, bestimmte, sich in den Interviews wiederholende biographische Aspekte in Bezug auf Religion und Kirche erweitert zu erzählen. Diese Aspekte lagen zum einen in den Erlebnissen und Erfahrungen mit Personen des kirchlichen Umfeldes des Jugendlichen und zum anderen im Bereich der Religiosität:

- „Gibt es bestimmte Personen oder Ereignisse, die in Bezug auf Religion und Kirche für dich wichtig waren?"
- „Was bedeutet für dich Glauben?"

Natürlich ist für die Rekonstruktion der narrativen Identität die erzählerische Reaktion auf die Einstiegsfrage am ertragreichsten, da hier der Zugang zu dem spezifischen Thema am direktesten und offensten gewählt werden kann.

Die Nachfragen dienen, wie beschrieben, der Ergänzung zu den vorher zentralen autobiographischen Darstellungen.

Die Durchführung der narrativen Interviews

Das narrative Interview ist in einen weiten kommunikativen Rahmen eingebettet und daher mehr als nur eine einfache Erzählsituation. Es ist Teil eines umfassenden Interaktionsprozesses, zu dem ganz verschiedene Ebenen und Formen von Kommunikation gehören: „Die in der Phase des Interviews geltenden kommunikativen Regeln sind an eine alltagsweltliche Situation angelehnt, in der zwischen Personen, die sich nicht kennen, ein einseitiges Anliegen vorgetragen, legitimiert und ausgehandelt wird." (Deppermann/Lucius-Hoene 2002, S. 82).

In der Interviewsituation besteht somit keine Symmetrie im Bereich der Interessen und der jeweiligen kommunikativen Kompetenzen, da die Interaktion durch die Rollenverteilung von Interviewer und Interviewtem asymmetrisch ist: Legt der Interviewer ein methodisch reflektiertes und forschungspraktisch eingeübtes kommunikatives Verhalten vor, greifen die jugendlichen Probanden auf ihre Kompetenzen aus der alltäglichen kommunikativen Praxis und Erfahrung zurück. Zudem besteht ein Informations- und Intimitätsgefälle, da das graduelle Offenlegen des Lebens im autobiographischen Erzählen seitens des Informanten vom Interviewer nicht in gleicher Weise erfolgt. Dadurch bleibt der Interviewer als Person kaum greifbar.

Um diesen Eigenarten der Interviewsituation gerecht zu werden, führte der Interviewer die kommunikativen Regeln vor jedem Gespräch ein. Dabei war die Rückmeldung seitens der Jugendlichen entscheidend, diese Besonderheiten zu akzeptieren. Alle Interviews wurden darüber hinaus in einem ausgewählten Raum jener Gemeinden durchgeführt, in denen die jeweiligen Jugendlichen aktiv sind. Diese Situation des ‚Heimspieles' ermöglichte ein möglichst freies Erzählen, da die Jugendlichen sich in dem ihnen bekannten Umfeld und nicht an einem für sie fremden und daher womöglich verunsichernden Gesprächsort über sich Auskunft gaben. Hierdurch entstand schon in der Begrüßungsphase eine entspannte und freundliche Atmosphäre.

Der Beginn des Interviews grenzte sich schließlich durch die Erzählaufforderung und das Einschalten der Tonaufnahme gegenüber der informellen Anfangskommunikation ab.

Während des Erzählens bestand die Aufgabe des Forschers darin, durch unterstützende Hörersignale und emotionales Mitschwingen im Ausdrucksverhalten den Erzählfluss zu fördern. Dadurch sollte gezeigt werden, dass an der Schilderung Anteil genommen wird, ohne jedoch bestimmte Aspekte der Erzählung zu bestärken. Somit standen zwei Aspekte im Verhalten des Interviewers im Vordergrund: Das emotionale Hineinversetzen in das Erzählte und eine reflektierende Distanz zum Erzählten, um den Gesprächsverlauf beurteilen und Anknüpfungspunkte für den Nachfrageteil registrieren zu können. Wenn die Erzählung in der Hier-und-Jetzt-Zeit angekommen ist und der Informant signalisierte, dass er seine Haupterzählung beenden möchte, schloss sich der Nachfragteil für relevante und nicht ausgeschöpfte Erzählpotentiale mit einer besonderen Fokussierung auf lückenhafte oder unverständliche Passagen an. Abschließend ergänzten die selbst entworfenen Fragen des Fragenköchers das Interview.

Die Transkription

Um die narrativen Interviews mit der ausgewählten Forschungsmethode auswerten zu können, müssen die Audioaufnahmen der verbalen Interaktionen nach festgelegten Notationsregeln verschriftet werden. Durch die Transkription wird die akustische Aufzeichnung des Interviews in einen Text überführt, der notwendig ist, um einzelne Interviewpassagen extensiv und beliebig oft präsentieren zu können. Für die vorliegende Untersuchung wurde das von Deppermann und Lucius-Hoene vorgeschlagene „Gesprächsanalytische Transkriptionssystem" ausgesucht, da es am besten den Anforderungen der für die vorliegende Arbeit verwendeten Methode entspricht.

Das Gesprächsanalytische Transkriptionssystem (GAT)

Die Forderung, dass das Transkript ein möglichst treues Abbild der akustischen Konservierung des Interviews sein soll, beinhaltet zentrale Aspekte, die sich von rein inhaltsanalytischen Verfahren deutlich unterscheiden: Das Transkript muss (1.) den sequenziellen Prozess des Interviews nachzeichnen und (2.) die Formulierungsdetails im Interview abbilden.

Da eine Analyse narrativer Identität gerade neben den inhaltlichen Aussagen auch die sprachlichen Herstellungsverfahren rekonstruieren muss, ist es unerlässlich, die Besonderheiten der gesprochenen Sprache zu erfassen. Konversationsanalytische und linguistische Untersuchungen haben gezeigt, dass auch Wortabbrüche, Formulierungskorrekturen und nicht-verbale Laute sinnstrukturiert eingesetzt werden. Um sie hinsichtlich ihrer Bedeutung für eine Erzählung rekonstruieren zu können, ist es notwendig, Konventionen festzulegen, wie Akustisches grafisch wiederzugeben ist. Das Transkriptionssystem GAT beinhaltet folgende zentrale Transkriptionsfestlegungen:

- Die erste Spalte des Transkriptes enthält eine durchlaufende Zeilennummer.
- Die Lautung wird in literarischer Schrift und ausschließlich in Kleinschreibung wiedergegeben.
- Umgangssprachliche Varianten werden mit dem Standardalphabet so weit wie möglich dargestellt.

- Verschleifungen und Kontraktionen werden durch Gleichheitszeichen = angezeigt.
- Die Tonhöhenbewegung wird regelmäßig am Ende von Äußerungseinheiten und vor einer längeren Pause notiert, da sie dort den Äußerungscharakter (z. B. Frage oder Aussage) bestimmt und anzeigt, ob der Erzähler aufhört oder weiterreden möchte. Unterschieden wird zwischen tief fallender Intonation, die mit einem Punkt (.) notiert wird, gleich bleibender (-), leicht steigender (,) und stark steigende Intonation (?).
- Pausen von bis zu einer Sekunde werden durch Zeichen in Klammern notiert (.) (-), bei längeren Pausen wird die Dauer in Sekunden in Klammern angegeben.
- Akzente, die die üblichen Betonungsmuster verstärken, werden durch Großschreibung des betonten Vokals notiert (z. B. „kathOlisch").
- Nicht lexikale Laute werden in ihrer Lautung wiedergegeben. Wenn das nicht möglich ist, werden sie in doppelten Klammern beschrieben, z. B.: ((lacht kurz)).

Da eine größtmögliche Präzision und eine einfache Lesbarkeit auch für Laien einander ausschließen, wurde in den vorliegenden Transkripten eine die wichtigsten Regeln befolgende, aber nicht alle Details immer berücksichtigende Verschriftung angestrebt, die einerseits die Analyse der sprachlichen Herstellungsverfahren nachvollziehbar macht, aber andererseits auch ein möglichst flüssiges und ungestörtes Lesen des Textes ermöglicht.

Teil III
Die empirischen Befunde – Rekonstruktion kirchlicher narrativer Identität im Jugendalter

Nach der Beschreibung des Forschungssettings, des Erhebungsinstrumentes sowie der Auswertungsmethode sollen nun die Ergebnisse der empirischen Untersuchung vorgestellt werden.

Wie schon beschrieben, mündet das Forschungsinteresse an kirchlicher narrativer Identität für die Konzeptualisierung der Arbeit in die zentrale, empirisch gestellte Frage nach den biographischen Relevanzfaktoren, die kirchlich orientierte Jugendliche in ihren Selbstbeschreibungen als Begründung für ihre kirchliche Aktivität und Orientierung nennen. Vor diesem motivationsstrukturellen Hintergrund in Bezug auf Identität verstehen sich die Analysen der jeweiligen narrativen Konstruktionen.

Die empirischen Ergebnisse werden in zwei Teilen präsentiert: Einer inhaltlich orientierten Typologie, die aus der Sichtung und Ordnung der biographischen Begründungsstrukturen für kirchliche Orientierung und Aktivität besteht, sowie eines Phasenmodells, das diese Relevanzfaktoren hinsichtlich ihrer formalen Verlaufsstruktur strukturiert.

Um den Forschungsprozess transparent zu halten, sollen zunächst anhand von vier ausgewählten Interviews erste Eindrücke des empirischen Feldes in Form von typischen, häufig wiederkehrenden Mustern narrativer Identitätskonstruktion, wie sie sich in allen Erhebungsphasen im genannten Zeitraum der empirischen Untersuchung zeigten, dargestellt werden. Daran anschließend werden die empirischen Befunde schließlich in die zwei erwähnten Typenmodelle als Organisations- und Darstellungsfolie für die empirischen Ergebnisse überführt. Als Ergänzung zu den Informationen in der deskriptiven Samplingdarstellung werden zudem vor jedem Interviewausschnitt kurze einführende Daten über die jeweilige Person gegeben.

5 Eindrücke des empirischen Feldes – zentrale Selbstdarstellungsmuster

Für einen ersten generellen Einblick in die empirischen Befunde sollen kurze Auszüge aus den autobiographischen Erzählungen dienen. Um die Struktur eines Falles zum Vorschein zu bringen, wird mit der Auswahl einiger zentraler Textstellen des Interviews zwar eine Verknappung vorgenommen, die jedoch ausreicht, um im Sinne Max Webers die „innere Konsequenz" eines Falles aufzuzeigen (Weber 1904/1988).

Da diese erste Darstellung nur die zentralen empirischen Eindrücke vermitteln soll, bezieht sich die Interpretation der Auszüge auf die wichtigsten Aspekte des Erzählten, detaillierte Narrationsanalysen folgen bei der anschließenden Vorstellung der Typenmodelle.

Textbeispiel 1: Silvia

Silvia ist zum Zeitpunkt des Interviews 15 Jahre alt und lebt in Frankfurt am Main. Sie ist Schülerin auf einem Frankfurter Gymnasium und lebt als Einzelkind mit ihren Eltern in der Nähe der katholischen Gemeinde, in der sie aktiv ist. Silvia kommt aus einer bürgerlichen Familie, ihr Vater ist Gymnasiallehrer, ihre Mutter gab nach der Geburt ihrer Tochter ihren Beruf als Grundschullehrerin auf und wurde Hausfrau. Der Kontakt zu ihr entstand durch eine Anfrage an den Pastoralreferenten in Silvias Heimatgemeinde, der sie auf die Frage nach kirchlich aktiven Jugendlichen sofort nennen konnte. Silvia ist katholisch und steht zum Zeitpunkt des Interviews kurz vor ihrer Firmung. Ihre Aktivitäten in der Gemeinde beziehen sich vor allem auf die Ausrichtung von Kinderfreizeiten und Jugendgottesdiensten. Das Interview fand im Frühjahr 2006 in einem Gruppenraum ihrer Heimatgemeinde statt. Hier abgedruckt sind die ersten drei Anfangssegmente ihrer Erzählung, in der die wichtigsten Relevanzfaktoren für ihre Kirchlichkeit schon zur Sprache kommen.

Segment 1: Einführung in die Gemeinde

```
1   I.: ja die einstiegsfrage für dich (-) stelle dar, wie sich so dein verhältnis
2   zu religion und kirche entwIckelt hat und ich würd dich bitten so anzu-
3   fangen mit deinen frühesten erinnerungen am besten in deiner kindheit
4   (.) S.: ja also Angefangen hat's eigentlich dAmit da kann ich mich jetzt
5   nicht mehr wIrklich dran erInnern aber meine mutter war früher hier in
6   der gemEInde (.) ehm und als ich dann auf die wElt kam wurd ich mit
7   ehm wurd ich auch sozusagen gleich schon EIngeführt das heißt ich
8   wurd hier getAUft (.) ehm im jUli nach meiner gebUrt (.) und ehm ich
9   war dann hier auch in der krAbbelgruppe in so ner kleinen spIElgruppe
10  die dann wöchentlich hier war und ehm später bin ich hier zur kommuni-
```

11 on gegangen (.) und demnächst werd ich auch hier gefIrmt (.)

Silvia reagiert auf die Einstiegsfrage nicht mit der Darstellung eigener Erlebnisse, sondern mit dem Verweis auf ihre Mutter, die schon vor ihr Gemeindemitglied war. Die zentrale Erzählpassage „meine mutter war früher hier in der gemEInde" (Z. 5–6) belegt, dass es sich dabei um die im Gespräch gegenwärtige Gemeinde handelt, in der auch sie aktiv ist. Damit verdeutlicht sie, dass ihre Kirchlichkeit in eine familiäre Tradition eingebettet ist, die über ihre eigenen Entscheidungen und Handlungen hinausreicht.

Auch der weitere Verlauf des Abschnittes zeigt eine starke Orientierung an vorgegebenen kirchlichen Strukturen: Die chronologische Aufzählung der Stationen Taufe, Kommunion und Firmung, die inhaltlich in ihrer Bedeutung für sie nicht weiter beschrieben werden, deutet in diesem Anfangssegment der Erzählung eine Schwerpunktsetzung auf institutionell-familiäre Rahmungen in Bezug auf Religion und Kirche an. Im weiteren Verlauf des Interviews wird dieser Eindruck vertieft:

Segment 2: Aufgenommen

12 und das verhältnis hat sich eigentlich sO entwickelt dass man dass man
13 so mit der kirche AUfgewachsen is, man is sonntags zwar nicht jEden
14 sonntag aber man Is sonntags ab und zu hIngegangen, man hat an ge-
15 mEIndefesten teilgenommen, ma=man lernt hier auch dUrch die ge-
16 meinde und dUrch die kirche viele lEUte und viele frEUnde kennen, so
17 hat sich das AUch entwickelt und ehm später dann auch die kInderlager
18 die organisiert werden und ja es hat sich eigentlich so nach und nach
19 entwickelt, so mit jEdem lEbensjahr is sind auch mehr mh is man mehr
20 in die gemEInde aufgenommen worden und ehm man hat viel mehr lEU-
21 te kennen gelernt und man wurde auch ja also AUfgenommen (.)

Silvia baut die im ersten Segment beschriebenen kirchlichen Sozialisationsstrukturen, die sie bis jetzt durchlaufen hat und die noch auf sie zukommen, in diesem zweiten Segment inhaltlich weiter aus. Dabei geht es wiederum zentral um soziale Faktoren in den kirchlichen Gemeindestrukturen, durch die sie sozialisiert wurde. Auch hier fehlen inhaltliche Bezüge wie die Entwicklung von Religiosität oder Glaubensüberzeugungen. Das Schlüsselwort dieses Abschnittes ist das durch Doppelung und Betonung hervorgehobene Verb ‚aufgenommen'. Es beinhaltet eine zentrale Selbst- und Fremdpositionierung: Zum einen drückt die Passivkonstruktion „wurde (…) AUfgenommen" (Z. 21) aus, dass Silvia sich selbst als Objekt der Vergemeinschaftung durch die Gemeinde versteht. Zum anderen wird komplementär dazu die Gemeinde als integrierendes Sozialsystem positioniert, das auf sie als Individuum sozialisierend zugeht. Die Darstellung der Gemeindefeste und der beginnenden Jugendarbeit drückt ein allmähliches und selbstverständliches Hineingleiten in die Institution aus. Formulierungen, die auf Konflikte oder

Schwellen in diesem Prozess hindeuten könnten, werden nicht genannt. In diesem Sinn bildet die Anfangspassage des Segmentes: „und das verhältnis hat sich eigentlich sO entwickelt dass man dass man so mit der kirche AUfgewachsen is (Z. 12–13) schon eine Kernnarration der autobiographischen Erzählung, in der das Verhältnis von ihrer Person zur Institution Kirche nicht etwa durch besondere Ereignisse oder Begegnungen charakterisiert, sondern eher kategorisierend zusammengefasst wird. Dadurch entsteht der Eindruck eines selbstverständlichen, ruhigen und unspektakulären Verhältnisses zur Institution. Kirchliche Sozialisation und damit einhergehende Bindungen werden bei Silvia als selbstverständliche Erscheinungen der eigenen Biographie dargestellt. Die für diesen Vergemeinschaftungsprozess bedeutenden Personen werden dazu passend zunächst nur durch die allgemeine Bezeichnung „viele lEUte und viele frEUnde" (Z. 16) angedeutet. Erst im nächsten Erzählabschnitt wird Silvia konkreter:

Segment 3: Von Mensch zu Mensch

22 also es es gab äh Angefangen hat's mit dem ehm pater P. der war hIEr
23 und das war ein sehr hErzlicher mensch und der hat ehm is auch auf die
24 menschen zUgegangen und der kannte die nAmen und alles und das find
25 ich auch wIchtig dass man ehm dass der pfarrer auch ein verhältnis zu
26 seiner gemEInde hat dass er jetzt nicht nur dAsteht und die mEssen ab-
27 hält aber kein verhÄltnis zu seiner gemeinde aufbaut sondern dass dIE-
28 ses verhältnis auch stimmt und das war eigentlich bisher bei jEdem pfar-
29 rer jetzt hier so (.) pater P. is dann gegAngen dann hatten wir kurze zeit
30 einen Anderen pfarrer und ehm ja jetzt haben wir unseren pater D. und
31 der is AUch sehr hErzlich und das find ich wichtig, also das dIEse per-
32 sonen zu ihrer gemeinde ein verhältnis haben. und natÜrlch sind auch äh
33 es gibt hier in der gemeinde keine Unwichtigen menschen, also die mi-
34 nistrAnten, ehm die menschen die sonntags die kErzen ehm in bevor also
35 vor dem gOttesdienst anzünden zum beispiel also, eigentlich Alle wich-
36 tig aber so dieses verhÄltnis von mensch zu mensch (.)

Im letzten hier vorgestellten Segment der Gesamterzählung geht Silvia schließlich auf für ihre kirchliche Identitätsentwicklung wichtige Agenten der Institution ein, im Mittelpunkt stehen dabei die beiden Pfarrer, die die Gemeinde nacheinander leiteten. Entscheidend ist in der Beschreibung dieser Pfarrer die Beziehungsdimension zur Gemeinde. Dies zeigt sich in der zentralen Passage: „der hat ehm is auch auf die menschen zUgegangen und der kannte die nAmen" (Z. 23–24).

Dass in dem Sozialisationsprozess durch die Gemeindeleitung Individualität entscheidend ist, drückt die Formulierung „der kannte die namen" aus. „Namen" steht hier für die Unverwechselbarkeit und Einzigartigkeit einer Person, auf die es Silvia in Bezug auf die Gemeindebindung entscheidend ankommt. Diese Präferenz für die direkte persönliche Beziehungsebene wird

auch im Abschluss des Segments noch einmal unterstrichen (Z. 36: „dieses verhÄltnis von mensch zu mensch").
Wie konstruiert Silvia in diesem ausgewählten Interviewabschnitt ihre kirchliche Identität?
Zunächst weist ihre autobiographische Erzählung keinerlei Bezug zu religiösen Inhalten im Sinne einer Darstellung einer Glaubensentwicklung, oder einer Auseinandersetzung mit religiösen Themen auf. Der Schwerpunkt ihrer Motivstruktur für die Entwicklung von Kirchlichkeit liegt auf der sozialen Ebene des Gemeindelebens. Dabei beschreibt sie einerseits ein durch familiäre Sozialisation selbstverständliches Hineingleiten in die Institution Kirche und ein ebenso selbstverständliches Durchlaufen und Empfangen der entsprechenden katholischen Rituale und Sakramente. Andererseits stellt sie die Bedeutung der persönlichen Beziehung insbesondere mit den Pfarrern der Gemeinde heraus.
Auch im nächsten Fall ist eine ähnliche Motivstruktur kirchlicher Identität festzustellen.

Textbeispiel 2: Björn

Björn ist einer der interviewten Jugendlichen, die in der ländlichen Umgebung von Mainz leben. Er ist zum Zeitpunkt des Interviews 17 Jahre alt und wohnt bei seinen Eltern, die einen landwirtschaftlichen Betrieb und einen Blumenladen besitzen. Björn besucht eine weiterführende Realschule, auf die er nach seinem Hauptschulabschluss wechselte. Er steht kurz vor seiner Mittleren Reife und bereitet sich auf seine Ausbildung als Erzieher vor. Björn ist katholisch und arbeitet in seiner Heimatgemeinde hauptsächlich in der Ministrantenarbeit. Er betreut zwei Ministrantengruppen und richtet in diesem Zusammenhang regelmäßig Freizeiten, Kinder- und Jugendgottesdienste und Gruppenstunden aus. Der Pfarrer seiner Gemeinde, der den Kontakt zu Björn ermöglichte, bezeichnete ihn als die ehrenamtliche Stütze im Ministrantenbereich schlechthin. Das Gespräch mit Björn fand im Sommer 2006 in einem der Gemeinderäume statt, in denen unter anderem seine Gruppenstunden abgehalten werden.
Auch hier sind die drei Anfangssegmente seiner autobiographischen Erzählung für die Rekonstruktion seiner narrativen Identitätskonstruktion aufschlussreich.

Segment 1: Oma

1　I.: stelle dar wie sich dEIn verhÄltnis zu religion und kIrche im laufe
2　deines lebens entwickelt hat (.) beginne vielleicht mit deinen frühesten
3　erinnerungen am besten in deiner kIndheit (.)
4　B.: also ich denk ich bin beeinflusst worden durch meine Oma, weil
5　meine mutter hat geschAfft im blUmenladen und deswegen hat die nicht
6　so die große zEIt am anfang für mich und dann war ich auch bei meiner

7   Oma und meine oma die war wirklich sehr sehr religiös natürlich auch
8   kathOlisch das war ihr ganz arg wIchtig obwohl sei=mein opa evangE-
9   lisch ist aber das war ihr dann arg wichtig und sie ist auch rOsenkranz
10 beten gegangen und so und ich glaub dadurch wurd ich schon so ein
11 bißel beEinflußt und auch darauf eingebläut ja ministrAnt zum beispiel
12 zu werden weil meine cousine AUch dabei war die im selben haus wohnt
13 und da war dann immer so schon vorprogrammiert zu den ministrAnten
14 und kommuniOn und alles, also ich denk das war dann schon so ein
15 richtiges muster dadurch dass die oma das ganz arg befÜrwortet hat und
16 naja (.)

Björns Reaktion auf die Einstiegsfrage richtet sich, ähnlich wie Silvias Erzählbeginn, auf eine konkrete Person, hier die Großmutter. An ihr wird sein erster Zugang zu Religion und Kirche festgemacht. Der ausgedrückte Wahrheitsanspruch und die doppelte Verstärkung in der Charakterisierung „wirklich sehr sehr religiös" (Z. 7) unterstreicht hierbei, dass die Begegnung mit Religion durch die Großmutter rückblickend nicht als sanft und unmerklich, sondern als offensichtlich und eindringlich dargestellt wird. Der Zusatz „natürlich auch kathOlisch" (Z. 7–8) verdeutlicht, dass es in der Erziehung der Großmutter keine Alternative zu einer Präsentation katholischer Lebensführung gab; das Katholische war durch die Großmutter unübersehbar und unausweichlich. Die Formulierungen „immer so schon vorprogrammiert" (Z. 12) und „ein richtiges muster" (Z. 14–15) haben hierbei die Funktion, die deutlichen Erwartungen des Nahfeldes in Hinblick auf aktive Mitgliedschaft in der Kirche zu unterstreichen. Es gibt zunächst keinen familiären Gegenvorschlag zu einer Weiterführung der kirchlichen Tradition, die die Großmutter für Björn repräsentiert. Handelte es sich in Silvias Erzählung eher um ein Hineingleiten in die Institution im Sinne einer kirchlichen Sozialisation, stellt Björn den Aspekt der intentionalen Beeinflussung, der kirchlichen Erziehung, in den Vordergrund. Beiden gemeinsam ist die Konzentration auf die sozialen Faktoren in der Entwicklung ihrer kirchlichen Identität, wobei Björns Erzählabschnitt zusätzlich die bewusste Wahrnehmung religiös-traditioneller Handlungen der Großmutter beinhaltet (Z. 9–10: „sie ist auch rOsenkranz beten gegangen").

Segment 2: Hauptpersonen

17 und zUdem war meine mama immer AUch ganz Arg gläubig würd ich
18 sagen also sie ja AUch wenn sie's nicht jA wenn sie jetzt nicht unbedingt
19 jeden sonntag in die kIrche wAr oder so aber ich denk schOn dass sie
20 einen tiefen glauben gehabt hat und dAs waren halt dIE zwei hAUptper-
21 sonen würd ich sagen die mich so am Anfang von meiner religiösen
22 zei=also meiner naja von meinem leben überhAUpt auf das eingestimmt
23 haben (.)

Die durch die Großmutter repräsentierte religiöse Familientradition wird in diesem Segment um die signifikante Person der Mutter erweitert. Dies hat gleichzeitig die Funktion, die genannte katholische Prägung durch die Familie in ihrer Wirkmächtigkeit zu unterstreichen. Interessant ist hierbei, dass ähnlich wie bei der Großmutter inhaltliche, religiöse Bezüge in der Charakterisierung der Mutter angedeutet werden: Sie wird nicht in ihren Aktivitäten in der Gemeinde dargestellt, sondern durch die zentrale Zuschreibung „ganz Arg gläubig" (Z. 17) in ihrer Weltanschauung beschrieben. Björn nutzt diesen Anknüpfungspunkt für eine implizite Andeutung seiner eigenen religiösen Überzeugungen (Z. 21: „meiner religiösen"), konzentriert sich jedoch im folgenden Segment wiederum auf die sozialen Faktoren seiner Identitätsentwicklung.

Segment 3: kirchliche Institutionen und Personen

24 und so natürlich war ich im katholischen kindergarten in R. (Ortsname)
25 da war's dann halt ja okAy also ich ich glaub nicht dass ich da so Über-
26 dimensional groß auf die kirche eingestimmt wurde also natÜrlich haben
27 wir einen gOttesdienst zusammen besucht und erntedAnk gefeiert oder
28 so oder wEIhnachten aber ich denk das normAle halt also wAs halt am
29 normalen kindergarten so gemacht wird (.) und hinterher in der grUnd-
30 schule hat ich religion bei der frau P. (-) meine klAssenlehrerin da kann
31 ich mich immer noch gUt daran erinnern weil das war immer tOll da
32 haben wir immer da wurde immer viel vOrgelesen und wir haben zUge-
33 hört und haben viel gemAlt und das war dann immer ganz arg tOll und
34 auf die stunde hat man sich eigentlich auch immer gefreut (.) und
35 glEIchzeitig war dann auch noch die oder gIng's auf die kommuniOn zU
36 und in der drItten klasse hab ich den herrn kaplan G. bekommen in der
37 im ehm (-) im religiOnsunterricht (.) und der war eigentlich am anfang
38 recht strEng und so aber durch dAss dass er mit der zeit immer lOckerer
39 wurde wurd's dann auch richtig gUt und es hat dann ja auch so angefan-
40 gen mit den ministrAnten und da bin ich dann AUch gleich mit dazu
41 gekommen bei meiner cOUsinengruppenstunde also die hat dann grup-
42 penstunden angefangen zu mAchen und dann bin ich auch gleich dazU-
43 gekommen und ja so bin ich dann auch ja mehr oder minder auf einem
44 guten standbein ministrAnt geworden (.)

Björn zeichnet in diesem dritten Segment seine Entwicklung in Bezug auf Religion und Kirche in zwei zentralen Dimensionen nach: Zum einen wird das Durchlaufen kirchlicher Institutionen vom katholischen Kindergarten bis zum Ministrantendienst dargestellt. Zum anderen werden die entsprechenden Agenten der Institution aufgeführt und teilweise als signifikante Andere positioniert. Diese beiden Erzählstränge werden in folgender Weise aufeinander bezogen: Ist die zentrale Formulierung in Zusammenhang mit dem Kindergarten „das normAle halt" (Z. 28), die selbstverständliche institutionelle Beteiligung an den zentralen kirchlichen Festen und Riten, wird die Grundschule nach ihren Religionslehrern und ihrem Unterricht beurteilt. Hierbei ist wiederum erstaunlich, dass zum einen die formale Struktur des Unterrichtes (Z. 32–33: „da wurde immer viel vOrgelesen und wir haben zUgehört und haben viel gemAlt") und das Verhalten des Lehrers (Z. 37–38: „der war eigentlich am anfang recht strEng") als zentrale Punkte benannt werden. Welche Inhalte unterrichtet wurden und wie Björn sich zu den Themen des Religionsunterrichtes verhielt, wird nicht ausgeführt. So bleiben die Fragen, welche Geschichten wurden vorgelesen, was wurde gemalt? völlig unbeantwortet. Das ‚Wie' steht hier im erzählerischen Vordergrund, nicht das ‚Was', die Form und Struktur des Unterrichtes wird benannt, nicht sein Inhalt. Der Unterricht wird in seinem Erlebnischarakter als gemeinschaftliche Erfahrung dargestellt.

Im zuletzt genannten kirchlichen Bereich der Ministrantenarbeit drückt die Wortschöpfung „cOUsinengruppenstunde" (Z. 41) aus, dass für Björn die Dimension der Vertrautheit für den Einstieg in seine aktive Kirchlichkeit bedeutend ist. Dass vor ihm schon ein Familienmitglied eine Ministrantengruppe geleitet hat, in die er einsteigen konnte, wird als Argument eingesetzt um „auf einem guten standbein ministrAnt" (Z. 43–44) werden zu können.

Ähnlich wie bei Silvia werden inhaltliche Orientierungen und Auseinandersetzungen mit Religion und Kirche als Relevanzfaktoren für kirchliches Engagement nicht oder nur andeutungsweise genannt. Im narrativen Fokus stehen auch hier die aufgezeigten sozialen Faktoren: Die für die Errichtung von Björns kirchlicher Identität bedeutsamen institutionellen Bindungen und die zentralen Personen in Kirche und Gemeinde.

In Kontrast zu diesen ersten Auszügen autobiographischen Erzählens zeigt sich im nächsten Textbeispiel eine andere narrative Konstruktion kirchlicher Identität.

Textbeispiel 3: Tim

Tim wohnt in Frankfurt und ist dort in einer evangelischen Gemeinde ehrenamtlich tätig. Nach dem Abitur hat er zum Zeitpunkt des Interviews gerade eine Ausbildung zum Bankkaufmann begonnen. Auch Timo ist in der Jugendarbeit aktiv. Neben der Ausrichtung der offenen Jugendtreffs seiner Gemeinde engagiert er sich dort zudem als Helfer für die Konfirmandenkurse, indem er als „Konfirmationsunterricht-Mitarbeiter (kurz: KuMa)" tätig ist. Gerade dieses Engagement stellte die Pfarrerin der Gemeinde bei einer ersten Kontaktaufnahme heraus, als sie Tim für ein Interview empfahl. Tim ist zum Zeitpunkt des Interviews 18 Jahre alt.

Das erste Segment aus Tims autobiographischer Erzählung beginnt ähnlich wie die vorherigen Interviewauszüge:

Segment 1: die frühesten Erfahrungen

1 I.: jA (.) A::lso, stell dar (-) wie sich dEIn verhÄltnis zu religion und
2 kirche entwIckelt hat (.) U::nd ich würd dich bitten anzufangen bei dei-
3 nen frÜHesten erinnerungen die du hast, so in deiner kIndheit (.)
4 T.: <<lacht kurz>> die frühesten erinnerungen stammen AUch aus dieser
5 gemEInde (.) ich war auch als kInd hier als tEIlnehmer in be=ähm ehm
6 grUppen ehm in de gemeinde im kIndergottesdienst selbst hier, dann auf
7 den kInderfreizeiten mit und das waren eigentlich so die ersten erfAH-
8 rungen mit der religIOn die ich die ich noch wEIß, was was noch ehm
9 dA is und das war frÜHer, frÜHer war das alles noch Anders, da da hat
10 man das eher spIElerisch aufgenommen und fand die geschIchten inte-
11 ressant und fand sie cool oder lAngweilig je nach dEm (.)

Tim stellt seine Kindheitserfahrungen in der Gemeinde chronologisch dem Alter nach vor, auch hier scheint ein selbstverständliches Durchlaufen der Gemeindeinstitutionen stattgefunden zu haben. Allein die Passage „frÜHer, frÜHer war das alles noch Anders (Z. 9)" deutet an, dass Tim Darstellungen qualitativer Veränderung in Bezug auf Religion und Kirche in seiner biographischen Erzählung ankündigt. Die Doppelung und hervorhebende Betonung des Wortes „frÜHer" sowie die Formulierung „alles noch Anders" mit der Betonung auf „Anders" unterstreichen die umfassenden Veränderungswahrnehmungen, die Tim im Rückblick auf seine Geschichte zum Ausdruck bringt. Was war anders? Tim fokussiert in der letzten Sequenz dieses Anfangssegmentes auf die „geschIchten" in ihrer Wirkung auf ihn. Welche Geschichten damit genau gemeint sind, wird in späteren Segmenten des Interviews genauer beschrieben. Nach weiteren Ausführungen über die formale, strukturelle Beziehung zu seiner Gemeinde im Sinne des Durchlaufens einzelner Stationen, erzählt Tim nämlich Folgendes:

Segment 5: Glauben und Religion

12 ehm (-) u:nd das hat sich eigentlich so bis bis ich Elf jahre war, ehm hat
13 sich dann mein interesse immer gestEIgert, dann (.) und ehm ich hab
14 mich eigentlich schon immer dafür interessIErt hab das auch immer
15 gerne gehÖrt (.) und ehm dann hab ich hier als mItarbeiter angefangen,
16 und sO kAm langsam das interesse und dann jetzt grAd das lEtzte jahr
17 ehm hab ich da schOn gemerkt dass dass eigentlich glAUbe was is oder
18 die religIOn was is, was, womit ich mich schon verbUnden fühlen kann
19 und was ich auch mItfühlen kann und was ich auch verstEhe und was ich
20 interessAnt finde (.) und das prÄgt sich jetzt immer mehr aus, aber das
21 kam erst so seit einem guten jAhr (.) ich glaub einfach dass ehm ich dann
22 vielleicht gefunden hab, dass es noch irgendwas Anderes im leben gibt,
23 dass ehm wie religion AUfgebaut is, ehm wie man seinen glauben prak-
24 tizIEren kann, wIE man wIE man überhaupt glAUben kann, an wAs man
25 glauben kann und das hab ich in diesem jahr ehm gemErkt, dass man

26 dass es zum glauben einfach nicht gehört jeden sonntag zum gOttes-
27 dienst zu gehen sondern einfach man man kann auch glAUben und sein
28 leben ganz normal wEIterleben ohne da irgendetwas zu verÄndern (.)
29 I.: mhm
30 (.) damit kam auch das interEsse für die biblischen geschIchten, für für
31 die kIrche, das mit der hab ich immer mehr mit der kirche verbUnden
32 gefühlt (.)

In diesem Segment zeigt sich ein gravierender Unterschied zu den vorherigen Textbeispielen, werden doch hier neben den sozialen Faktoren auch Religiosität und Glaubensentwicklungen in den Vordergrund gestellt. Die zentrale Erzählpassage und Kernnarration dieses Segmentes: „das lEtzte jahr ehm hab ich da schOn gemerkt dass dass eigentlich glAUbe was is oder die religIOn was is, was, womit ich mich schon verbUnden fühlen kann und was ich auch mItfühlen kann und was ich auch verstEhe und was ich interessAnt finde" (Z. 16–20) stellt Glaube als ein biographisches Thema vor, zu dem eine Bindung in emotionaler („mItfühlen") und kognitiver („verstEhe") Hinsicht besteht. Diese Hinwendung zu Glaube und Religion wird in Tims Erzählung als Dynamik präsentiert, die sich auf einem Fundament des grundsätzlichen Interesses immer weiter ausformt. Auffällig ist, dass Tim dabei den Zeitraum, ab dem diese Dynamik voll zum Tragen kam, ziemlich genau bestimmt. Mit der entsprechenden Formulierung „das kam erst so seit einem guten jAhr" (Z. 21) positioniert er sich als Jugendlichen, bei dem diese Entwicklung aus seiner Sicht spät einsetzte. In Hinblick auf Glaube und Religion präzisiert Tim seine Interessen im Bereich der Glaubenspraxis, der Glaubensinhalte und der Struktur von Religion. In der abschließenden Passage präsentiert der Erzähler schließlich sein gewachsenes Interesse an Glaube und Religion nicht als deinstitutionalisiert, sondern bindet es an die Institution Kirche zurück.

Segment 6: Auseinandersetzen
33 I.: was bedEUtet denn glAUben für dich, was würdest du sagen?
34 T.: hA, ich würd jetzt wahrscheinlich sagen glAUben is ein lEbensgefühl
35 ehm aber ich find glAUben is etwas, an das man wirklich glauben mUss,
36 auch wenn sich's jetzt dOOf anhört (.) Ehm man muss sich damit ausei-
37 nAndersetzen man muss gucken was es für Arten von glauben gibt, wie
38 man das praktizIEren kann und ich finde gerad' gerad' der evangElische
39 glaube is was ehm da gehÖrt es nicht dazu sonntag in die kIrche zu ge-
40 hen, es gehÖrt dazu wenn man ehm wenn man sich mit gott verbUnden
41 fühlt, wenn man glAUbt da oben Ist ein gott, wenn man glaubt jesus hat
42 echt existIErt, die geschichten ehm sind vielleicht sO auch mal geschE-
43 hen und (-) jA und und wenn man wenn man das akzeptIert und wenn
44 man ehm die bibel lIEst und nicht nur denkt ach was für ein mÜll da drin
45 steht sondern wenn man sich da echt drüber gedanken macht kAnn das

46 so gewesen, wAs is da passiert, aus welchem hIntergrund, so würd ich
47 glAUben definieren (.)
48 I.: mhm (.)
49 T.: das das äh auseinAndersetzen mit der bibel (.) wenn ich ne biblische
50 geschichte hör dann, frÜher hab ich die mir Angehört ich fand die ge-
51 schichte interessant aber mehr auch nIcht (.) und heute überleg ich auch
52 schon wie haben die einzelnen personen gefÜHlt, was haben die sich
53 dabei gedAcht, was war der hIntergrund, ehm was ist da passIErt (.) und
54 man denkt vIElmehr darüber nAch und ehm man denkt vIElmehr auch
55 über die konsequEnzen nach und und ja und den den ganzen hIntergrund
56 der geschichte und die lEUte die damit verbUnden sind (.) und ehm ja so
57 was wird dEUtlich also man man hÖrt die geschichte nicht einfach man
58 versucht sie zu interpretIEren, man versucht seine eigene vOrstellung
59 daraus zu entwickeln (.)
60 I.: mhm (.)

Auf die Nachfrage des Interviewers antwortet Tim mit einem Text, der geprägt ist von Argumentationen, die darauf zielen, Glauben als authentischen Ausdruck einer individuellen Lebenseinstellung zu verstehen. Die erste Kernnarration dieses Abschnittes „glAUben is etwas, an das man wirklich glauben mUss" (Z. 35) richtet sich gegen funktional verstandene Religiosität. Unterstrichen wird dies durch die nachfolgende Ergänzung „man muss sich damit auseinAndersetzen" (Z. 36–37), die sich wiederum gegen inhaltsleere formale Glaubensregeln und Riten richtet und das glaubende Individuum in den Mittelpunkt stellt. Inhaltlich wird dies durch die zweite Kernnarration dieses Segmentes ausgefüllt: „wenn man sich mit gott verbUnden fühlt, wenn man glAUbt da oben Ist ein gott, wenn man glaubt jesus hat echt existIErt, die geschichten ehm sind vielleicht sO auch mal geschEhen" (Z. 40–42). Hier steht die religiöse Wahrheitsfrage im Mittelpunkt, das religiöse Selbstverständnis, nicht äußerliche, formale Traditionen. Tim bringt dabei die Dringlichkeit der aufgeworfenen Themen mit dem Stilmittel der Aufzählung zum Ausdruck, in der seine benannten Aspekte schlagwortartig hintereinander gestellt werden. Dieses Ernstnehmen von Glaube und Religion zieht sich nachfolgend durch das gesamte Segment. Besonders an den Stellen, an denen Tim seine Auseinandersetzung mit biblischen Geschichten im zeitlichen Verlauf darstellt, wird deutlich, dass sein Zugang zu Glaube und Religion primär auf einer Verstehensebene abläuft: Im Vordergrund steht das Interpretieren biblischer Geschichten mithilfe von Kontextwissen (Z. 55–56: „den ganzen hIntergrund der geschichte") und mithilfe von Übungen der Perspektivübernahme (Z. 52–53: „wie haben die einzelnen personen gefÜHlt, was haben die sich dabei gedAcht").

Wie konstruiert Tim seine kirchliche Identität? Deutlich wird ein Aspekt, der neben den gemeinsamen sozialisatorischen Faktoren in den vorangegangenen Textauszügen fehlt, nämlich die Auseinandersetzung mit Glaubensinhalten und Religiosität als Relevanzfaktor für kirchliche Orientierung. Dadurch deutet er eine zweite Motivstruktur für die Konstruktion kirchlicher Identität an.

Auch der nachfolgende, vorerst letzte Auszug eines Interviews bestätigt diese zwei Aspekte kirchlicher Identität.

Textbeispiel 4: Markus

Markus lebt in einem kleinen Dorf in der Nähe von Kempten im Allgäu. Er ist zum Zeitpunkt des Interviews 17 Jahre alt und steht nach seinem Realschulabschluss am Anfang einer Ausbildung zum Kfz-Mechaniker. Markus' Vater ist Sozialpädagoge, seine Mutter Hausfrau. Markus ist evangelisch und gehört zu einer Gruppe von Jugendlichen, die für das evangelische Jugendwerk ihrer Region Jugendarbeit, besonders im Konfirmandenbereich, leisten. Da über die entsprechende Leiterin des evangelischen Jugendwerkes der Kontakt zu der ganzen Gruppe möglich wurde, konnten insgesamt sechs Jugendliche daraus interviewt werden. Einige Auszüge dieser Interviews werden an anderer Stelle der Arbeit noch folgen.

Nachdem Markus ähnlich wie die bisher zitierten Jugendlichen zunächst über seine lebensgeschichtlichen Stationen in seiner Heimatgemeinde zusammenfassend berichtet, beginnt er wie Tim mit der Darstellung religiöser Orientierungen.

Segment 4: Zwei Erlebnisse mit Gott

```
1    dann hat sich das eigentlich so hIngezOgen bis ich dann eben konfir-
2    mIErt wUrde und äh ja da waren da halt praktisch immer jeden jedes äh
3    ja bei uns war's halt immer dOnnerstags war halt immer kOnfiunterricht
4    und dann musst man halt auch einmal im monat in die kIrche gehen
5    damit man konfirmiert wurde ehm ja dann spÄter als wir dann konfi-
6    mIErt wurden mussten wir dann halt auch so n AUfsatz eben schreiben
7    und dann bin ich dann auch sElber dann auch in die kirche gegangen
8    weil ich dann auch eben ja so eins zwei erlEbnisse mit gott hatte, das war
9    bei mir im ehm konfiunterricht das war seeEIne <<schneller, leiser>> was
10   war denn das seine irgendwas was man in letzter zeit fAlsch gemacht
11   hatte konnte man auf n zEttel aufschreiben und das hat man das dann in
12   so n ja tOpf getan das hat man dann verbrAnnt und dann wurde ei= war
13   man eigentlich wieder frEI fand ich also ging's mIr so und des dA hab
14   ich dann so so richtig gemerkt, da is was drAn an an an der konfirmatiOn
15   da da is auch was dahInter (.) und dann war ich a:auch mal das war
16   schon als ich ehm lEIter von ner jUgendgruppe war warn wir aufm hÜt-
17   tenwochenende Und ehm da haben wir bergschaftsgottesdienst gehabt (-)
18   da musst ich halt n sEgen sprechen aber mir fiel halt nichts konkretes ein
19   weil's es war relativ zEItdruck und die einen ham schon zusAmmenge-
20   packt und dann hab ich mich halt hIngesetzt und was überlEgt und dann
```

21 sind mir so lang=nach und nach so-sowas einge=n text eingefAllen und
22 dann im nAchhinein hab ich dann auch so gemerkt ja jetzt hab ich wie-
23 der was so so ja ich kann das=das gefühl kann man schlecht beschrEIben
24 vielleicht so ein bißchen wie krAft oder irgendwa= ich hab schon was
25 gefÜHlt als ich das im nAchhinein als ich das dann ausgesprochen hab
26 (-)
27 I.: mhm
28 M.: genAU (.) ehm ich geh eigentlich sehr gern zu jUgendgottesdiensten
29 und es gibt auch Andachten sehr entspannend am abend als tagesab-
30 schluss zum nAchdenken so die erlebnisse äh ja nochmal drüber nachzu-
31 denken wie man das jetzt erlEbt hat (-)

Der Interviewauszug legt es durch seine inhaltliche Gliederung nahe, ihn in zwei Subsegmente zu unterteilen. Im ersten erzählt Markus von seinem Erlebnis in der Konfirmationsarbeit (Z. 1–14), im zweiten über seine Aufgabe des Segenspruches auf dem Hüttenwochenende (Z. 15–31).

Die zentrale Erfahrung des ersten Subsegmentes wird in Form einer episodischen Darstellung geschildert. Die dadurch entstehende Unmittelbarkeit und Präsens verleiht dem Erlebten eine besondere Ausdrucksstärke. Wie bei Tim steht auch bei Markus der Aspekt der Entdeckung des inhaltlichen Bezuges zu den kirchlichen Traditionen und Riten im Vordergrund. Die entsprechende Kernnarration bringt dies pointiert zum Ausdruck: „dA hab ich dann so so richtig gemerkt, da is was drAn an an an der konfirmatiOn da da is auch was dahInter" (Z. 13–15). Im Gegensatz zu Tims Erzählung, in der diese Erkenntnisse durch Reflexion und Aneignung gewonnen werden, nennt Markus mit der Darstellung des Verbrennens des ‚Schuldenzettels' ein konkretes Ereignis im Konfirmandenunterricht. Markus unterstreicht in dieser Passage die Bedeutung des direkten Erlebens, das nicht planbar ist oder sich beliebig herstellen lässt. Dadurch wird seine kirchliche Identität hier im Sinne einer erfahrungsgeleiteten Überzeugung beschrieben (Z. 8: „erlEbnisse mit gott").

Auch die Erzählung im zweiten Subsegment ist von einer solchen Erlebnisdarstellung geprägt. Hier wird Religiosität gezeichnet als Erfahrung von Unterstützung und Hilfe. Die zentrale Passage hierfür lautet: „ich kann das=das gefühl kann man schlecht beschrEIben vielleicht so ein bißchen wie krAft oder irgendwa= ich hab schon was gefÜHlt als ich das im nAchhinein als ich das dann ausgesprochen hab" (Z. 23–25).

Auch hier steht das „gefühl" im Mittelpunkt, das erst retrospektiv gedanklich eingeholt werden kann. Im Gegensatz zu Tim erfolgt nicht die intellektuelle Beschäftigung mit der Bibel im Sinne eines aktiven Erschließens von religiösen Inhalten, sondern eine konkrete Erfahrung wird benannt.

Diese vier exemplarischen Auszüge jugendlicher Identitätskonstruktion zeigen ein gutes Abbild der Eindrücke während der Erhebungsphase, denn keines der 34 geführten Interviews besitzt, aus einer analytischen Abstraktionsebene betrachtet, inhaltlich andere Motivstrukturen als diejenigen, die in den präsentierten Auszügen zum Vorschein kommen.

Jugendliche benennen demnach für ihre kirchliche Orientierung und Aktivität keineswegs nur inhaltliche Faktoren wie Glaubensüberzeugungen oder religiöse Orientierungen und Interessen. Im Zentrum ihrer narrativen Identität stehen vor allem auch soziale Relevanzfaktoren, besonders Begegnungen mit signifikanten Personen in den Gemeinden. Pfarrer, Religionslehrer, Pastoralreferenten und Kapläne werden hierbei genauso genannt wie Vergemeinschaftungserfahrungen durch Peers. Diese Ergebnisse stellen eine erste Überraschung dar: Der von Keupp und Gabriel gezeichnete postmoderne ‚Sinn-Bastler' einer ‚religiösen Bricolage' taucht im kirchlichen Feld kaum auf; im Vordergrund stehen bei den für diese Arbeit interviewten kirchlich-orientierten Jugendlichen eindeutig strukturell-soziale Faktoren, religiöse Inhalte kommen nur relativ selten vor. Bezogen auf die vorliegende Stichprobe standen nur bei 11 Jugendlichen religiöse Themen im Zentrum der Narration, alle anderen 23 Probanden konzentrierten sich auf die Darstellung der genannten sozialen Faktoren.

Da Religiosität bei einigen Identitätskonstruktionen dennoch als zentrale Motivstruktur auszumachen ist, legt es das empirische Material nahe, auf einer inhaltlichen Ebene zwei zentrale Relevanzfaktoren in den autobiographischen Erzählungen kirchlich orientierter Jugendlicher idealtypisch zu unterscheiden: Den Relevanzfaktor *Sozialität* und *Religiosität*. Die Bezugstheorie für diese Unterscheidung liegt in der von Bernhard Grom getroffenen Differenzierung von „extrinsischer" und „intrinsischer Religiosität" (Grom, 2000). Auch Grom sieht neben Glaubensüberzeugungen das religiöse Verhalten auch „von anderen, ihm äußerlichen Beweggründen bestimmt" (Grom 2000, S. 21).

Für die Betrachtung des Untersuchungsgegenstandes dieser Studie, des subjektiv begründeten Verhältnisses von kirchlich aktiven Jugendlichen zur Institution, bleibt diese Unterscheidung allerdings zu undifferenziert, da es aufgrund der biographischen Selbstdeutungen der Jugendlichen möglich wird, die individuellen Motive für kirchliches Verhalten präzise zu bestimmen. Daher sollen die Begriffe ‚extrinsisch' und ‚intrinsisch' in die den Ergebnissen dieser Untersuchung angemessenere Unterscheidung zwischen ‚Sozialität' und ‚Religiosität' überführt werden.

- *Sozialität* bezieht sich dabei auf Faktoren der kirchlichen Vergemeinschaftung, wie etwa die Benennung primärer Sozialisation, signifikanter Anderer und Peergrouperfahrungen.
- *Religiosität* bezeichnet die Auseinandersetzungen mit religiösen Inhalten, wie die Benennung religiöser Überzeugungen und die Darstellung von Glaubensentwicklung.

Die interviewten Jugendlichen verwendeten innerhalb ihrer konkreten autobiographischen Erzählung stets mehrere Relevanzfaktoren für die Begründung ihrer kirchlichen Identität. Die hier im Sinne Max Webers (1904/1988) durch Auswahl markanter Merkmale gewonnenen idealtypischen Begriffe ‚Sozialität' und ‚Religiosität' bilden somit die empirisch selbst nicht in absoluter Reinform vorhandenen narrativen Pole, zwischen denen Jugendliche ihre individuelle Erzählung gestalten. Die getroffene Auswahl der Erzählsegmente richtet sich nach der Unterscheidung der vorgefundenen narrativen Schwerpunktsetzungen.

Im Folgenden soll diese zweigliedrige Typologie als Modell für eine erste inhaltliche Beschreibung der Interviews als ‚Typologie A' der vorliegenden Arbeit genauer definiert und ausgebaut werden.

6 Typologie A: Inhaltliche Typen kirchlicher Identität

Wie bereits beschrieben, legen es die Erzählinhalte der dargestellten Eindrücke des empirischen Feldes nahe, die geführten und ausgewerteten autobiographischen Interviews nach zwei zentralen inhaltlichen Motivsträngen für kirchliche Aktivität und Orientierung im Jugendalter zu ordnen. Dieser inhaltliche Gruppierungsprozess soll nun theoretisch und empirisch verfestigt und präzisiert werden. Hierzu erscheint es zunächst sinnvoll, den Begriff des Mitgliedschaftsentwurfes als Basiskonzept für diese Typologie vorzustellen.

Kirchliche Identitätskonstruktion als produktiver Mitgliedschaftsentwurf

Sowohl die identitätstheoretischen Zusammenfassungen als auch die bisherigen Interviewauszüge haben verdeutlicht, dass der Begriff der Identitätsentwicklung direkt mit dem Begriff der Sozialisation einhergeht. Gelungene Errichtung von Identität ist immer Ausdruck gelungener Sozialisationsprozesse im Lebenslauf eines Individuums. Daher scheint es für die Formulierung eines Typenmodells für kirchliche Identität im Jugendalter im Sinne einer Verknüpfung von Empirie und Theorie notwendig, als begriffliche Hintergrundfolie aus einem Abgleich der empirischen Ergebnisse mit den im Theorieteil vorgestellten Identitätskonzepten einen geeigneten Sozialisationsbegriff und eine Theorie der Persönlichkeitsentwicklung zu entwickeln, vor denen dann die erste inhaltliche Typologie auf der Grundlage der empirischen Ergebnisse formuliert werden kann. Im Unterschied zu der allgemeinen theoretischen Einführung in die Debatte um Identitätsbildung soll der nun folgende Begriff des „Mitgliedschaftsentwurfes" dem für den vorliegenden Zusammenhang entscheidenden Verhältnis von Individuum und Institution gerecht werden.

Persönlichkeitsentwicklung ist ein mehrdimensionaler Prozess, bei dem Anforderungen der sozialen Umwelt nicht unreflektiert übernommen, sondern reflexiv angeeignet, modifiziert oder auch abgelehnt werden. Ältere, einseitig argumentierende psychologische und soziologische Theoriekonstruktionen eigenen sich daher nicht für die Beschreibung einer aktiven Rolle des Subjektes in Sozialisationsprozessen.

Demgegenüber erscheint das von Klaus Hurrelmann formulierte Modell des „produktiv realitätsverarbeitenden Subjektes" den vorliegenden Identitätskonstruktionen auf einer sozialisationstheoretischen Ebene in idealer Weise gerecht zu werden (Hurrelmann 1998).

Aus der handlungstheoretischen Integration von soziologischen und psychologischen Ansätzen formuliert Hurrelmann einen sozialisationstheoretischen Ansatz, der eine „mehrdimensionale, auf Berücksichtigung subjektiver und objektiver Faktoren der Persönlichkeitsentwicklung orientierte Theoriekonstruktion" ermöglicht (Hurrelmann 1998, S. 9).

Dieser Ansatz spiegelt auf einer theoretischen Ebene in angemessener Weise die autobiographischen Erzählungen der interviewten Jugendlichen wieder, die in ihrer Selbstdarstellung die genannten Vermittlungsleistungen im Sinne einer gesellschaftlichen Integration und persönlichen Individuation herstellen und präsentieren. Obwohl über die ‚objektiven Faktoren' kirchlicher Sozialisation im Sinne des für die Arbeit verwendeten Paradigmas der Selbstdeutung nichts ausgesagt werden kann, macht die individuelle Struktur der Realitätsverarbeitung, die sich in einer Erzählung zeigt, das interaktive Verhältnis des Einzelnen zwischen Kirche und Individuum aus der Perspektive der Selbstdarstellung verstehbar.

Hurrelmann bezieht seinen Ansatz schließlich auf die entscheidende Frage nach einem „Mitgliedschaftsentwurf" von Individuen in sozialen Kontexten. „Mitgliedschaftsentwürfe" sind nach Hurrelmann „lose Konglomerate von Bildern, Vorstellungen, Wünschen, Projektionen und Zuschreibungen, die sich im weitesten Sinne auf Merkmale beziehen, die die ‚Mitgliedschaft' ausmachen bzw. dazu für erforderlich gehalten werden." (Hurrelmann 1998, S. 13).

Der Begriff „Entwurf" weist in diesem Zusammenhang darauf hin, dass es sich dabei um flexible und anpassungsfähige Anforderungen handelt. Das Konzept des Mitgliedschaftsentwurfes enthält – und darum ist er für die vorliegende Untersuchung interessant – bestimmte Transmissionskanäle für die Vermittlung der für eine konkrete Institution wie Kirche bedeutsamen Werthaltungen und Kulturtechniken, die bis in die Struktur von Sozialisationsinstitutionen hinein wirken.

Hurrelmann betont, dass Mitgliedschaftsentwürfe kulturell definierte ‚Schablonen' sind, die für gesellschaftliche Gruppen entworfen werden und damit auch dem kulturellen Wandel unterliegen. Versorgungspersonen und Sozialagenten kommen durch die entsprechende Teilhabe an der Kultur ihrer Gruppe in Kontakt mit Mitgliedschaftsentwürfen, die das Denken, Fühlen und Handeln in Institutionen strukturieren.

Was bedeutet das Konzept der produktiven Realitätsverarbeitung und des Mitgliedschaftsentwurfes für den hier gewählten Ansatz der narrativen Identität? Die „individuelle, in Interaktion um Kommunikation mit Dingen wie mit Menschen erworbene Organisation von Merkmalen, Eigenschaften, Einstellungen, Handlungskompetenzen und Selbstkonzepten eines Menschen" (Hurrelmann 1998, S. 71) geschieht in zentraler Weise durch Geschichten, durch Narrationen. Der Ansatz Hurrelmanns kann somit in seiner Ganzheit mit dem Konzept der narrativen Identität verbunden werden, da alle von Hurrelmann beschriebenen Verarbeitungs- und Entwicklungsprozesse in narrativer Form ablaufen. Persönlichkeitsentwicklung geschieht gerade durch den Einsatz und die Konstruktion von Geschichten, die für das Wechselspiel von Anlage und Umwelt unerlässlich sind und aus ihm hervorgehen. Das Konzept des Mitgliedschaftsentwurfes zeigt insofern deutliche Anschlussfähigkeit an das der narrativen Identität, als die Beeinflussung der Selbst- und Lebensentwürfe von Jugendlichen durch die Erwartung und das Verhalten von Sozialagenten immer in narrativer Form abläuft. Somit bestehen Mitgliedschaftsentwürfe gewissermaßen aus Geschichten, über die Erwartungen an das Individuum herangetragen und durch die diese Anforderungen vom Einzelnen wiederum umgesetzt, interpretiert oder abgelehnt werden.

In Bezug zu diesem Konzept der produktiven Realitätsverarbeitung soll nun der erste, inhaltlich ausgerichtete Typus kirchlicher Identität differenziert dargestellt werden.

6.1 Der Typus ‚Sozialität'

Wie bereits beschrieben, handelt es sich bei der Unterscheidung der Motivstrukturen um Idealtypen, die in absoluter Reinheit empirisch nicht aufzufinden sind, jedoch durch die analytische Übersteigerung der gesichteten Merkmale dem Verstehen der Struktur kirchlicher Identitätskonstruktionen dienen.

Im Folgenden wird für die Darstellung des Typus ‚Sozialität' zunächst ein möglichst optimaler Fall aus den Interviews ausgewählt, der die entsprechende Gruppierung im empirischen Datenmaterial möglichst nah am Idealtypus repräsentiert (vgl. z. B. Gerhardt 1986, 1991).

Diese Fallbeschreibung soll es anschließend ermöglichen, andere Identitätskonstruktionen an die exemplarische Studie anzuschließen, um so den Typus inhaltlich zu ergänzen und auszubauen. Der Begriff ‚Typologie' wird damit im Sinne der „Grounded Theory" als das Ergebnis eines Gruppierungsprozesses gebraucht. Die Bezeichnung „Typus" bezieht sich dabei auf Teilgruppen der empirischen Erhebung, „die gemeinsame Eigenschaften aufweisen und anhand der spezifischen Konstellation dieser Eigenschaften beschrieben und charakterisiert werden können" (Kelle, Kluge 1999, S. 78). Somit handelt es sich bei einem Typus schließlich um eine „Zusammenfassung jener Objekte, die einander hinsichtlich bestimmter Merkmale ähnlicher sind als andere" (Büschges 1989, S. 249).

Die nun folgende ausführliche Analyse bezieht sich zunächst auf die autobiographische Anfangserzählung eines Jugendlichen, der im Sinne der dargestellten analytischen Abstraktionslogik einen optimalen Fall für die Herleitung des Idealtypus darstellt. Er repräsentiert in besonders deutlicher Form die genannte Motivstruktur ‚Sozialität'.

Soziale Motivstruktur für Kirchlichkeit: Martin

Martin ist zum Zeitpunkt des Interviews 18 Jahre alt und besucht die zwölfte Klasse eines katholischen Gymnasiums einer Kleinstadt in der Nähe von Frankfurt. Der Kontakt zu ihm gelang durch ein Vorgespräch mit der katholischen Religionslehrerin seiner Schule, die ihn auf die Nachfrage nach kirchlich orientierten Jugendlichen sofort nennen konnte. Martins Vater ist Beamter, seine Mutter Erzieherin. Das Interview fand in einem Gruppenraum seiner Schule nach Unterrichtsende an einem Nachmittag im Sommer 2005 statt.

Im Folgenden wird die bereits segmentierte Einstiegserzählung des Interviews vorgestellt, in der sich Martins Fallstruktur in kompakter Form zeigt.

Martin beginnt seine biographische Erzählung mit der Darstellung einer klaren primären Sozialisation in Bezug auf Religion und Kirche:

1 M.: also das erste mal wenn ich mich zurückerinnere wo ich in den zu-
2 sAmmenhang mit kirche und sonstwie gekOmmen bin das war bei uns
3 daheim so n bIßchen gang und gebe als mein mein großvater väterlicher-
4 seits noch gelEbt hat, der war ziemlich kathOlisch und ehm also es war
5 schon normal für mich, dass wir an wEIhnachten und ostern in die kIrche
6 gegangen sind und das war auch ganz normal (.)

Martin lenkt in der Textsorte der berichtenden Darstellung und einer starken zeitlichen Raffung den Fokus des Segmentes auf sein familiäres Nahfeld. In dieser Darstellung primärer kirchlicher Vergemeinschaftung durch die Familie werden hierbei vorerst keine bestimmten Personen genannt, sondern der familiäre Hintergrund wird in seiner Gesamtheit erwähnt (Z. 2–3: „bei uns daheim").

In der Kernsequenz des Segmentes „wo ich in den zusAmmenhang mit kirche und sonstwie gekOmmen bin" (Z. 1–2) steht das Nomen „zusAmmenhang" für eine ruhige, undramatische Beziehung zur Institution Kirche. Der Erzähler spricht nicht etwa von einer Konfrontation oder Begegnung, sondern von einer Bindung, die quasi naturgemäß entsteht. Der Ausdruck „kirche und sonstwie" zeigt, das Kirche hier als abstraktes, weites, noch nicht spezifiziertes religiöses Feld gesehen wird. Auch die Beschreibung der familiären Kirchlichkeit bleibt allgemein, die Bezeichnung „gang und gebe" (Z. 3) drückt ein gleichmäßiges, vertrautes und unhinterfragtes Verhältnis zu Kirche und Religion aus.

Diese Verallgemeinerung konkretisiert sich in der nächsten Sequenz, in der der Großvater als für die familiäre Kirchlichkeit zentrale Figur herausgestellt wird (Z. 3–4). Die entscheidende Wortwahl „ziemlich kathOlisch" ähnelt dabei in seiner allgemein gehaltenen Beschreibung derjenigen des familiären Nahfeldes, der Großvater wird weder in seinem kirchlichen Verhalten, noch in seinen religiösen Überzeugungen oder Einstellungen gegenüber der Kirche genauer beschrieben. Bei „kathOlisch" handelt es sich eher um eine allgemeine Kategorisierung.

Entsprechend wird in der das Segment abschließenden Sequenz: „und ehm also es war schon normal für mich, dass wir an wEIhnachten und ostern in die kIrche gegangen sind und das war auch ganz normal" (Z. 5–6) dieses zuvor geschilderte Bild primärer kirchlicher Sozialisation unterstrichen: Die Sequenz wird jeweils durch das zentrale Adjektiv „normal" gerahmt. Damit wird das schon zuvor ausgedrückte alltägliche, konventionelle Verhältnis der Familie zur Kirche unterstützt. Auch hier werden keine Beschreibungen oder Charakterisierungen verwendet, die auf bestimmte inhaltliche Schwerpunktsetzungen schließen lassen. Dass Martin einzig die beiden großen christlichen Feiertage in Bezug auf das familiäre Verhältnis zu Religion und Kirche anführt, ist ein zusätzlicher Hinweis auf eine traditionelle, sich an konventionellen Strukturen orientierende Kirchlichkeit. Dieses Bild einer ruhigen, gewöhnlichen Vergemeinschaftung wird jedoch gleich im Anschluss an diese biographische Einführung von der Darstellung des Schulpfarrers durchbrochen:

```
7   ((leiser)) Jetzt klingelts grad ((Pausenklingel der Schule läutet)) dann hab
8   ich also ich komm aus nem ziemlich kleinen dOrf und ehm es war auch
9   sehr kathOlisch und da war das so usus dass ich nach ner zeit ehm also
10  ich hatte den pfarrer in rEli und das war das war aber immer schrEcklich
11  für mich (.) das war nen polnischer pfarrer und ehm also der hatte ne
12  ganz ganz fUrchtbare art seinen seinen glauben wEIterzugeben, es war
13  immer nur nach Abfrage ich erinner mich in der vierten klasse war's zum
14  schluss Echt nur noch so dass ich dann immer aufs klO gegangen bin
15  wenn der abfrage gemacht hat, weil das war einfach fUrchtbar da musste
16  man dann rOsenkranz auswendig lernen aber man wusst gar nicht was en
17  rosenkranz Is (.)
```

Eingeleitet durch das Rahmenschaltelement „dann" (Z. 7), das einen neuen Schwerpunkt in der Erzählung andeutet, kann das zweite Segment in zwei Subsegmente unterteilt werden. Zunächst wird die Zusammenfassung der familiären kirchlichen Tradition erweitert durch die Darstellungen des Heimatdorfes (Z. 8–9). Das zweite Subsegment konzentriert sich auf die Person des Religionslehrers und seine Unterrichtsmethoden (Z. 10–17).

Diese inhaltliche Differenzierung entspricht einer Erweiterung der Textsorte in den Subsegmenten: Nach der berichtenden Darstellung des ersten Subsegmentes steht im zweiten zusätzlich die Beschreibung von Persönlichkeitsmerkmalen und typisierenden Handlungen im Vordergrund.

Die erste zentrale Passage des ersten Subsegmentes „ich komm aus nem ziemlich kleinen dOrf und ehm es war auch sehr kathOlisch" (Z. 8–9) drückt eine Übereinstimmung in der kirchlichen Haltung der Familie und der des

Dorfes aus. Die Kirchlichkeiten beider Sozialsysteme greifen widerspruchslos ineinander.

Im zweiten Subsegment wird dieses Bild naturalisierter Kirchlichkeit in Dorf und Familie durch die Beschreibung des Dorfpfarrers und der damit verbundenen neuen Erfahrungsdimensionen jedoch durchbrochen. Im Gegensatz zu den bisher unspektakulär berichteten Sozialisationserfahrungen wirkt der Erzählstil in der schon zu Beginn formulierten zusammenfassenden Kategorisierung dramatisch (Z. 10–11: „das war aber immer schrEcklich für mich").

Das Subsegment kreist in seinen Ausführungen dabei um die Charakterisierung „das war nen polnischer pfarrer und ehm also der hatte ne ganz ganz fUrchtbare art seinen seinen glauben wEIterzugeben, es war immer nur nach Abfrage (Z. 11–13).

Durch die Fokussierung auf die Herkunft des Lehrers wird ,polnisch' zum Synonym für eine sehr negativ kategorisierte einseitig-formelhafte Glaubensvermittlung und Religionspädagogik. Die Doppelung des Attributes in „ ne ganz ganz fUrchtbare art", bewirkt hierbei eine Radikalisierung der Erfahrungsdarstellung.

Durch seine Schilderung von Flucht und Vermeidung als persönliche Konsequenz (Z. 14–15) positioniert sich Martin rückblickend als unfähig, mit diesem Unterricht konstruktiv umzugehen. Durch die Kritik an fehlenden inhaltlichen Bezügen (Z. 15–16) positioniert Martin zudem implizit den Pfarrer als an Form und Äußerlichkeit verhaftet und sich selbst als an Inhalten interessiert. Bevor weitere negative Erlebnisse mit dem Schulpfarrer erzählt werden, erfolgt zunächst ein Rückbezug auf die Seiten der Kirche, die Martin positiv bzw. gewöhnlich wertet:

18 und ehm das warn so die nEgativen aber der rEliunterricht hat nicht den
19 AUsschlag gegeben also ich war mEssdiener bin ich auch normal mit
20 meiner erstkommunion geworden (-) und also ich hatte schOn immer
21 würd ich auch so sagen ich hatte schon immer so diese sympathie für für
22 kIrche und und es hat mir immer schon ganz gut gefAllen (.)

Es handelt sich auch bei diesem Segment um zwei aufeinander folgende Subsegmente: In den Zeilen 18–20 wird die Erstkommunion als Beginn der Messdienerzeit berichtend dargestellt, in den Zeilen 19–20 folgt in der Textsorte der Selbstbeschreibung ein Rückblick des Erzählers auf sein generelles Verhältnis zur Kirche.

Die im Gegensatz zu den Erlebnissen mit dem Dorfpfarrer alltäglichen Sozialisationsfaktoren werden ähnlich wie im ersten Segment der Erzählung in den umgebenden kirchlichen Strukturen gesehen, in denen Martin seinem Alter entsprechend immer weiter wächst (Z. 19–20: „also ich war mEssdiener bin ich auch normal mit meiner erstkommunion geworden").

Martin benennt durch diese Sequenz eine zweite Phase seines Mitgliedschaftsentwurfes, in der nach der ersten Zeit des passiven Kirchgängers nun seine neue aktive Rolle als Messdiener hinzukommt, die er mit der Erstkommunion erhält.

Diese alltäglichen, nicht weiter auffallenden kirchlichen Einflüsse werden somit auch vor dramatischen und negativen Erlebnissen zunächst als Hintergrund immer stabil formuliert, so taucht hier erneut das charakteristische Adjektiv „normal" auf, das ein Hineingleiten in die kirchlichen Strukturen und ein Getragenwerden durch sie betont. Die negativen Erlebnisse mit dem Religionslehrer haben Martin zufolge zu diesem Zeitpunkt seiner Biographie nicht die Kraft, die traditionell gewachsene Beziehung zur Kirche zu brechen. Ein tieferer Einschnitt in die kirchliche Biographie wird erst im folgenden Segment beschrieben, in dem erneut der Schulpfarrer auftritt und diesmal Martin direkt bedroht und beschämt:

23 mEssdiener hab ich auch Echt gErn gemacht und äh war da auch wirk-
24 lich total eifrig dabEI, dann irgendwann war's dann aber mal sonntag
25 mOrgen da war ich allEIne um neun uhr in der messe und hab messge-
26 dient und wollte dem pfArrer zuerst die hÄnde waschen und dann die
27 gaben auf den altar bringen also genau umgekehrt als es rIchtig is und da
28 hAt der mich vor der gemeinde Angeschriehn übers mikro, gesagt ehm ja
29 wie steh ich jetzt da du messdiener und am ende hat er noch übers mikro
30 gesagt wir brauchen neue mEssdiener weil sie sehen ja was wir hier für
31 lEUte ham, und da hab ich den ganzen tag geheult und dann war das für
32 mich erst mal gegEssen mit kirche da hatt ich auch nichts mehr damit zu
33 tun (.) ich hatte bei dem immer ne EIns im zeugnis in reli weil ich mess-
34 diener war, das war so, der hat dann irgendwann ma nen tEst geschrie-
35 ben, da hatt ich dann ne fünfundvierzig geschrieben, das war alles so ein
36 bißchen bescheuert und der mann war auch echt der hOrror (.)

Zum ersten Mal in Martins Erzählung wird in den Kernsequenzen (Z. 28–31) die Textsorte der dramatisch-episodischen Erzählung eingesetzt. Dieses Stilmittel hat die Funktion, den Zuhörer in die Szene ‚hineinzuziehen': Die detaillierte Abarbeitung des Ereigniskontinuums bis zur isochronen Wiedergabe in dieser zentralen Passage ermöglicht eine unmittelbare Reinszenierung des Geschehens. Die Dramatik des Erzählabschnittes wird zusätzlich durch die narrative Organisation des Segmentes auf diesen Höhepunkt hin unterstrichen: Nach der positiven Darstellung des Messdienens (Z. 23–24) beginnt Martin mit der Eröffnungssequenz: „dann irgendwann war's dann aber mal sonntag mOrgen" (Z. 24). Auffallend ist hierbei zunächst die unbestimmte Zeitangabe, die zum Ausdruck bringt, dass das dramatische Ereignis ohne Vorankündigung mitten in den routinierten Kirchendienst des Ministranten hineinbricht.

In der anschließenden Passage „da war ich allEIne um neun uhr in der messe und hab messgedient und wollte dem pfArrer zuerst die hÄnde waschen und dann die gaben auf den altar bringen also genau umgekehrt als es rIchtig is" (Z. 25–27) wird zunächst das Adjektiv „allEIne" betont. Es steht hier für Hilflosigkeit und Ausgeliefertsein. Martin ist nicht Teil einer Gruppe, auf die sich die Wut des Pfarrers verteilen könnte. Der Fehler, den Martin im Gottesdienst begeht, wird nüchtern und präzise beschrieben. Dadurch positioniert sich Martin implizit als Experten, der eigene Fehler klar eingestehen und reflektieren kann. Die darauffolgende Beschreibung der Reaktion des Pfarrers bildet schließlich den Höhepunkt des Erzählabschnittes: „und da hat der mich vor der gemeinde Angeschriehn übers mikro, gesagt ehm ja wie steh ich jetzt da du messdiener und am ende hat er noch übers mikro gesagt wir brauchen neue mEssdiener weil sie sehen ja was wir hier für lEUte ham" (Z. 28–30). Hier verwendet der Erzähler die Angabe „vor der gemeinde", um seine peinliche Betroffenheit in dieser Situation zu veranschaulichen. Das Verhalten des Pfarrers bedeutet für Martin eine soziale Erniedrigung, die im krassen Gegensatz zu seiner sonst unauffälligen Stellung als kirchlich-traditionell erzogenem Jugendlichen in seinem Heimatdorf steht.

Entscheidend für die Beschreibung des Pfarrers ist das Verb „Angeschriehn", das das aggressive und unbeherrschte Verhalten als typisierende Handlung ausweist. Die doppelte Präzisierung „übers mikro", die klarstellt, dass alle Gottesdienstbesucher den Vorfall mitbekommen haben, verdeutlicht zudem die soziale Demütigung.

Die Formulierung „wie steh ich jetzt da" zeigt schließlich, dass Martin zufolge der Pfarrer seinerseits den Vorfall als Gefährdung seiner Position deutet. Die Ursache für Martins Herablassung wird so in der Angst des Pfarrers vor seinem eigenen Positions- und Statusverlust in der Gemeinde gesehen.

In der Ausleitung des Segmentes (Z. 31–36) drückt Martin eine tiefe Kränkung und ein drastisches Abwenden von der Institution als Reaktion auf das Erlebte aus („erst mal gegEssen mit kirche"). Allerdings wird durch den Zusatz „erst mal" schon angedeutet, dass diese Abkehr in seinem Leben nicht endgültig ist.

Zudem wird bestätigt, dass es im Religionsunterricht nicht um Inhalte und schulische Leistungen geht, sondern um die Rolle Martins als Messdiener („immer ne EIns im zeugnis in reli weil ich messdiener war"). Diese Charakterisierung korreliert mit dem vorher gezeichneten Bild des Pfarrers als an Äußerlichkeiten und inhaltslosen Formen orientierter Person. Die abschließende Charakterisierung „der mann war auch echt der hOrror" bildet in diesem Sinne eine zusammenfassende Kategorisierung.

Auch der nächste Abschnitt der Haupterzählung ist geprägt durch Begegnungsdarstellungen, allerdings werden nun zum ersten Mal in der Gesamterzählung Agenten der Institution Kirche deutlich positiv vorgestellt. Im

Vergleich zu der Charakterisierung des Dorfpfarrers bildet die folgende Personenbeschreibung in diesem Sinn eine Spiegelung:

37 dann kam ich auf die schule hierhin und hatte den äh schUlpfarrer den T.
38 K. in religiOn und den hab ich also (-) den hab ich totAl geliebt damals,
39 der war einfach toll (-) war ich total begEIstert von, hatt ich im reliunter-
40 richt und da bin ich ab und zu mit meiner mutter mal nach B. N. ((Orts-
41 name)) gegangen sonntag abends da hatten wir n kaplAn, M. B., der is
42 mein firmpate dann auch geworden und der war ganz toll das war immer
43 also der war immer einfach klasse ich glaub das liegt auch da dran dass
44 mir es gefallen hat weil dahEIm einfach da ne positive stimmung dEm
45 gegenüber wAr (.) und dann äh warn wir halt eben öfters da und der kam
46 dann immer schon zum friedensgruß zu mir hat mir die hand gegeben,
47 mich immer angelächelt und irgendwann bin ich dann mal nach der mes-
48 se dahingegangen hatte vorher schon mal den pfarrer K. gefragt ob ich
49 da nicht mal mEssdiener machen könnte und dann äh war ich endlich da
50 und dann hat er gesagt ja ich wArt schon die ganze zeit und dann hab ich
51 dann mit dem mEssdienen Angefangen (.) und das is dann ja nach ner
52 zeit also da war ich eben auch eifrig dabEI und es hat mir spAß gemacht
53 obwohl ich da schon son bißchen der AUßenseiter war, ich komm aus B.
54 N.- aus N. aus dem Andern ort und äh kAnnte da eigentlich nich wirklich
55 den andern dann hab ich dann nen frEUnd kennen gelernt ehm hat sich
56 aber auch auseinander gelebt (.) ja, dann dann is der Kaplan gegAngen,
57 das war ziemlich schwIErig für mich, da war ich echt total traurig, weil
58 ich glaub da war ich ziemlich begeistert damals von dem und da war ich
59 also echt fertig, dass der gegAngen is (.)

Dieses fünfte Segment kann hinsichtlich des chronologischen Erzählverlaufes und der Begegnungsdarstellungen in vier Subsegmente unterteilt werden: Zunächst wird der Schulpfarrer (Z. 37–40) und anschließend die Begegnung mit dem Kaplan (Z. 41–48) beschrieben, daraufhin folgt die Darstellung der neuen Messdienertätigkeit (Z. 48–56). Das letzte Subsegment schließt mit dem Abschied des Kaplans aus der Gemeinde (Z. 56–59).

Die Bedeutung der Personen, die in diesem Segment vorgestellt werden, drückt sich auch in der Wahl der Textsorte aus, da die generelle berichtende Darstellung durch Eigenschaftsbeschreibungen und episodische Erzählteile ausgebaut wird.

Das erste Subsegment wird durch das Rahmenschaltelement „dann" eingeleitet, das Martins Schulwechsel als neuen biographischen Abschnitt ankündigt.

Die Gefühle, die Martin für den Schulpfarrer in diesem Abschnitt äußert, erreichen in der Sequenz „den hab ich totAl geliebt" (Z. 38) durch die auffällig ungeschützte emotionale Äußerung eine zuvor nicht formulierte positive Kraft. Der Schulpfarrer wird als erste kirchliche Person nicht wie die konventionell religiöse Gemeinschaft des Heimatdorfes leidenschaftslos als „normal" und auch nicht wie der Dorfpfarrer als „schrecklich" bezeichnet, sondern bekommt mit „geliebt" die höchste Bedeutsamkeit zugesprochen, die eine Bezugsperson erreichen kann. Hier zeigt Martin, dass es ihm entscheidend auf den Charakter der Person ankommt, die ihn kirchlich begleitet und anleitet. So ist an der Rollenstruktur des Pfarrers vor allem wichtig, wie sie individuell ausgefüllt wird.

Diese Passage des Interviews stellt somit eine Kernnarration dar: Nach den neutral gehaltenen Hintergrundinformationen und den ersten negativen Erlebnissen werden nun die positiven Ereignisse und Begegnungen mit Religion und Kirche in den Fokus der Erzählung gestellt. Martins autobiographische Erzählung gewinnt so mit der Darstellung des Schulwechsels und den damit verbundenen neuen Begegnungen eine erste große positive Dynamik. Der Dorfpfarrer und der Schulpfarrer werden zu zwei signifikanten Anderen der Institution Kirche, die innerhalb der Identitätskonstruktion des Erzählers jeweils zwei Erlebniswelten in Hinblick auf Religion und Kirche repräsentieren, nämliche ängstlich-ablehnende Antipathie und liebend-annehmende Sympathie. Auffällig ist die narrative Intensitätssteigerung, die sich im Verlauf der Haupterzählung zeigt: Wird das Leben im familiären Zusammenhang ruhig und gleichmäßig dargestellt, schlagen die emotionalen Formulierungen bei den Beschreibungen signifikanter Anderer extrem aus, sowohl in negativer (Dorfpfarrer) als auch jetzt in positiver Hinsicht. Das kirchliche Leben in der Familie wird im Modus der Stabilitätsnarration beschrieben, ab der Darstellung der Pubertätsphase, in der neue Sozialsysteme betreten werden, herrschen progressive Erzählstile vor.

Auch die im zweiten Subsegment dargestellte Person des Kaplans entspricht durch die zentralen Zuschreibungen „ganz toll" (Z. 42) und „einfach klasse" (Z. 43) der Bedeutung des Schulpfarrers.

Bei der entscheidenden Begegnung Martins mit dem Kaplan (Z. 41–48) fällt zunächst auf, dass der Gottesdienstbesuch in Begleitung der Mutter (Z. 40–41) die Voraussetzung für den Neubeginn des kirchlichen Engagements durch die Begegnung mit dem Kaplan bildet. Neue sozialisatorische Elemente entstehen bei Martin somit gerade nicht zufällig und überraschend, sondern resultieren aus den in der Kindheit des Erzählers gründenden kirchlichen Strukturen seines sozialen Nahfeldes. Dazu passend verortet Martin die Begegnung in den Sonntagabendgottesdienst, und der Kaplan wird eingereiht in die dem Alter entsprechenden kirchlichen Sakramente, im Jugendalter wird er auch Martins Firmpate (Z. 42).

Die Begegnung im Gottesdienst (Z. 45–51) erlangt durch seine detaillierte Darstellung eine zentrale Stellung im Subsegment. Durch die Eigeninitiative im Ansprechen des Kaplans beginnt nun Kirche für Martin auch eine selbst gewählte Heimat zu werden. Die Wiedergabe der Reaktion in wörtlicher Rede unterstreicht die Bedeutung der Begegnung: „ich wArt schon die ganze zeit" (Z. 50). Die Anfrage Martins wird vom Kaplan fast schon als überfällig angesehen, der Erzählung nach hat er schon in den vorherigen Begegnungen das Potential und die Bereitschaft zu kirchlichem Handeln in Martin erkannt, und seine Entscheidung hat ihn dementsprechend nicht überrascht. Die Anerkennung durch den Kaplan, dass es auf Martin als unersetzbares Individuum ankommt, wird für den Erzähler hierbei zur identitätsstiftenden Erfahrung.

Dementsprechend wird im dritten Subsegment auch der „spAß" (Z. 52) als zentrale intrinsische Motivation für das neue Engagement genannt. Die Beschreibung „eifrig dabEI" (Z. 52) unterstreicht diese neue Dynamik im kirchlichen Handeln, die gegen die Selbstpositionierung als „AUßenseiter" (Z. 53) und unbeständige Freundschaftsbeziehungen (Z. 54–56) formuliert wird.

Das letzte Subsegment als Ausleitung des Erzählabschnittes ist geprägt von Gefühlsbeschreibungen als Reaktion des Erzählers auf den Verlust des Kaplans (Z. 56–59). Auffällig ist hierbei die narrative Intensitätssteigerung: Die Formulierung „ziemlich schwIErig" (Z. 57) wird gefolgt von „total traurig" (Z. 57). Die Konstruktion „ziemlich schwierig" entspricht zudem der Begründung „ziemlich begeistert" und „total traurig" der Formulierung „echt fertig". Diese Paarkonstruktion unterstreicht zusätzlich die Unersetzbarkeit der Personen für die kirchliche Identität des Erzählers.

Diese Erzählstruktur wird im weiteren Verlauf der biographischen Narration beibehalten; sie orientiert sich wie bei den vorherigen Segmenten an den Begegnungen mit einem hauptamtlichen Erwachsenen, sprachlich wird ein ‚Kommen und Gehen' dieser Bezugspersonen dargestellt. Dies wird besonders sichtbar an den durchgehend eingesetzten Rahmenschaltelementen „dann" bzw. „und dann", die einen in dieser Hinsicht chronologischen Erzähleindruck bewirken:

60 und dann kam nen nEUer kaplan und dieser nEUe kaplan ehm M. R.
61 heißt de ((schneller)) ich muss das immer für mich, damit ich die namen
62 habe (.) der war gAnz tOll, also der hat auch ehm, da war ich auf ner
63 messdienerfahrt dabei und der hat mIr auch schon so dieses gefühl gege-
64 ben wichtig zu sein und hat auch so die jugendarbeit in N. ((Ortsname))
65 echt auf mich gestützt (.) alles was mit messdienern damals gelaufen is
66 das da hab ich dann mitgemacht, das war dann ne grUppenstunde ange-
67 fangen und da war ich wirklich jede woche dabei und ich hab bestimmt
68 auch also ich war da jedes wochenende viermal in der mEsse und unter
69 der woche auch noch ganz oft weil mich das einfach so begeistert hat der
70 war total lIEb und also wir haben uns einfach sehr sehr gut verstanden,
71 und dann hat ich dann auch irgendwann zwEI gruppenstunden, zwei
72 messdienergruppenstunden, das warn dann drei stunden die woche nur
73 die gruppenstunden und das war schon ziemlich vIEl aber es war gut und
74 es war schÖn (-) dann äh (-) ja also = der kaplan hatte dann schon son

75 paar = ja wie sag ich das, also (.) der war halt schon ziemlich EIgen und
76 der hat auch ziemlich viel ehm offensiver ((schneller, leicht aufgeregt))
77 ich erzähl das übrigens weil, weil ich glaube dass mEIn weg zum glau-
78 ben über mEnschen geführt hat und deswegen äh ((leise)) nur nebenbei
79 (.) der hat halt immer nur mit kindern ehm gearbeitet und dem hat das
80 auch spaß gemacht, ich unterstell dem da auch Echt nichts weil es warn
81 (-) der hat das echt gUt gemacht (.) Aber der hat halt auch wirklich nur
82 EInseitig gedacht, hat halt nur sachen für für kinder gemacht und da wAr
83 ich auch wirklich voll drin (.) dann ist der irgendwann gegAngen (.) das
84 war trAUrig aber okAy für mich, also es hat mich betrÜbt gemacht (.) da
85 war ich noch zweimal dA und ehm das hat sich auch so auseinAnderge-
86 lebt das war einfach ehm, der hat halt zum schlUss irgendwie war der ein
87 bißchen totAl dOof hat ein paar sachen gesagt die auch verlEtzend warn
88 über über die zeit die er hIEr war wEIl ich glaube dass er ziemlich fErtig
89 war dass er gegAngen is und in seiner neuen gemeinde wo er dann pfArr-
90 rer is eben nIcht so ehm nicht so gut auch Ankommt (.)

Auch das sechste Segment differenziert sich inhaltlich in vier Subsegmente, dabei wird zunächst der neue Kaplan eingeführt (Z. 60–64), anschließend wird der für Martins kirchliche Identität sehr wichtige Einstieg in die katholische Jugendarbeit beschrieben (Z. 65–74). Schließlich werden allmähliche Probleme in der Zusammenarbeit mit dem Kaplan aufgezeigt (Z. 74–83) und sein Weggang aus der Gemeinde wird dargestellt (Z. 83–90).

Die vorherrschende Textsorte der berichtenden Darstellung wird dazu passend durch Beschreibungen von Persönlichkeitsmerkmalen und typisierenden Handlungen ergänzt. Martin stellt sein kirchliches Leben als eine Eingliederung in die jeweils erreichten kirchlich relevanten Sozialsysteme vor.

Im ersten Segment ist nach dem Benennen des Kaplans der metanarrative Einschub „ich muss das immer für mich, damit ich die namen habe" (Z. 61–62) bedeutsam: Durch das Nennen des Namens einer Person vergegenwärtigt der Erzähler deren Unverwechselbarkeit für die eigene Lebensgeschichte.

In der identitätsrelevanten Passage des ersten Subsegments „der hat mIr auch schon so dieses gefühl gegeben wichtig zu sein und hat auch so die jugendarbeit in N. echt auf mich gestützt" (Z. 63–65) zeigt der Erzähler, dass es in seiner Biografie entscheidend auf das Moment der Achtung und Bestätigung als Voraussetzung für einen aktiven kirchlichen Mitgliedschaftsentwurf ankommt. Der Zuspruch der Unersetzbarkeit wird damit zu einem zentralen identitätsstiftenden Element in Martins Lebensgeschichte.

Durch den gewählten Begriff „Jugendarbeit" positioniert sich der Erzähler zudem als über den Status des einfachen Messdieners hinaus gewachsenen aktiven Betreuer, der nun auch Verantwortung für andere Kinder und Jugendliche übernimmt. Eine weitere implizite Selbstpositionierung leistet die Konstruktion „echt auf mich gestützt". Sie weist den Erzähler in diesem

Zusammenhang als Person aus, die kompetent und reif genug ist, eine solche Rolle als Jugendleiter mit ihren entsprechenden Aufgaben zu erfüllen.

Im zweiten Subsegment beschreibt sich Martin als in dieser Lebensphase vollkommen in der kirchlichen Jugendarbeit einbettet und in Sympathie zu den institutionellen Rollenerwartungen. Durch diese Übereinstimmung von Selbstentwurf und Anforderung gewinnt die Identitätskonstruktion in Bezug auf Religion und Kirche einen Höhepunkt. Auch hierbei wird die Aktivität an das positive Verhältnis zum Kaplan zurückgebunden: „der war total llEb und also wir haben uns einfach sehr sehr gut verstanden" (Z. 69–70). Das Adjektiv „llEb" steht hier für Vertrauen, Gutartigkeit und Sicherheit. So benutzt der Erzähler gerade nicht Bezeichnungen wie etwa ‚mitreißend' oder ‚faszinierend'. Der Kaplan wirkt durch die Beschreibungen vor allem sanft und unbedrohlich. Martin geht es somit in erster Linie nicht um Sensationen und Abenteuer mit seinen Anleitern, sondern um Geborgenheit, Beständigkeit und Verständnis.

Auch die aufkommenden Probleme mit dem Kaplan zeigen trotz der formulierten Kritik im dritten Subsegment, wie wichtig die kirchlichen Anleiter für Martin sind: So sind die beiden letzten Segmente im Vergleich zu der bisherigen Erzählung von narrativen Brüchen und Unsicherheiten (z. B. Z. 74–75: „ja also = der kaplan hatte dann schon son paar = ja wie sag ich das, also") geprägt, die verdeutlichen, wie schwer dem Erzähler die Kritik an dem Kaplan fällt. Gerade diese Stelle zeigt deutlich, wie sich Erzählinhalt und -form entsprechen. Die Argumentationen und Erklärungen versuchen nun, die Vorwürfe gegen den Kaplan abzuschwächen (Z. 88–90). Dieser Relativierungsversuch der Kritik angesichts der Zuneigung zum Kaplan zeigt sich besonders in der Formulierung „irgendwie war der ein bißchen totAl dOof" (Z. 86–87). An dieser Sequenz wird deutlich, dass die negativen Erfahrungen mit dem Kaplan narrativ noch nicht aufgearbeitet sind und daher noch nicht flüssig wiedergegeben werden können.

Wichtig ist jedoch auch der Einschub, den Martin zu Beginn des dritten Subsegmentes formuliert: „((schneller, leicht aufgeregt)) ich erzähl das übrigens weil, weil ich glaube dass mEIn weg zum glauben über mEnschen geführt hat und deswegen äh ((leise)) nur nebenbei" (Z. 76–78). Hier bündeln sich alle Relevanzen, die Martin in seiner bisherigen Erzählung anführte. Es handelt sich damit um die Kernnarration der Erzählung schlechthin, da der Erzähler hier sein Selbstverständnis in Bezug auf Religion und Kirche als soziale Motivstruktur pointiert benennt. Interessant ist auch, wie dieser Einschub narrativ konstruiert wird: Durch das Erzählhindernis, das in der Darstellung der Probleme mit Kaplan besteht, entsteht eine neue Reflexion, die schließlich zu der entscheidenden Kernnarration des Interviews führt.

Obwohl Martin in seiner Haupterzählung keine religiösen Inhalte darstellt, benutzt er in dieser Passage das Nomen „glauben". Als Erklärung hierfür können zwei Lesarten entwickelt werden: Entweder existieren Glaubensvorstellungen, die der Erzähler im Interview zurückhält, oder die kirchliche Aktivität wird mit ‚Glauben' gleichgesetzt. Martin fokussiert seine Narration auch im Weiteren nicht auf die Darstellung religiöser Inhalte, sondern verlagert den Erzählfokus von den Kaplänen als biographisch aufeinander folgende kirchliche Bezugspersonen, der die bisherige Erzählung strukturierte, nun auf seine neuen kirchlichen Tätigkeitsfelder:

```
91  dann ((Pausenklingel der Schule läutet)) kam en Anderer kaplan, das is
92  der jEtzige, der geht in zwei mOnaten und dA war so die zeit für mich
93  wo ich den Absprung aus der gemeindearbeit gefunden hab (.) das war
94  ehm also ich hab jetzt vor nem hAlben jahr im januar mich mit der mit
95  mei=beiden messdienergruppenstunden AUfgehört und ich mach jetzt
96  wOchenenden also ich treff mich sAmstag mit meiner messdienergrup-
97  penstunde einmal im mOnat und da machen wirklich nen ganzen tAg
98  und das is, dAs is echt gut und dAs is auch die richtige fOrm die ich da
99  gefunden hab (.) dennoch geh ich Immer noch wirklich sEhr regelmäßig
100 in den gOttesdienst da in die mEsse also bestimmt zwei drei mal im
101 schnitt am wOchenende und unter der woche auch oftmals (.) das is jetzt
102 der gemEindeweg (.)
```

Martins Erzählung ist in diesem Segment in der Gegenwart angekommen. Nachdem der neue Kaplan kurz vorgestellt und das Ende der Gemeindearbeit angegeben wird (Z. 91–93) wechselt die Erzählzeit ins Präsens. Mit diesem Wandel der Erzählzeit geht auch die Formulierung eines neuen Mitgliedschaftsentwurfes im Sinne einer kirchlichen Statusveränderung einher, denn in diesem Segment treten die Eigenaktivität und die Selbststeuerung in den Vordergrund (Z. 93–99). Besonders durch die Formulierung „die richtige fOrm die ich da gefunden hab" (Z. 98–99) verdeutlicht der Erzähler seine gewachsene Selbständigkeit in der Jugendarbeit. Nicht mehr ein hauptamtlicher Mitarbeiter der Gemeinde bestimmt die Arbeitszeiten, sondern Martin legt unabhängig und alleine die Form der Ministrantentreffen fest. Gerade in den strukturellen Abläufen kann Martin somit nun ‚in eigener Regie' bestimmen.

Trotz diesen Neuerungen ist es Martin auch wichtig, eine Beständigkeit seiner kirchlichen Identität aufzuzeigen (Z. 99–101). Die Teilnahme an Gottesdiensten zeigt sich ungebrochen stark und wird als Hintergrundkonstante seiner aktiven Gemeindearbeit konstruiert.

Das Segment wird durch die zusammenfassende Kategorisierung „das is jetzt der gemEindeweg" (Z. 101–102) abgeschlossen, die einen ersten Endpunkt in der Erzählung setzt. Die Betonung des Kategoriebegriffes „gemEindeweg" deutet jedoch an, dass neben der Heimatgemeinde noch andere Teilbereiche kirchlicher Identität für den Erzähler existieren.

103 natÜrlich hat sich in der schule in der zwischenzeit auch einiges gegE-
104 ben, äh ich bin grUppenleiter geworden bei der GCL ich war seit der
105 fünften klasse in der grUppenstunde und das war gUt, das lief so neben-
106 hEr und das war einfach schÖn (.) und dann hab ich äh ja bin ich in der
107 nEUnten klasse war ich dann Anwärter im zEltlager und dann bin ich
108 auch zum grUppenleiter gewählt worden (.) jEtzt im jAnuar bin ich prä-
109 fEkt geworden der ortsgemeinschaft das is der der lEIter (.) und dAmit
110 gings also nochmal ehm in nem ganz Anderen bereich der sich da öffnet
111 lOs (.) es is äh ja ich hab hier ziemlich viel mit mit unseren erwachsenen
112 mItarbeitern und dem schUlpfarrer zu tun und mach auch ziemlich vIEl
113 mit dem und versteh mich auch zIEmlich gut das is also ganz klAsse (.)
114 und äh (-) genAU das is der drItttweg und das wArs dann glaub ich auch,
115 ich war ehm bin dekanatsjUgendvorstand das bin ich auch geworden
116 über die mEssdienertage und hab da auch ehm ja dann hat sich da auch
117 nochmal was nEUes für mich geöffnet zum beispiel kommt äh seit nem
118 auch dreiviertel jahr kommt nen mensch aus mAInz einmal im monat der
119 der coaching nennt sich das kommt dann und redet mit mir über irgend-
120 welche sachen über moderation wie man irgendwas macht (.) das sind so
121 diese drei groben sachen wo wo ich arbeite (.)

Die Gliederung dieses Abschnittes richtet sich nach den kirchlichen Aktivitäten, die Martin neben seiner Arbeit in der Gemeinde zusammenfassend darstellt. Die hierfür verwendete Textsorte der berichtenden Darstellung erinnert durch die raffende, sich an Positionen in institutionellen Strukturen orientierende Rückschau an eine Aufzählung von Stationen innerhalb einer beruflichen Karriere. Durch die Erzählzeit des Perfekts wird auch für das Engagement außerhalb der Gemeindearbeit eine biographische Prozesshaftigkeit ausgedrückt.

Die zentrale Wortwahl zu Beginn des Segmentes „hat sich (…) einiges gegEben" (Z. 103) betont wiederum, dass Martin Tätigkeiten im kirchlichen Bereich nicht aktiv suchen musste. Seine kirchliche Sozialisation ermöglicht es ihm, in die unterschiedlichen Kontexte kirchlicher Jugendarbeit hinein zu gelangen, ohne sich bewerben zu müssen.

In der anschließenden Bewertung „und das war gUt, das lief so nebenhEr und das war einfach schÖn" (Z. 105–106) verdeutlicht der Erzähler durch die erzählstilistisch typischen Werturteile „gUt" und „schÖn", dass sich die kirchlichen Erfahrungen in der Schule in jene mit der Heimatgemeinde einfügen, sie stehen nicht in Konkurrenz zueinander, sondern ergänzen sich.

In der folgenden Karrieredarstellung zeigt Martin durch die narrativ dicht aneinander gestellten Schlüsselwörter „grUppenleiter", „präfEkt" und „lEIter" (Z. 107–109) seinen lebensgeschichtlichen Erfolg in Bezug auf Kirche: Durch seinen hierarchischen Aufstieg hat er nun den sozialen Status des anerkannten Betreuers erreicht, der Leitungspositionen zugesprochen bekommt. Durch diesen Selbstentwurf in Form einer ‚Erfolgsstory' erlebt so die Identitätskonstruktion einen erneuten Höhepunkt.

Im Verlauf des Segmentes wird dieser Eindruck besonders durch die Erzählpassage in Zeilen 111–113 unterstrichen: „ich hab hier ziemlich viel mit mit unseren erwachsenen mItarbeitern und dem schUlpfarrer zu tun und mach auch ziemlich vIEl mit dem".

Durch das Adjektiv ‚erwachsen' wird zwar ein immer noch sozial wirksamer Altersunterschied zwischen Martin und dem Schulpfarrer sowie anderen Gemeindemitgliedern hergestellt, andererseits steht die Konstruktion „mit unseren (…) mItarbeitern" für ein neues, kollegiales Verhältnis.

In der Ausleitung des Segments (Z. 114–121) erfährt diese Selbstpositionierung eine Vertiefung: Martins Status ist mittlerweile hoch genug, um externe professionelle Unterstützung in Anspruch nehmen zu können. Diese Professionalität wird durch die Angabe der Regelmäßigkeit („einmal im monat") und den Gebrauch des Fachbegriffes „coaching" unterstrichen. Martin präsentiert sich durch diese Darstellung als über die Ortsgemeinde und die Schule hinaus für die Diözese wichtig gewordenen Jugendleiter, der gebraucht und gefordert, dafür aber auch gebührend unterstützt wird. Es ist in dieser Selbstdarstellung die höchste Statusangabe, die Martin in Bezug auf seine Kirchlichkeit nennt.

Als Ausklang seiner Einstiegserzählung wählt Martin eine Zusammenfassung und eine abschließende Bewertung seiner Biographie in Bezug auf Religion und Kirche:

122 ich glaub die religiösitÄt hat sich bei mIr also ich hab da schon mal drü-
123 ber nAchgedacht ziemlich krass dadurch ausgebildet dass ich verschie-
124 dene mEnschen zu verschiedenen zEItpunkten kennengelernt habe (.)
125 und ich glaube da war warn alle möglichen formen auch drin also der
126 eine kaplan war wirklich urkonservativ, der kam auch aus aus nem orden
127 der teilweise mal verbOten war (.) und äh ja also das war einmal der
128 kontakt mit EInzelpersonen aber dann halt auch eben grUppenerfahrun-
129 gen das das is glaub ich noch ein anderer sehr wIchtiger aspekt (.) Und
130 in der mEssdienerarbeit ehm ja also das is auch hEUt noch so dass ich da
131 einfach gErne hingehe weil ich da die leute mögen mIch ich mag die
132 lEUte sind einfach sind auch echt teilweise frEUnde von mir, aber halt
133 auch nicht sEHr gute freunde, die sEHr guten freunde sind dann eher
134 hIEr in der GCL in der in dem jUgendverband und äh also ich glaub
135 dAher kommt das eigentlich zum mEIsten weil das halt eben eben etwas
136 normAles hier is an der schule (.) das find ich auch ganz gUt, man kann
137 hier irgendwie man kann seinen glauben lEben ohne AUsgelacht zu
138 werden (.) und ich glaub bei vIElen menschen is es halt auch eben so
139 dass dass die schon ziemlich religiös sInd und und das is halt hier an
140 dieser schUle was echt pOsitives (.)

Martin verfestigt seine Selbstdeutung, dass soziale Faktoren für seinen bisherigen Lebenslauf in Bezug auf Religion und Kirche entscheidend sind (Z. 123–124: „verschiedene mEnschen zu verschiedenen zEItpunkten kennengelernt").
In diesem Zusammenhang wird das Wort „religiositÄt" (Z. 122) benutzt, das ähnlich wie der vorherige Begriff „glauben" für Inhalte steht, die Martin nicht erzählt. In Martins Selbstverständnis scheint eine Überblendung von Religiosität und aktiver Kirchlichkeit vorzuliegen: Die kirchliche Identität wird mit Religiosität gleichgesetzt, oder zumindest wird eine mögliche Religiosität so stark an die Institution Kirche gebunden, dass ein Unterschied zwischen Glaubensinhalt und institutioneller Struktur nicht sichtbar wird. Daher wird gerade hier noch einmal deutlich, wie sehr Martins autobiographische Haupterzählung der idealtypischen Motivstruktur ‚Sozialität' entspricht. Die aufgezählten Begegnungen und Erfahrungen fassen diese Struktur inhaltlich zusammen und unterstreichen damit die Vielfalt der institutionellen Erfahrungen (Z. 125–129).

Im Ausklang der Haupterzählung wird schließlich Martins Schule als Ort kirchlicher Akzeptanz betont (Z. 137–138: „man kann seinen glauben lEben ohne AUsgelacht zu werden"). Martin zeigt hier erneut, wie wichtig ihm ein soziales Umfeld ist, das seine kirchliche Orientierung anerkennt und ihn nicht dafür ausgrenzt oder diskriminiert.

Die Fallstruktur von Martin

In der folgenden Fallstruktur soll eine zusammenfassende, alle Ergebnisse der Einzelanalysen des narrativen Textes berücksichtigende Interpretation der Äußerungen des Erzählers erfolgen. Dieses Untersuchungsresultat für die Rekonstruktion der vorliegenden narrativen Identität entsteht aus der Sichtung und Aggregation einzelner Befunde aus verschiedenen Textstellen, die nach den zentralen identitätsrelevanten Aspekten der Erzählung geordnet werden.

Die soziale Einbettung von Religion und Kirche

Die Fallstruktur von Martin zeichnet sich schon im ersten Segment der Haupterzählung ab, in der er die soziale Einbettung von Religion und Kirche als selbstverständlich beschreibt.

Wie die entsprechende Analyse zeigt, präsentiert der Erzähler schon zu einem frühen Zeitpunkt des Interviews seine Kirchlichkeit durch soziale Faktoren, Glaubensinhalte werden nicht erwähnt. Religion wird als Kultur naturalisiert, als nicht begründungsbedürftige Begebenheit dargestellt. Diese inhaltliche Ausrichtung zieht sich durch die gesamte biographische Erzählung und zeigt sich immer wieder in entsprechenden Kernnarrationen, in denen vom Erzähler ausschließlich soziale Faktoren für die Darstellung der Motivstruktur für Kirchlichkeit genannt werden.

Begegnungen mit sozialisatorischen signifikanten Anderen

Eine zweite narrative Relevanzstruktur besteht in der Darstellung unterschiedlicher personaler Begegnungen, meistens mit erwachsenen pastoralen Angestellten der Heimatgemeinde und der Schule. Die Attraktion geht der Erzählung nach eindeutig von den Personen selbst aus, daher ist auch der sozialisationstheoretische Faktor des Vorbildes oder der Identifikation nicht der richtige Ansatzpunkt, sondern die Dimension der Sympathie, die sich in auffällig ungeschützten empathischen Äußerungen zeigt. Die Bewunderung für kirchliche Bezugspersonen erfährt einzig in den Beschreibungen des Dorfpfarrers, der Martin vor der Gemeinde erniedrig, einen Bruch, der jedoch im Kontext der Gesamterzählung eine Ausnahme bildet und durch die Kontrastierung an dieser Negativfolie die positiven Charakterisierungen der nachfolgenden signifikanten Anderen verstärkt.

Integration und Anerkennung

Die dargestellten Beziehungen beinhalten als weiteres identitätsstiftendes Element Positionierungen im Sinne einer individuellen Unersetzbarkeit.

Durch Fremd- und Selbstpositionierungen zeichnet Martin ein Bild von sich in Bezug auf Kirche und Religion, in dem es entscheidend um Integration und soziale Anerkennung geht: Auf ihn als Individuum kommt es an, er als Person ist für die signifikanten Bezugspersonen von entscheidender Wichtigkeit.

Die Karriere in der Gemeinde und im Jugendverband

Die kirchliche Integration stellt der Erzähler schließlich in Form einer Karriere in den kirchlichen Hierarchien dar. Martin beschreibt seinen Werdegang in den Strukturen der Gemeinde und des kirchlichen Schulbereiches als ‚Erfolgsstory', in der er seinem Alter entsprechend hierarchische Stufen in klaren sozialen Strukturen innerhalb der kirchlichen Jugendarbeit hinaufsteigt. Auch hierbei zeigen sich wie im gesamten Interviewverlauf die institutionellen Rollen- und Statuszuweisungen als zentrale Elemente seiner Identitätskonstruktion in Bezug auf Religion und Kirche.

Der einführende, exemplarische Auszug von Martins autobiographischer Erzählung steht stellvertretend für eine große Gruppe interviewter Jugendlicher, die in ihren Identitätskonstruktionen Relevanzfaktoren für ihre kirchliche Aktivität und Orientierung angeben, die unter dem Stichwort ‚Sozialität' gruppiert werden können. Es handelt sich dabei um die erste zentrale Form der aktiven und reflexiven Darstellung von kirchlichen Mitgliedschaftsentwürfen.

Nachdem die exemplarische Erzählung von Martin den möglichst idealtypischen Eckpfeiler für diesen Typus geliefert hat, soll nun eine weitere Ausdifferenzierung dieser kirchlichen Identitätsform erfolgen. Die Analyse der geführten Interviews hat ergeben, dass vier zentrale Deutungsmuster im Bereich Sozialität als Motivstruktur unterschieden werden können:

- *Primäre kirchliche Sozialisation des familiären Nahfeldes:* Sehr viele Jugendliche geben in ihren autobiographischen Erzählungen die Transmission familiärer Kirchlichkeit im Sinne einer Familientradition an, die aufgenommen und weitergeführt wird.
- *Signifikante Andere:* Personen, die professionell in der Gemeinde aktiv sind, werden aufgrund charakterlicher Eigenschaften als bedeutsam für die Aktivität und Verortung in der Gemeinde und in anderen kirchlichen Institutionen genannt.
- *Peergrouperfahrungen:* Einige Jugendliche nennen Erfahrungen in Gleichaltrigengruppen und daraus entstehende Beziehungen als bedeutsam für kirchliches Engagement.
- *Aufstieg in sozialen Hierarchien:* Das Aufsteigen in den hierarchischen Strukturen innerhalb der Jugendarbeit oder in anderen kirchlichen Einrichtungen und die damit verbundene Wertschätzung durch das soziale Umfeld der Institution wird von Jugendlichen als Relevanzfaktor für kirchliche Aktivität genannt.

Schon Martins autobiographische Erzählung beinhaltet mehrere Dimensionen der genannten inhaltlichen Muster kirchlicher Identität. Als Verdeutlichung der genannten Subtypen sollen im Folgenden zu jedem Untertypus entsprechende exemplarische Interviewauszüge dargestellt und analysiert werden.

6.1.1 Primäre kirchliche Sozialisation

Die meisten Jugendlichen, die für die vorliegende Arbeit interviewt wurden, sehen Kirchlichkeit nicht als eigene Entdeckung in ihrem individuellen Lebenslauf, sondern fädeln gerade in den Anfangssegmenten ihrer autobiographischen, meist alterschronologisch aufgebauten Erzählungen, ihre Lebensgeschichte in die ihres familiären Nahfeldes ein. Sie konstruieren eine familiäre kirchliche Tradition, auf die sie sich beziehen und deren Erzählstücke sie aufnehmen und verarbeiten können.

Aktuelle Sozialisationstheorien betonen, dass zwar mit dem Eintritt in die Pubertät als Beginn des Jugendalters sich die familiären Beziehungsmuster ändern und es zu einer emotionalen Distanzierung des Jugendlichen zu seinen Eltern kommen kann, dass jedoch die wesentliche Dynamik in der Familie mit adoleszenten Kindern nicht mehr so sehr von dem Antagonismus zwischen Autonomiebestreben der Kinder und Bindungen an die Familie geprägt ist, sondern von der Harmonie und Disharmonie zwischen diesen beiden Variablen. So sind Autonomieerwerb und Bindung an die Familie eher als ergänzende denn sich ausschließende Größen zu verstehen (Youniss 1994). Vor diesem Hintergrund wirken die Schilderungen eindeutig: Die meisten der interviewten kirchlich orientierten Jugendlichen stellen ihr subjektives Verhältnis zu ihrer Familie im Sinne einer positiven, gelungenen Ergänzung und Passung dar; die Familie wird nicht als Abgrenzungshorizont, sondern vielmehr als Ermöglichungsgrund für aktive Kirchlichkeit gesehen.

Als Beleg hierfür sollen die Eröffnungssequenzen von zwei Jugendlichen aus unterschiedlichen Interviewregionen dienen, um die allgemeine, nicht auf spezielle Erhebungsvariablen beschränkte Struktur dieser Darstellung aufzuzeigen.

Peter

17 Jahre alt, katholisch, wohnt in einer kleinen Stadt in der Nähe von Frankfurt am Main und geht in die zwölfte Klasse eines katholischen Gymnasiums. Peters Vater ist selbstständig, seine Mutter arbeitet als Sekretärin. Der Kontakt gelang über Peters Religionslehrerin, die ihn wegen seiner Gemeindeaktivitäten für ein Interview empfahl. Das Interview fand in einem der Schulräume nach Unterrichtsende im Sommer 2006 statt.

Bereits Im ersten Segment seiner Selbstdeutung betont Peter seine primäre kirchliche Sozialisation.

Segment 1: Sonntags in die Kirche

1   Ehm (Pause 2 sek.) also ich dEnke ich bin eigentlich schOn sehr religiÖs
2   erzogen worden ich bin in nem kleinen dOrf sag ich ma aufgewachsen
3   ehm meine bEIden eltern sind kathOlisch gewesen und ehm von daher
4   bin ich eigentlich schon frÜH eigentlich mit äh in die kirche sOnntags
5   zumal ich muss sagen im nAchhinein also es war jetzt nich übertrIeben
6   es war schon eigentlich frei=willig alles und ehm ja ich mein ich war
7   dann immer so mal mit mit meinem vATer und meiner mutter halt mit in
8   den gottesdienst gegangen und bin da so eigentlich zum ersten mal mit in
9   berührung gekommen (.)

Peter beginnt seine autobiographische Erzählung mit der Synthese zweier biographischer Aspekte: Zum einen betont er die frühe „berührung" (Z. 9) mit Religion und Kirche durch das Elterhaus, das durch die Betonung „meine bEIden eltern sind kathOlisch" (Z. 3–4) in Bezug auf Religion als sozialisatorische Einheit dargestellt wird, andererseits unterstreicht er die Freiwilligkeit der Teilnahme an der kirchlichen Tradition der Familie. Peter positioniert sich damit als Jugendlicher, der in Sympathie mit seiner primären kirchlichen Sozialisation stand und dieser Beeinflussung in seinem Verhalten entsprach. Seine Identitätskonstruktion zeigt somit eine frühe Annahme und Übernahme der kirchlichen Tradition des familiären Nahfeldes. Unterstrichen wird dies durch die das Segment abschließende Wortwahl „in berührung gekommen" (Z. 9). Anders als Begriffe wie ‚Konfrontation' oder auch ‚Be-

gegnung' steht „berührung" hier für Behutsamkeit, die eben keinen Druck ausübt, sondern sanft Kontakt herstellt.
Ähnliche Inhalte prägen auch Brittas autobiographischen Erzählbeginn.

Britta

16 Jahre alt, evangelisch, wohnt bei ihren Eltern und ihrem Bruder in Kempten im Allgäu. Brittas Vater ist Verkäufer in einem Sportladen, ihre Mutter arbeitet als Erzieherin. Sie selbst besucht die Fachoberschule mit Schwerpunkt soziale Arbeit. Das Interview fand in dem evangelischen Jugendzentrum in Kempten statt, in dem Britta Kinder- und Jugendarbeit durchführt.

Segment 1: Kirchgang ganz klar

1   also wir waren immer schon vIEl in der kirche meine mutter hat religi-
2   onspädagogik studIErt und das war einfach in unserer ganzen familie
3   also auch die grOßeltern war ganz klar dass man in die kIrche geht sonn-
4   tags auch (.) und es war wIchtig für uns immer auch schon vom kInder-
5   garten her der hier zum kloster ja gehört hat in dem wir waren (.) und wir
6   warn ehm in verschIEdenen kirchen also nicht immer in H. aus verschie-
7   denen gründen auch waren wir oft in K. zu familiengottesdienste auch
8   wo mein ich hab noch nen jüngeren brUder der noch gAnz klEIn war (.)
9   ehm ja und wir waren ganz oft mit unseren großeltern auch in der kirche
10 eben da wir einen bAUernhof zu hause haben und das dann manchmal
11 nicht so gut funktioniert hat dass man so äh um nEUn schon in die mEs-
12 se gehen kann (.) und wir haben viel bei unseren großeltern im dOrf
13 übernachtet am wochenende und waren mit dEnen immer in der kirche
14 (.) also wir waren hat ganz normal dazu gehört dass man am sonntag in
15 die kirche geht (.)

Interessant ist, dass Britta schon zu Beginn ihrer Anfangserzählung nicht nur die Eltern in Bezug auf Religion und Kirche anführt, sondern im Zuge des familiären Nahfeldes die Großeltern mit benennt. Sie deutet damit eine Tradition an, die transgenerational wirksam ist. Mit der Hervorhebung, dass ihre Mutter professionell im Bereich Religion und Kirche ausgebildet wurde, verdeutlicht an der verstärkenden Betonung des Verbs „studIErt" (Z. 2), gelangt sie schließlich zu der Kernnarration „das war einfach in unserer ganzen familie also auch die grOßeltern war ganz klar dass man in die kIrche geht sonntags auch" (Z. 2–4). Zusammen mit der Schlusssequenz des Segmentes „hat ganz normal dazu gehört dass man am sonntag in die kirche geht" (Z. 14–15) bildet sie die Rahmung des Abschnittes, in der Kirchlichkeit als familiale Tradition verdeutlicht wird.

Die Ausdrücke „einfach" (Z. 2) und „ganz klar" (Z. 3) unterstreichen hierbei, dass die Teilnahme am christlichen Ritus in der Familie unhinterfragte Gültigkeit besaß und mit einer großen Selbstverständlichkeit praktiziert wurde.

Im weiteren Verlauf der Anfangserzählung nehmen die Großeltern Brittas in Bezug auf Religion und Kirche einen noch größeren Stellenwert ein. Der Benennung des engen und regelmäßigen Kontaktes zu den Großeltern (Z. 12–13: „wir haben viel bei unseren großeltern im dOrf übernachtet") führt dazu, dass sie als primäre Quelle kirchlicher Tradition positioniert werden. Über die Eltern trug sich dann diese Kirchlichkeit in Brittas Biographie hinein.

Den beiden Interviewauszügen ist gemeinsam, dass der familiäre Hintergrund als Struktur dargestellt wird, einzelne Personen werden nur kurz beschrieben, vielmehr wird die Ganzheitlichkeit familiärer Tradition als Transmissionsfeld für Kirchlichkeit geschildert. Dieser Befund entspricht vor allem den Forschungen von Jürgen Zinnecker und Helmut Fend, die betonen, dass kirchliche Orientierung im Vergleich zu anderen familiären Kulturen äußerst stabil weitergegeben wird (Fend 2000, Zinnecker, 1993). Interessant ist hierbei, dass kirchlich orientierte Jugendliche selbst eine biographische Begründung ihrer Kirchlichkeit in den Vordergrund stellen, die dieser Argumentation entspricht.

6.1.2 Signifikante Andere

Ein weiterer bedeutender Relevanzfaktor bei der Konstruktion narrativer kirchlicher Identität besteht in der Benennung, Beschreibung und Charakterisierung signifikanter Anderer. Ein eindrucksvolles Beispiel für die Bedeutung von solchen Personen stellt schon der idealtypische Fall Martin dar. Neben diesem Fallbeispiel bieten aber noch andere autobiographische Erzählungen Darstellungen von diesen in Bezug auf Religion und Kirche wichtigen Bezugspersonen. Dabei ist wie bei der Rekonstruktion der narrativen Identität von Martin zu unterscheiden, welche Funktion und Bedeutung signifikante Personen in der individuellen Lebenslaufdarstellung einnehmen. Die folgenden zwei Auszüge sollen hierfür als Beispiel dienen.

Sandra

19 Jahre alt, katholisch, wohnt in einem kleinen Dorf in der Nähe von Kempten im Allgäu. Sandra studiert, nachdem sie die Mittlere Reife absolviert hat, an einer Fachakademie Religionspädagogik. Der Kontakt zu ihr entstand über den Pfarrer ihrer Heimatgemeinde, in der Sandra immer noch in der Jugendarbeit aktiv ist. Dort fand im Winter 2005 auch das Interview statt. Sandra lebt bei ihren Eltern, ihr Vater arbeitet als Elektroingenieur, ihre Mutter ist Hausfrau.

Segment 5: Pfarrer und Gemeindereferentin
1   ehm also pfarrer W. strAHlt ne lebensweise aus die einfach faszinierend
2   is (.) wenn man dem zuhört was er so sAgt also man merkt wirklich dass
3   er dahinter stEHt dass er das ernst meint was er sAgt dass er eigentlich
4   dafür eintreten kann (.) dass es irgendwo nichts dahErgelogenes is son-
5   dern (-) er mit voller überzeugung da dahinter steht und er an sich das
6   auch kleinen kindern beibringen kann dass er das den ministranten bei-
7   bringen kann und das is einfach faszinIErend war für mIch (.) wie ein
8   mensch eigentlich in verschIEdenen berEIchen ob das jetzt kindergar-
9   tenkinder sind bIs zu den senioren das eigentlich auf jede weise seinen
10 glauben zu vermitteln (.) und von dEr seite her is er eigentlich sozusagen
11 ein vorbild (.) wo man sagen kann dem kann man nAcheifern (.) er hat
12 zwar gewisse Ansichten die ich nicht mit ihm tEIl ((kurzes Lachen)) aber
13 das is normAl (.) man muss ja nicht immer Alles haben was das vorbild
14 AUch hAt (.) Aber er is da so schon eine entscheidende krAft (.) und
15 gemeindereferlin jA durch die hab ich dann erst mal so richtig die ver-
16 schiedenen einblicke gekriegt in der pfarrei was eigentlich gemacht wer-
17 den mUss (.) weil das bis jetzt oder bis dAhin eigentlich bloß immer so
18 Oberflächlich war, ich hat halt meine ministranten aber weiterhin war
19 halt dann nichts dA und da hat man halt dann wirklich mal einen einblick
20 gekrIEgt und die hat einen dann sElber das machen lassen (.) und was
21 ich an beiden auch so schätze wo sie gesagt hat sandra das und das steht
22 An und das und das musst du mAchen (.) ohne das danach großartig zu
23 kontrollieren sondern haben gesagt mädel wurschtel sElber wenn's funk-
24 tioniert dann is gut und wenn's nEt funktioniert dann lernst du draus (.)
25 also dieses vertrauen was beide personen mir entgegengebracht haben
26 und was sie mir immer noch entgegen bringen etwas selber ausprobieren
27 (.) ja genAU (.)

Das Ausgewählte Segment in Sandras Erzählung kann inhaltlich in zwei Subsegmente unterschieden werden: Im ersten beziehen sich ihre Darstellungen auf Pfarrer W. (Z. 1–14), im zweiten auf die Gemeindereferentin (Z. 15–27).

    Die vorherrschende Textsorte des Segmentes ist dem Inhalt entsprechend die der Beschreibung bzw. Charakterisierung. Im ersten Subsegment ist das zentrale Wort für den Eindruck, den der Pfarrer auf Sandra ausübt, das Adjektiv „faszinierend", das durch den doppelten Einsatz in Zeile 1 und 7 mit Nachdruck eingesetzt wird. Die Begründung für diese Wirkung konstruiert die Erzählerin mit dem Stilmittel der Aufzählung von sich ergänzenden Charaktereigenschaften (Z. 2–4: „dass er dahinter stEHt dass er das ernst meint was er sAgt dass er eigentlich dafür eintreten kann"), durch die der zentrale Aspekt der Glaubwürdigkeit und der Authentizität des Pfarrers hervorgehoben wird.

Ein zweiter Punkt betrifft die vielseitige Vermittlungskompetenz des Pfarrers. Sandra drückt die große Spannweite dieser von ihr zugeschriebenen Fähigkeit durch die Benennung der größten in einer Kirchengemeinde auftretenden Altersunterschiede aus (Z. 8–9: „kindergartenkinder" und Z. 9: „senioren"). Dadurch wird das umfassende religionspädagogische Wirkungsfeld des Pfarrers veranschaulicht.

Die Einschätzungen gipfeln schließlich in der Kernnarration „von dEr seite her is er eigentlich sozusagen ein vorbild wo man sagen kann dem kann man nAcheifern" (Z. 10–11), die die Steigerung von einer Zuschreibung („vorbild") zu einer daraus resultierenden Handlungsmöglichkeit („nAcheifern") beinhaltet.

Im zweiten Subsegment wird die Gemeindereferentin als signifikante kirchliche Person vorgestellt, die Sandra in die praktische Gemeindetätigkeit einführt und ihr so erweiterte Handlungsmöglichkeiten in der Gemeinde eröffnet. Entscheidend ist hierbei das von der Erzählerin hervorgehobene Zutrauen zur Selbständigkeit, das die Referentin ihr entgegenbrachte. Dies wird besonders an der Aussage „sElber das machen lassen" (Z. 20) deutlich, durch die Betonung wird „sElber" hier zum Schlüsselwort für wertschätzende Kompetenzzuschreibung.

In der Schlusssequenz dieses Segmentes werden die beiden genannten Personen schließlich in Hinblick auf dieses „vertrauen" (Z. 25) als Ermöglichungsgrund für selbständiges individuelles Handeln im Kontext der Pfarrei zusammengeführt.

In den Betrachtungen der signifikanten Anderen dieser Erzählung ist auffällig, dass nicht die Personen in ihrer Ganzheit als Identifikationsfiguren gewählt, sondern eher Teilaspekte einer bestimmten Charakterstruktur bewundert und als vorbildlich erachtet werden. Dies entspricht dem Konzept der Teilidentität von Heiner Keupp: Bestimmte Teilidentitäten stimmen auf der Ebene der signifikanten Anderen mit ‚Teilcharakteren' überein, die in Bezug auf bestimmte Aspekte ausgewählt werden. Die Summe der unterschiedlichen erstrebenswerten, bei anderen Personen beobachteten Eigenschaften ergäbe dann im Sinne postmoderner ‚Patchworkidentität' einen Flickenteppich von ausgesuchten Charakterelementen signifikanter Anderer, gewissermaßen ein ‚Vorbilder-Patchwork'.

Diese Struktur ist in ähnlicher Weise auch bei dem nächsten Fallbeispiel für die Darstellung signifikanter Anderer zu beobachten.

Markus

20 Jahre alt, katholisch, ist nach seinem Abitur Zivildienstleistender in einer Gemeinde in seiner Heimatstadt Frankfurt. In der katholischen Jugendarbeit seiner Gemeinde aktiv, hat er vor, nach dem Zivildienst Theologie zu studieren. Markus' Vater ist Religionslehrer an einem Gymnasium, seine Mutter

arbeitet selbstständig als Yogalehrerin. Das Interview fand im Frühjahr 2005 statt.

Segment 6: Der Religionslehrer

```
1   und ehm sicherlich en ganz entschEIdender schritt war auch mein religi-
2   Onslehrer (.) <<räuspern>> der auch gleichzeitig ehm pfarrer war und
3   auch noch is (--) ehm es war en religionsunterricht in dEr form, dass mir
4   eigentlich das erste mal wirklich was über meinen glauben vermittelt
5   wurde und nicht einfach nur erzählt wurde, was mein glaube eben nIch is
6   (-) ehm das war ne ganz entscheidende sache so dass ich da ja eben in
7   dieser zeit vorher viele viele anfragen an den glauben hAtte und (.) an
8   religion überhAUpt (.) und hier dann wirklich auch prÜfen konnte,
9   stimmt das überein, was ich mir da immer so gedacht habe oder is es
10  vielleicht fAlsch, oder seh ich da jetzt irgendwie viele sachen zu ver-
11  blEndet (-) also da hat mir der religIOnsunterricht sehr viel wEIter ge-
12  holfen (.)
```

Markus positioniert in diesem Segment seiner Erzählung seinen Religionslehrer als Agenten der Institution, dem die Vermittlung einer positiv bestimmbaren Religiosität gelungen ist. Diese Begegnung mit dem Religionslehrer wird durch die Schlüsselformulierung „das erste mal" (Z. 4) in ihrer Bedeutung für Markus' Biographie unterstrichen. Durch die Negativabgrenzung in der Sequenz „nicht einfach nur erzählt wurde, was mein glaube eben nIch is" (Z. 5) stellt Markus sein Bedürfnis nach einer konstruktiven Anleitung für die Entwicklung eines positiv definierten religiösen Selbstverständnisses in den Erzählfokus.

Im weiteren Verlauf des Segmentes wird der Religionslehrer schließlich als Medium der Abgleichung und Überprüfung individueller Überzeugungen genutzt.

In der abschließenden kategorisierenden Zusammenfassung „also da hat mir der religIOnsunterricht sehr viel wEIter geholfen" (Z. 11–12) wird der Religionslehrer in Einheit mit seinem Unterricht als entscheidende Hilfe zur Überwindung der genannten Schwellen bei der Entwicklung von weltanschaulichen Überzeugungen im Lebenslauf und damit als wegweisend für die Identitätsentwicklung von Markus in Bezug auf Religion und Kirche präsentiert. Auch hier wird der Religionslehrer nicht als ganze Person, sondern eher in Hinblick auf bestimmte, in dieser biographischen Phase wichtige inhaltliche Vermittlungsleistungen gesehen.

6.1.3 Peergrouperfahrungen

‚Peergroup' bezeichnet die Gruppe der Gleichaltrigen und Gleichgesinnten, also der engere Freundeskreis, die Clique eines Jugendlichen. Sie nimmt im Jugendalter eine wichtige Funktion ein: Das sich vom Elternhaus allmählich ablösende Kind findet in der Peergroup neue Bezugspersonen, die diesen Ablösungsprozess stützen und zugleich neue Beziehungsformen ermöglichen (Krappmann 1997).

Für viele kirchlich orientierte Jugendliche stellen die Erfahrungen in Gleichaltrigengruppen und die daraus entstehenden Beziehungen eine bedeutende Motivstruktur für kirchliches Engagement dar. Besonders für die Initiation eines neuen Entwicklungsabschnittes innerhalb kirchlicher Institutionen wie Jugendverbände oder Gemeindegruppen sowie für die Begründung von Jugendarbeit in Gemeinden oder die Ausrichtung von religionspädagogischen Angeboten werden positiv erlebte Bindungen in Gleichaltrigengruppen häufig geltend gemacht. Auch hierzu sollen ausgewählte Erzählbeispiele den Befund verdeutlichen.

Katharina

15 Jahre alt, katholisch, lebt in Frankfurt und geht in die 9. Klasse eines Gymnasiums. Katharina lebt bei ihren Eltern, die einen Lebensmittelladen betreiben. Sie ist derzeit in der Betreuung von Messdienern tätig, ist aber selbst auch noch aktive Ministrantin.

Das Gespräch mit ihr fand im Herbst 2006 in ihrer Heimatgemeinde statt. Nach berichtenden Darstellungen über ihre Familie lenkt Katharina den Schwerpunkt ihrer Erzählung auf Freundschaften in der Gemeinde:

Segment 4: In der Kirche zusammenkommen

1   durch dieses monatliche zusAmmentreffen wenn man man kEnnt das ja
2   wenn man leute so ab und zU nur mal sieht und wenn man dann richtig
3   sonntags in der kirche zusAmmenkommt und dann wieder so die lEUte
4   also die einzelnen frEUnde wieder sieht also das ist immer was ganz
5   tOlles weil wenn man so im Alltagsstress oder so nicht dazu kOmmt ist
6   es auch also religion hält ja auch zusAmmen, es verbIndet ja auch die
7   menschen und das is eigentlich ganz tOll (.) also ich hab auch mit ehm
8   meiner damal= ehm damaligen besten frEUndin haben wir beschlossen
9   dass wir das zusammen mAchen, es war EIgentlich auch so von vornher-
10 ein klAr dass nach der kommunion dann ehm die ehm dass wir mEssdie-
11 nerinnen werden (.) und ehm aber man lernt dort natürlich auch neue
12 lEUte kennen und man mErkt dann auf einmal hach der geht ja auf mei-
13 ne schUle den sEH ich ja ab und zu mal nur man konnte den nAmen
14 vorher nie zuordnen und jetzt is es eben so man kEnnt sich man begrÜßt
15 sich (.)

Religion und Kirche wird bei Katharina zunächst als Möglichkeit genannt, Freunde zu treffen. Kategorisierend hierfür verwendet sie die Schlüsselwörter „zusAmmentreffen" (Z. 1) und „zusAmmenkommt" (Z. 3).

Die Bewertung „ganz tOll" (Z. 4–5 und 7) verdeutlicht in ihrem doppelten Einsatz die Bedeutung dieser Freundschaftspflege durch die kirchlichen Aktivitäten. Dabei steht die Regelmäßigkeit der Treffen im Vordergrund (Z. 1: „dieses monatliche zusAmmentreffen"). Nicht besondere außergewöhnliche Erlebnisse werden in Bezug auf Freundschaften genannt, sondern der zeitliche Rhythmus in den Begegnungen, durch den sich freundschaftliche Bindungen bestätigen. Interessanterweise überführt sie schließlich diese Erfahrungen in einen allgemeinen religiösen Zusammenhang: „religion hält ja auch zusAmmen, es verbIndet ja auch die menschen und das is eigentlich ganz tOll" (Z. 6–7).

Die konkrete Gemeinde wird hierbei in die Abstraktion „religion" und die konkreten Freunde in die Verallgemeinerung „menschen" übersetzt.

Den Eintritt in die erste aktive Rolle in der Gemeinde als Messdienerin sieht Katharina in Zusammenhang mit ihrer „damaligen besten frEUndin" (Z. 8). Den Beginn ihrer Ministrantenarbeit formuliert sie dabei gerade nicht als individuelle, sondern als gemeinschaftliche Entscheidung. Freundschaft entsteht somit nicht nur durch kirchliche Aktivität, sondern sie ermutigt zur gemeinsamen Erschließung neuer kirchlicher Handlungsfelder, an die sich dann neue Bekanntschaften anknüpfen oder die, wie in der letzten Sequenz dieses Segmentes dargestellt, ältere, schwächer ausgeprägte Bekanntschaften vertiefen können.

Im nächsten Erzählbeispiel werden Freundschaftsbeziehungen aufgrund bestimmter Gesprächsthemen wertgeschätzt.

Britta

16 Jahre alt, evangelisch, lebt in Kempten und ist auch Teil der Jugendgruppe, die für das evangelische Jugendwerk arbeitet und die für die vorliegende Untersuchung komplett interviewt wurde. Das Interview fand in einem Arbeitsraum der Gemeinde in Kempten statt, in der sich die Jugendlichen selbstverwaltet treffen.

Segment 6: Immer dabei

1   ja also meine freunde die ich über die jUgendgruppe sozusagen über
2   konfi eben kennengelernt hab dann ehm also mit denen ja auf jeden fall
3   weil die waren halt auch Immer dabEI und da hat man dann auch mal
4   viel nachts irgendwie gerEdet oder sonst und das war also das auf jeden
5   fall sehr schön (.) und dann natürlich meine freunde hier alle mit denen
6   kann man sich einfach super unterhAlten und eben auch über solche
7   themen sprechen denn normalerweise is es in der schUle kennt man zwar
8   auch viele nette leute aber die haben meistes nicht sO den bezug zu reli-
9   gion (.) ich finds halt auch schÖn dass man lEUte hat mit denen man
10 also die im gleichen alter sind mit denen man drüber sprechen kann (.)

Britta stellt in ihrer Erzählung über Peergrouperlebnisse zwei zentrale Aspekte in den Vordergrund: Zum einen den Freundeskreis als stetigen Begleiter in der Gemeinde (Z. 3: „Immer dabEI") und zum anderen die Gesprächsmöglichkeiten mit ihren Freunden (Z. 6–7: „auch über solche themen sprechen").

Hier steht nicht wie im vorherigen Erzählauszug von Katharina die Freundschaft als bestärkende Struktur im Vordergrund, sondern die speziellen, in anderen Kontexten nicht vorhandenen religiösen Inhalte der gruppenspezifischen Kommunikation (Z. 8–9: „bezug zu religion").

Das entscheidend positive ist somit die Möglichkeit, die Gruppe als Kommunikationsgemeinschaft zu nutzen, in der Religion thematisiert werden kann. Bestimmte positive Charaktereigenschaften, die sie auch bei außerkirchlichen Jugendlichen finden kann (Z. 7–8: „in der schUle kennt man zwar auch viele nette leute") treten demgegenüber eher in den Hintergrund. Brittas Erzählauszug verdeutlicht den idealtypischen Charakter der hier getroffenen Unterscheidung zwischen Religiosität und Sozialität, da trotz der narrativen Fokussierung der Erzählerin auf die Gleichaltrigengruppe ihr Interesse für religiöse Inhalte deutlich wird. Sozialität und Religiosität liegen hier als Relevanzfaktoren eng beieinander und bedingen sich gegenseitig.

Die Gesamtansicht der autobiographischen Erzählungen zeigt, dass die vorherrschende Motivstruktur für kirchliche Orientierung im Jugendalter in einer Doppelorientierung an den Sozialisationsinstanzen ‚Eltern' und ‚Peers' besteht. Die Mehrheit der befragten Jugendlichen sieht dabei die unterschiedlichen kirchlich-religiösen Einflüsse der Familie und der Peers ergänzend und nicht entgegenstehend.

In den autobiographischen Erzählungen mancher Jugendlicher wird angedeutet, dass in der Jugendphase Kirche als Ort wahrgenommen wird, in dem Anschlussmöglichkeiten für Jugendliche mit wenig Freundschaftsbeziehungen bestehen und Akzeptanz gerade auch für Jugendliche gewährt wird, die in anderen Jugendgruppen ausgegrenzt werden bzw. wenig Beachtung finden. Kirche wird so auch zu einem Ort erklärt, der Peergrouperfahrungen für soziale Außenseiter ermöglicht. Da hierfür jedoch nur zwei kleine Andeutungen in der gesamten Erhebung zu finden sind, kann dieser Aspekt narrativer kirchlicher Identität nur als exkursartige Hypothesenbildung formuliert werden. Die beiden Segmente sollen in diesem Sinne vergleichend analysiert werden.

Ferdinand

16 Jahre alt, katholisch, wohnt in einer Gemeinde in der Nähe von Mainz. Ferdinand besucht die 10. Klasse einer Realschule. Sein Vater ist Produktionsmitarbeiter in einer Baufirma, seine Mutter arbeitet in einer Drogerie.

Ferdinand deutet nach der Darstellung familiärer kirchlicher Sozialisation folgende Begründung für seine aktive Kirchenzugehörigkeit an:

Segment 4: Sehr wenig Freunde

```
1  ähm so dann was auch früher war bevor ich in die evangelische jugend
2  gekommen bin war dass ich sehr wenig frEUnde hatte also da hab ich
3  mal dazu entschlossen hier in die jUgendgruppe und das hat dann bin ich
4  da so ein bißchen hÄngengeblieben (.)
```

Der zentrale Ausdruck „sehr wenig frEUnde" (Z. 2) gleicht einer Kategorisierung. Nicht nur die konkrete Anzahl der Freunde spielt hier eine Rolle, sondern „wenig frEUnde" steht für einen früheren (Z. 1: „bevor") Status der Einsamkeit in seiner ganzen Bedeutung für die Person. Die Entscheidung für die Jugendgruppe führt so zu einem Anschluss, der sozialen Halt gibt. Ferdinand drückt seine Position in diesem gefundenen ‚sozialen Netz' stilistisch durch das Bild „hÄngengeblieben" (Z. 4) aus. Im Kontext des Erzählausschnittes erscheinen so auch die negativen Aspekte dieser Metapher, wie etwa ‚Stillstand' oder ‚Entwicklungsstagnation' gewählt und gewünscht; die kirchliche Jugendgruppe wird zu einer sozialen Nische der Akzeptanz und Anerkennung.

Konstantin

16 Jahre alt, evangelisch, lebt in Mainz und besucht die 10. Klasse eines Gymnasiums. Seine Eltern sind beide Lehrer. Auch in Konstantins Erzählung werden negative Erfahrungen mit Gleichaltrigen angeführt:

Segment 5: Gefühl von Hilfe und Anleitung

```
1   weil ich wahrscheinlich frÜH selber gespÜrt habe dass dieser religiÖse
2   aspEkt etwas ist wo man ehm viel viel hIlfe finden kann vielleicht wenn
3   man mit glEIchaltrigen nicht immer ganz klar kommt, wenn man ehm
4   die atmosphÄre einfach die in einer solchen kirche is der rUhe und des
5   gefÜhls man kann sich an jemanden wEnden der ehm etwas Über die-
6   sem rein mEschlichem steht, ehm dieses gefühl vielleicht gehAbt zu
7   haben ehm liegt=hÄngt einfach damit zusammen dass ich in dEr zeit mit
8   einigen menschen auch in der grundschule nIcht besOnders gut klAr
9   kam und hab dA schon das erste mal auch ein gefühl von hIlfe und An-
10  leitung für mein leben gehabt ich denke dAs war ein wichtiger punkt (.)
```

Konstantin drückt seine Beziehung zu Religion sehr direkt als „hIlfe" (Z. 2) für soziale Probleme aus. Diese werden zunächst dekontextualisiert dargestellt: „wenn man mit glEIchaltrigen nicht immer ganz klar kommt" (Z. 2–3). Das Pronomen „man" drückt hier die Problematik allgemein und unpersönlich aus. Im weiteren Verlauf des Segmentes bezieht Konstantin schließlich die Probleme auf seine Person, aus „man" wird „ich": „dass ich in dEr zeit mit einigen menschen auch in der grundschule nIcht besOnders gut klAr kam" (Z. 7–9).

Parallel zu dieser Konkretisierung erfolgt die genauere Beschreibung der kirchlichen Unterstützung: Die allgemeine Bezeichnung „hIlfe" wird spezifiziert auf das Erleben von Geborgenheit und verständnisvollen Annehmens: „rUhe und des gefÜhls man kann sich an jemanden wEnden" (Z. 4–5).

Interessant ist nun im Vergleich zum vorherigen Segment der religiöse Aspekt der Hilfe: „man kann sich an jemanden wEnden der ehm etwas Über diesem rein mEschlichem steht" (Z. 5–6). Die Lösung für ‚rein menschliche' Probleme besteht für ihn in einer die weltliche Grundlage für diese Probleme transzendierenden Perspektive. Lösungen werden nicht innerhalb des Problemzusammenhangs gesucht, sondern in der Einnahme einer überwindenden, relativierenden religiösen Sichtweise.

Die beiden Interviewauszüge verdeutlichen den genannten Aspekt, dass Jugendliche, die in anderen Peergroup-Zusammenhängen Probleme haben, in kirchlichen Bereichen sozialen Ausgleich im Sinne von Akzeptanz und Zugehörigkeit finden. Auch wenn diese Struktur in den Interviews nur selten zum Vorschein kam, kann dies doch ein Hinweis auf eine wichtige Motivstruktur für Kirchlichkeit bei einer bestimmten Gruppe innerhalb kirchlicher Institutionen sein.

6.1.4 Aufstieg in sozialen Hierarchien

Ein letzter, ganz zentraler Unteraspekt von Sozialität als Relevanzfaktor für kirchliche Identität im Jugendalter stellt die narrative Darstellung von Aufstiegen in den vorgefundenen sozialen Hierarchien kirchlicher Institutionen wie Ortsgemeinden oder Jugendverbänden dar. Diese Motivstruktur zeigt sich in den geführten Interviews so häufig, dass zahlreiche Segmente als Belegstellen hierfür angeführt werden könnten. Zwei zentrale Interviewauszüge scheinen jedoch zur repräsentativen Darstellung dieses deutlichen Befundes besonders geeignet.

Anette

18 Jahre alt, evangelisch, ist in ihrer lutherischen Heimatgemeinde in einem Stadtteil von Frankfurt die zentrale jugendliche Mitarbeiterin für ehrenamtliche Kinder- und Jugendarbeit. Anette fiel für die vorliegende Erhebung durch einen Bericht in einer Lokalzeitung für Jugendarbeit in Frankfurt auf, in der sie als positives Beispiel für jugendliches Engagement erwähnt wurde. Über die Pfarrerin ihrer Gemeinde entstand schließlich der Interviewtermin.

Anette beginnt nach der Erzählaufforderung mit kurzen Darstellungen ihrer Teilnehmerrolle in der Gemeinde und lenkt dann den Erzählfokus auf ihre aktive Zeit in der Gemeindearbeit.

Segment 1: An die Gemeinde herangeführt
1   ja, Also ehm mein erstes erlebnis so mit kIrche war als ich ehm klEIner
2   war noch in die grUndschlule beziehungsweise im kIndergarten war,
3   ehm da bin ich immer hier mit der gemeinde auf ne kleine also auf so ne
4   kInderfreizeit gefahrn die war immer an Ostern beziehungsweise in der
5   ferienwoche vor beziehungsweise nAch ostern und halt immer mitbe-
6   ko=also hab=wurden wir halt auch ehm wurden immer kIrchliche the-
7   men hauptsächlich behandelt bei diesen freizeiten und ehm äh da haben
8   wir halt auch spIEle gemacht aber auch äh religiöse geschIchten erzählt
9   und sowas (.) und das war so das Erste woran ich mich erInnern kann,
10 dann hab ich noch in der grUndschule hab ich halt auch religIOnsunter-
11 richt gehabt äh mit nem lEHrer also der lEHrer war is hier pfArrer gewe-
12 sen in unsrer gemeinde und hat uns dA auch so ein bißchen an die ge-
13 meinde rAngeführt (.)

Anette beschreibt im ersten Segment ihrer Erzählung zunächst ein Hineinwachsen in die Gemeindestrukturen durch die Teilnahme an entsprechenden Veranstaltungen. Schon in diesem ersten Abschnitt wird die Bedeutung vorgefundener kirchlicher Einrichtungen deutlich. Die klare Strukturierung ihrer kirchlichen Sozialisation verdeutlicht die Erzählerin durch die narrative Aneinanderreihung der Schlüsselbegriffe „grundschule", „kIndergarten" (Z. 2) und „kInderfreizeit" (Z. 3–4).

Es sind diese sozialisatorischen Strukturen der Institution und die darin aktiven Sozialagenten, die den ersten Kontakt zu religiösen Inhalten ermöglicht haben. Die kirchlichen Gefüge werden so als unersetzbar für die Auseinandersetzung mit Religion beschrieben.

Segment 2: Allmählicher Einstieg
14 jA dann war ich ehm auch sElber im kindergottesdIEnst ich lEIte den ja
15 jetzt auch mit und äh bin da tEAmer und früher war ich sElbst Kind und
16 hab da mItgespielt bei theAterstücken oder irgendwelche biblischen
17 themen behandelt und so (.) jA dann bin ich halt ja grÖßer <<lacht>>
18 gewOrden keine ahnung ehm dann hab ich mich konfimIEren lassen und
19 äh bei uns in der gemeinde is es sO man kann ehm bevOr man konfir-
20 miert wird kann man sich entschEIden ob man vielleicht oder mal mit
21 dem gedAnken spielen ob man vielleicht n bißchen ehm kinderarbeit
22 mAchen (-) mÖchte oder wie auch immer wir haben auch ein sehr gutes
23 verhältnis zu unserer gemEIndepädagogin und dann hat sIE uns (-) dann
24 gefrAgt auch ob wir vielleicht interEsse dran hätten und ob wir uns dann
25 mit ehm den kindern irgendwie beschÄftigen möchten und so (.) Also
26 bevOr ich konfirmiert wurde hab dann angefangen langsam mir so die
27 arbeit Anzuschaun ehm hab sElbst jetzt an vOrbereitungstreffen zum
28 beispiel für ein KindergOttesdienst teilgenommen und ehm hab AUch so
29 n bißchen mItgegUckt wie die leute es denn mAchen ich war nich so

30 Aktiv jetzt unbedingt dabEI so richtig als betrEUer sondern eher so als,
31 ja beObachter in gewisser weise (.) ich hab auch mitgehOlfen den mit
32 den kindern zu basteln oder geschichten zu erzählen aber für mich war
33 das noch nich sO richtig das ((dramatisch spielend)) ich bin da jetzt
34 teamer oder so ja (.)

In ihrem zweiten Segment setzt Anette als Themenschwerpunkt den Beginn des Überganges von der Teilnehmerin kirchlicher Angebote zur aktiven Mitarbeiterin in der Kinder- und Jugendarbeit. Als Gelenkstelle zwischen diesem Identitätswechsel der Teilnehmerin zur Mitarbeiterin setzt sie die anstehende Konfirmation. Dabei wird die vorhandene Struktur der Gemeinde vor Ort aufgenommen (Z. 19: „bei uns in der gemeinde is es sO") und als Hintergrundfolie für die eigene kirchliche Biographie verwendet. Es handelt sich also bei Anettes Identitätskonstruktion um ein klassisches Einfädeln der eigenen Lebensgeschichte in vorhandene sozialisierende Institutionsstrukturen. Anette formuliert in diesem Zusammenhang keinerlei Auseinandersetzung oder gar Kritik an diesen Strukturen, sie werden ganz selbstverständlich akzeptiert, und der Selbstentwurf wird ihnen angepasst. Interessant ist hierbei auch die Einführung des anstehenden Rollenwechsels vor der Konfirmation: Anette legt in ihrer Erzählung großen Wert darauf, nicht schlagartig die Rolle der Teilnehmerin gegen die der Mitarbeiterin einzutauschen, sondern beschreibt einen Prozess der Gewöhnung. So berichtet sie in Zeile 29–31: „ich war nich so Aktiv jetzt unbedingt dabEI so richtig als betrEUer sondern eher so als, ja beObachter in gewisser weise". Mit Hurrelmanns Konzept der produktiven Realitätsverarbeitung lässt sich diese Konstruktion als eine allmähliche Angleichung des eigenen Selbstbildes an den Mitgliedschaftsentwurf beschreiben, der mit der Konfirmation als Schwelle zu einem Status- und Rollenwechsel auf Anette zukommt. Realitätsverarbeitung als Voraussetzung für die Errichtung von Identität wird hier deutlich als Aushandlungsprozess zwischen äußerer und innerer Realität erzählerisch aufgearbeitet.

Segment 3: Richtig mitgearbeitet

35 Und äh dann spÄter wurd ich konfimIErt, da wurde dann auch also nAch
36 meiner konfirmation hab ich dann so richtig mItgearbeitet dann in den (-)
37 ja also in der in der im kindergottesdiest, dann hab ich ne AUsbildung
38 gemacht zum jUgendleiter äh um halt das is halt machen wIr halt Immer
39 unsre gemeinde das wird von unsrer gemeinde bezAHlt damit wir auch
40 richtig ausgebildet sInd und dann diese vorbereitungs=ehm also da wird
41 man halt richtig so auf diese arbeit vOrbereitet wir mussten erste hIlfe
42 kurs machen man konnt ein rEchstseminsar und muss halt verschiedene
43 aktio=also da gibt's dann immer tAgesveranstaltungen zum beispiel die
44 man besuchen muss und da wurden wir halt richtig drauf vOrbereitet wie
45 man mit kindern Arbeitet und << leiser>> hab noch so ne Arbeit dazu
46 gemacht (.)

Anette positioniert sich nun als Jugendliche, deren Anpassungen an die neuen Rollen- und Statusvorgaben nach der Konfirmation gelungen sind und deren Aktivitäten in der kirchlichen Jugendarbeit dadurch sprunghaft anstiegen. Dies drückt sie durch die Kernnarration „nAch meiner konfirmation hab ich dann so richtig mItgearbeitet" (Z. 35–36) aus. Hierbei wird deutlich, dass sie ihren Identitätsstatus durch ihre Handlungen bestimmt, die Konfirmation eröffnet ihr neue Möglichkeiten in der Gemeinde, deren Nutzung wiederum zu einer neuen Bestimmung ihres Selbst führt. Anette zufolge geht das Konzept ihrer Gemeinde in Bezug auf Jugendarbeit bei ihr voll auf, sie steht in widerspruchsloser Sympathie zu dieser institutionellen Struktur.

Das Durchlaufen der Hierarchien in der Kinder- und Jugendarbeit wird dabei durch die Betonung der zunehmenden Professionalisierung ausgedrückt. Durch die umfassende Aufzählung der Ausbildungen („jUgendleiter", „erste hIlfe kurs", „rEchtseminar", „tAgesveranstaltungen") positioniert sich Anette als Gemeindemitarbeiterin, deren Arbeitsqualität über die einer einfachen Hobbytätigkeit hinausgeht und beinahe schon professionellen Charakter besitzt. Dies unterstützt zum einen die dreifache Wiederholung des Verbs „vorbereitet" und der Einsatz der Schlüsselformulierung „richtig ausgebildet" (Z. 40).

All dies bringt letztendlich zum Ausdruck, wie wichtig der hierarchische Aufstieg für Anette ist, wie strukturiert er abläuft, und wie viel Energie und Engagement sie bereit ist, dafür aufzubringen.

Im vierten Segment ihrer Erzählung stellt Anette schließlich ihre aus dieser Aktivität resultierende neue Position in der Gemeinde vor:

Segment 4: Seitdem

47 jA und seitdEm bin ich jetzt hier in der gemeinde tÄtig wir bereiten
48 zusammen den kIndergottesdienst vor einmal im monat trEffen wir uns
49 und da wechseln wir uns halt immer ab, freitags um sechzehn uhr dreißig
50 trEffen wir uns al=also fa=fängt der gottesdienst an, dauert eine stUnde
51 wir haben immer am Anfang wird dann wahrschei= also meistens ne
52 biblische geschIchte erzählt oder beziehungsweise das thEma (-) Und äh
53 da treffen wir uns bereiten das vOr und dann ja haben wir wie gesagt
54 einmal in der woche diese grUppenstunde (-) jA und es macht mir sehr
55 viel spAß also ich beschäftige mich gErn mit den kindern und es macht
56 mir auch spaß wenn ich sEh so und selber irgendwie das mItgeben kann
57 zum beispiel weil ich hab ja sElbst kin=war sElbst kind im kindergottes-
58 dienst und hab do=von dort AUch viel bekommen dann lern ich auch mit
59 den anderen kindern dann Umzugehen und so deswegen also es gibt
60 schon viel mIt so (.)

Das vierte Segment in Anettes Erzählung bietet aus der Perspektive des Ist-Zustands ein erstes geschlossenes Bild ihrer neu entwickelten kirchlichen Identität. Durch die zusammenfassende Beschreibung ihrer aktuellen Tätigkeiten wird das Bild einer gelungenen Bewältigung ihrer Rollenveränderungen unterstrichen. Durch die genauen Angaben (Z. 49: „freitags um sechzehn uhr dreißig") positioniert sich Anette auch als präzise, verlässliche Mitarbeiterin, die die Abläufe der Jugendgottesdienste und deren Vorarbeiten so internalisiert hat, dass sie zu ihren eigenen geworden sind.

Einen letzten Aspekt fügt die Erzählerin am Ende dieses Segmentes hinzu, sie interpretiert ihr Engagement nicht nur als ein Geben für die Kinder, sondern stellt ihre Aktivität im Sinne eines Generationenvertrages vor: „und es macht mir auch spaß wenn ich sEh so und selber irgendwie das mItgeben kann zum beispiel weil ich hab ja sElbst kin=war sElbst kind im kindergottesdienst und hab do=von dort AUch viel bekommen" (Z. 54–58).

Das kirchliche Handeln wird hier in ein ‚Geben und Nehmen' gesetzt, das die Dankbarkeit für die Teilnahme in der eigenen Kindheit in Aktivität für andere Kinder übersetzt.

Anette zeigt in ihrer Erzählung eine in den autobiographischen Interviews sehr häufig auftauchende Erzählfigur in ihrer ganzen Prozesshaftigkeit: Von der eigenen Teilnahme an kirchlichen Projekten hin zur Mitarbeit in diesen Projekten. Diese Struktur ‚vom Teilnehmer zum Teamer' kommt auch in dem folgenden kurzen Segment punktgenau zum Ausdruck.

Dennis

16 Jahre, evangelisch, wohnt in Kempten und ist Konfirmationsbetreuer seiner Gemeinde. Dennis besucht zum Zeitpunkt des Interviews noch die 10. Klasse einer Realschule und bereitet sich auf die für ihn sich anschließende Fachoberschule vor. Sein Vater ist von Beruf Kraftfahrer, seine Mutter ist Zahntechnikerin.

Nachdem Dennis über seine primäre kirchliche Sozialisation berichtet, wählt er als Einstieg für die Darstellung seiner Aktivitäten in der Gemeinde folgende Formulierung:

Segment 7: Eine Hand wäscht die andere

1 also es is sO das prinzip von der evangelischen jugend is ja praktisch
2 eine hand wäscht die Andere also man fährt eben auf ne frEIzeit mit und
3 das sollt einem ganz gut eigentlich gefAllen dass man dann sagt man
4 möcht das dann auch sElber machen (.) man steigt dann eben in den
5 grundkurs ein und so is das eben so ein kreislauf (.) Und ja die evangeli-
6 sche jUgend die freizeiten die haben mir sehr viel gegEben und dann hab
7 ich mir gedacht das will ich AUch mal machen und so bin ich dann dazu
8 gekOmmen (.)

Dennis stellt in seiner Erzählung nicht nur wie Anette die persönlichen Aufstiegsmöglichkeiten innerhalb der Jugendarbeit dar, sondern konstruiert aus einer Metaperspektive ein hinter dem biographischen Erleben gelegenes Prinzip der evangelischen Jugend: „eine hand wäscht die Andere" (Z. 1–2). Dies ergänzt Anettes ausführlichere Darstellungen um eine zusammenfassend- kategorisierende Begriffsdefinition, die ihre endgültige Bestimmung in der Wortwahl „kreislauf" (Z. 5) erhält.

Im weiteren Verlauf des Segmentes positioniert sich Dennis zudem als Jugendlicher, der sich in dieses definierte Konzept gelungen eingefügt hat (Z. 6).

Der Typus ‚Sozialität' ist mit seinen vorgestellten Untergruppen in Hinblick auf die erfolgte Untersuchung hiermit abgeschlossen. In den Interviews fanden sich in Bezug auf soziale Relevanzfaktoren für kirchliche Identität ausschließlich die vier anhand von Auszügen vorgestellten sozialen Faktoren ‚Primäre kirchliche Sozialisation', ‚Signifikante Andere', ‚Peergrouperfahrungen' und ‚Aufsteigen in kirchlichen Hierarchien'.

Sie stellen als Typus ‚Sozialität' die erste zentrale Form der beiden inhaltlich bedeutsamen kirchlichen Mitgliedschaftsentwürfe dar.

Das vorherrschende Beziehungsmodell im Jugendalter besteht wie gesehen in einer multiplen Orientierung an drei zentralen Sozialisationsinstanzen, den Eltern, wichtigen Personen aus Kirche und Gemeinde und Peers. Die meisten interviewten Jugendlichen sehen dabei die unterschiedlichen Einflüsse als sich biographisch ergänzende Faktoren hinsichtlich ihres Verhältnisses zu Religion und Kirche. Zudem kann resümiert werden, dass sich die interviewten Jugendlichen stark mit den Orientierungen ihrer Eltern und deren Werte- und Normenorientierungen einverstanden zeigen. Diese Selbstbeschreibungen stehen deutlich in Einklang mit der These Helmut Fends, dass primäre sozialisatorische Faktoren in Bezug auf Religion und Kirche die „Überzeugung der Eltern" und die ihnen entsprechenden Interaktionen mit ihren Kindern sind (Fend 2000, S. 386).

In diesen Wechselwirkungen mit ihren primären Bezugspersonen scheinen sich die Identitätskonstruktionen Heranwachsender entsprechend ihren sozialen und geistigen Veränderungen zu entwickeln. Da sie zudem mit ihrem Engagement in kirchlichen Gemeinden und Verbänden von Erwachsenen kontrollierte und geleitete Gruppen bevorzugen, können sie als ‚familienzentrierte Jugendliche' bezeichnet werden. Jugendliche, die Religion und Kirche gerade als Abgrenzungsmöglichkeit zu den Eltern verstehen, kamen in der vorliegenden Stichprobe nicht vor.

Die nun folgende Beschreibung des inhaltlich bestimmten Typus ‚Religiosität' stellt demgegenüber ein inhaltlich völlig anderes Resultat produktiver Realitätsverarbeitung dar.

6.2 Der Typus ‚Religiosität'

Religiosität spielt natürlich für Kirchlichkeit im Jugendalter eine Rolle, wenn auch eine geringere als angenommen: Religiosität wird als Begründung kirchlicher Orientierung im Jugendalter im Gegensatz zu den sehr häufig genannten sozialen Faktoren eher selten und zurückhaltend angeführt. Jugendliche tun sich offensichtlich schwer, Religiosität narrativ darzustellen. Über die Gründe kann an dieser Stelle nur spekuliert werden, jedoch bieten sicherlich die dargestellten Theorien der Endtraditionalisierung im Zuge von Modernisierung und Individualisierung von Kaufmann und Gabriel hierfür angemessene Erklärungsmodelle.

Dennoch lassen sich auch in der vorliegenden empirischen Studie bei einigen Jugendlichen eindeutige religiöse Narrationen in den Selbstbeschreibungen finden. Wichtig ist hierbei die innere Differenzierung dieser Motivstruktur: Nicht nur ‚Glaube und Religiosität' soll allein als biographisches Phänomen sprachlich identifiziert werden, es kommt im Folgenden entscheidend darauf an, wie Jugendliche Religiosität als Relevanzfaktor für ihre Kirchlichkeit einsetzen und mit welchen sprachlichen Herstellungsverfahren sie das tun. Gerade in Bezug auf das religiöse Selbstverständnis werden Kategorisierungen und Positionierungen hierbei erneut sehr wichtig. Es geht somit in erster Linie nicht darum, Ursachenfaktoren für Religiosität in den biographischen Interviews freizulegen, sondern Bestimmungsstücke dafür zu analysieren, was Religion für kirchlich orientierte Jugendliche bedeutet. Da Religiosität aus der Perspektive narrativer Identitätsrekonstruktion nur im Erschließen der biographischen Selbstdarstellung zu verstehen ist, geht es somit um die Suche nach Spuren der Herstellung von Religiosität in der Narration.

Entsprechend der Darstellung der ersten Motivstruktur soll auch für den Relevanzfaktor ‚Religiosität' zunächst eine segmentierte Identitätskonstruktion ausführlicher vorgestellt werden, die in besonders deutlicher Form diesen Idealtypus repräsentiert. Im Unterschied zu den anschließenden Erzählauszügen wird es auf diese Art möglich, noch einmal eine Anfangserzählung in ihrer Gesamtheit zu betrachten, um daran anknüpfend die unterschiedlichen Ausdifferenzierungen von Religiosität als Motivstruktur zu erläutern.

Bei diesem möglichst ‚reinen' Fallbeispiel handelt es sich um die Haupterzählung aus dem Interview mit Klara.

Religiöse Motivstruktur für Kirchlichkeit: Klara

Klara ist eine der wenigen Theologiestudentinnen, die für die vorliegende Untersuchung interviewt wurden. Die Entscheidung, ihre kirchliche Orientierung zu professionalisieren, stellt eine Besonderheit unter den Befragten dar, die natürlich bei der Rekonstruktion ihrer kirchlichen Identität berücksichtigt werden muss. Zudem gehört sie zu den älteren Interviewpartnern der Stichprobe; mit 21 Jahren ist sie nach der Definition des Samplings im Übergang von einer jugendlichen Heranwachsenden zu der Nachjugendphase junger Erwachsener begriffen. Dennoch macht ihre äußerst konsequente Hervorhebung religiöser Relevanzfaktoren in ihrer Identitätskonstruktion sie zum idealen Fallbeispiel des entsprechenden Typus ‚Religiosität'. Klara ist evangelisch und studiert dementsprechend am evangelischen Fachbereich der Universität Frankfurt, wo auch das Interview Anfang 2007 als eines der letzten der Stichprobe stattfand.

Auch Klara beginnt ihre Erzählung mit der Darstellung erster Vergemeinschaftungserfahrungen, stellt aber anders als in Martins Biographie, die den Relevanzfaktor Sozialität repräsentierte, sehr schnell religiöse Inhalte in den narrativen Fokus:

```
1   S.: ich wurde irgendwie in den kIndergottesdienst mal geschickt sonn-
2   tags meine eltern sind also mein vater ist kathOlisch meine mutter ist
3   evangElisch bEIde aber keine regelmäßigen kIrchgänger außer wenn wir
4   im Urlaub sind dann geht mein vater mit mir in den katholischen gottes-
5   dienst (.) das fand ich immer schon sehr faszinIErend denn mEIne evan-
6   gelische kirchengemeinde ist nochmal reformIErt das heißt wahnsinnig
7   trOcken wEnig wird gesUngen und wenig so gemAcht das heißt mich
8   hat der kathOlische gottesdienst in österreich immer sEHr sehr faszinIErt
9   vor allem wenn die alten mütterchen da eine stunde vOrher saßen und
10  rOsenkranz gebetet haben also ich fand das ganz ganz tOll und dachte
11  was ist dAs für eine spiritualität (.) kIndergottesdienst fand ich dann sehr
12  spAnnend hab dann ein ganz interessantes gottesbild schon sehr früh
13  bekOmmen und zwar der gÜtige gott, der gUte gott der einfach dA ist
14  und irgendwie auch wenn man sOrgen oder nÖte hat und probleme hat
15  die man vielleicht mit den Eltern nicht klären kann dass dann dass man
16  nicht allEIne ist (.) also vor Allem dieses gefühl der gebOrgenheit war
17  sehr schnell vermittelt (.)
```

Dieser Beginn der Erzählung stellt in einem ersten Subsegment die Beziehung der Herkunftsfamilie zu Religion und Kirche vor (Z. 1–4), im darauf folgenden Erzählabschnitt formuliert Klara durch Einschätzungen ihrer frühen Erfahrungen mit Kirche einen Einstieg in ihre Religiosität (Z. 5–11), der anschließend im dritten Subsegment konkretisiert wird (Z. 12–17).

Die in diesem Segment vorherrschende Textsorte der berichtenden Darstellung wird für diese erste Darstellung von Religiosität durch Beschreibungen und Argumentationen ergänzt.

Zu Beginn des ersten Subsegmentes „ich wurde irgendwie in den kIndergottesdienst mal geschickt sonntags" (Z. 1) präsentiert Klara eine primäre kirchliche Sozialisation, die sich durch Inhaltsleere und Unklarheit auszeichnet. Dies verdeutlicht die Erzählzeit im Passiv, die die Benennung konkreter Personen ausspart. Die ersten Begegnungen mit Religion und Kirche finden nicht in einem religiös vorbereitenden, reflektierenden Familiensystem statt, sondern werden als unbestimmte Erlebnisse dargestellt. Das Adjektiv „irgendwie" unterstreicht diese beiläufige Vorgabe durch das Umfeld. Die anschließende Charakterisierung der Eltern (Z. 1–4) untermauert dieses Bild: Deren konfessionelle Unterschiede werden in der fehlenden kirchlichen Tradition zusammengeführt, die unterschiedliche Kirchenzugehörigkeit wird nicht als Problem oder Herausforderung dargestellt, weil Religion und Kirche sowieso kein zentrales familiäres Thema ist.

Positive religiöse Erlebnisse werden so zum wertvollen Ausnahmeereignis (Z. 3–4: „außer wenn wir im Urlaub sind"), in dem der Vater Klara einen immerhin sporadischen Zugang zu Religion und Kirche ermöglicht.

Zu Beginn des zweiten Subsegmentes nimmt Klara diese Erfahrungen im katholischen Gottesdienst auf und positioniert sich gegensätzlich zu ihren Eltern als religiös und an kirchlichen Formen sehr interessiert. Die Formulierung „das fand ich immer schon sehr faszinIErend" (Z. 5) deutet bereits an, dass Klara sich überdurchschnittlich offen und talentiert im Umgang mit religiösen Inhalten sieht und diese Eigenschaft als grundlegendes Wesensmerkmal ihrer Person deutet („immer schon").

In Abgrenzung zu ihrer reformierten Heimatgemeinde durch die dreigliedrige Kategorisierung „wahnsinnig trOcken wEnig wird gesUngen und wenig so gemAcht" (Z. 6–7) stellt sie als Bespiel für positiv wahrgenommene Kirchlichkeit eine im Urlaub beobachtete katholisch-traditionelle Frömmigkeit heraus: „wenn die alten mütterchen da eine stunde vOrher saßen und rOsenkranz gebetet haben" (Z. 9–10). Das Adjektiv „alten" und die Verniedlichungsform „mütterchen" zeigt eine positive Einstellung zu einer traditionell-gewachsenen Religiosität. Der Begriff „rOsenkranz" wird dabei zum Synonym authentischen Glaubens, der auch über die Gemeinderiten hinaus individuell, aus innerweltlichen Motiven praktiziert wird.

Der Abschluss des Subsegmentes (Z. 11: „was ist dAs für eine spiritualität") bietet für die Eindrücke in diesem Erzählabschnitt eine zusammenfassende Kategorisierung: Klara schätzt eine intrinsische, sich in Handlungen und Formen manifestierende Religiosität.

Das dritte Subsegment nimmt mit der Fokussierung auf den „kIndergottesdienst" den Erzählfaden des Erzählbeginns wieder auf und bereitet damit die nachfolgenden Kernnarrationen des Segmentes in Zeile 11 bis 17 vor, in der Klara zunächst in der Sequenz „hab dann ein ganz interessantes gottesbild schon sehr früh bekOmmen" (Z. 12–13) keine bestimmten Personen erwähnt, sondern die Entwicklung individueller Religiosität in das Zentrum ihrer Erzählung stellt. Allein die Erzählzeit des Passivs deutet an, dass sie sich nicht von selbst ein Gottesbild erarbeitet hat, sondern auf entsprechende Bildungsprozesse durch andere angewiesen war. Die religiöse Ausrichtung wird im Folgenden inhaltlich bestimmt: „und zwar der gÜtige gott, der gUte gott der einfach dA ist und irgendwie auch wenn man sOrgen oder nÖte hat und probleme hat die man vielleicht mit den Eltern nicht klären kann dass dann dass man nicht allEIne ist" (Z. 13–16). Religiosität im Sinne eines identitätsstiftenden Glaubensfundamentes steht hier im Vordergrund, die Darstellung individueller Religiosität wird als zentraler Relevanzfaktor für die Begründung der eigenen Kirchlichkeit herangezogen.

Die vorherrschende Textsorte bei der Darstellung ihrer Religiosität ist die der Beschreibung, in der die Erzählerin ein personales Gottesbild präsentiert, das konkrete Charaktereigenschaften besitzt. Dieses Bild wird im Laufe der Sequenz immer deutlicher herausgestellt: Zunächst erinnern die Zuschreibungen „der gÜtige gott" bzw. „der gUte gott" noch an allgemeine sakrale, in Gottesdiensten häufig vorkommende Formulierungen. Die anschließenden Darstellungen beziehen das Gottesbild schließlich auf die Lebenswirklichkeit und beschreiben Gott wie einen nahe stehenden Verwandten oder Freund, der hier durch die Erzählerin den Funktionsbezug eines verlässlichen Partners in Krisensituationen erhält. In der letzten Sequenz des ersten Segmentes fasst Klara schließlich ihren Glauben kategorial zusammen: „also vor Allem dieses gefühl der gebOrgenheit war sehr schnell vermittelt" (Z. 16–17). Durch den Kernbegriff „gebOrgenheit" wird hier die Sicherung tiefster affektiver Grundbedürfnisse als religiöses Element in den Vordergrund gestellt. Klara deutet damit schon zwei miteinander verbundene religiöse Identitätsfacetten an: die Entwicklung von Glaubenskonzepten und religiösen Gefühlen. Die Formulierung „war sehr schnell vermittelt" deutet wiederum eine in ihrer Person verankerte religiöse Bereitschaft an, die es ermöglicht, dass durch einen kurzen, fundamentalen Entwicklungsprozess die Grundsteine dieser religiösen Identität in Form des Gefühls und der begrifflichen Vorstellung gelegt werden konnten. Alle nachfolgenden Sozialisationsinstanzen werden nun hinsichtlich dieser basalen religiösen Orientierung dargestellt und beurteilt:

18 in der grundschule war reliunterricht sehr spAnnend weil unser pfArrer
19 das unterrichtet hat und der hat das richtig dUrchgezogen und hat auch
20 das essentiElle sehr schnell vermittelt also wenig bIldchen sachen son-
21 dern viel theorIE und damit konnt ich auch gut Umgehen (.) das hat mir
22 dann auf dem gymnasium sehr gefEHlt (-) da war mir zuviel wischi
23 waschi und bildchen ins hEft malen und gebEtchen abschreiben und
24 dann hab ich gesagt nö brAUch ich nicht interessiert mich zu sEHr das
25 alles bin zu ein paar lehrern gegangen und hab eine religIOns ag gegrün-
26 det, in der dann diskutiert werden sollte über den glauben (.) das hat
27 nicht so gAnz so harmoniert mit denen die tEIlgenommen haben dann
28 haben das zwei lEHrer in die hand genommen und dann haben wir Ab-
29 schlussgottesdienste, jAHresbegInngottesdienste gestaltet, haben diskus-
30 sIOnsrunden gemacht, haben rElifreizeiten gemacht an denen wir disku-
31 tIErt haben (-) und ich fand as Immer einfach super spAnnend so über
32 den glauben zu diskutIEren, sich das klAr zu machen was Ist gott dann

33 für einen sElbst für mich war's dann halt dUrchgehend einfach etwas
34 unfAssbares unbegrEIfliches was man nicht so im bIld fEsthalten kann
35 also im kindergarten hab ich mal eine bastelEI gefunden da war so ein
36 hirte auf einer wOlke dass war so meine mInikindheitsvorstellung aber
37 letztendlich war's für mich immer so irgendwie das gute um mich herUm
38 das einen immer so beschützt hat oder gebOrgen gehalten hat (.)

Hier stellt Klara zum einen ihre Erfahrungen in der Grundschulzeit dar (Z. 18–21) und anschließend fasst sie ihre Erlebnisse auf dem Gymnasium zusammen (Z. 22–38). Die Textsorte richtet sich hierbei nach der inhaltlichen Fokussierung des Segmentes auf den Religionsunterricht und Klaras schulische Aktivitäten. Für diese Erzählaspekte werden die vorherrschenden zusammenfassenden Darstellungen durch Beschreibungen ergänzt.

Im Rückblick auf den Religionsunterricht der Grundschulzeit (Z. 18–21) im ersten Subsegment steht die Schlüsselformulierung „sehr spAnnend" (Z. 18) im Gegensatz zur Variation ‚schön' oder ‚lustig' nicht für ein marginales, sondern wieder für ein außergewöhnliches Interesse. Klara positioniert sich hiermit erneut als seit ihrer Kindheit von Religion in besonderer Weise angezogen. Auch in der argumentativen Rückbindung des Religionsunterrichtes an den Pfarrer präsentiert sich Klara als an wesentlichen Inhalten interessiert. In der hierfür wichtigen Passage „und der hat das richtig dUrchgezogen und hat auch das essentiElle sehr schnell vermittelt" (Z. 19–20) drücken die zentralen Formulierungen „das essentIElle" sowie „richtig dUrchgezogen" eine Wertschätzung für eine klare und direkte Glaubensunterweisung aus. Die Darstellung religiöser Geborgenheit wird nun durch eine rationale Beschäftigung mit der inhaltlichen Essenz religiöser Konzeptionen ergänzt.

Die das Subsegment abschließende Passage fasst diese Konzentration kategorial zusammen: „also wenig bIldchen sachen sondern viel theorIE und damit konnt ich auch gut Umgehen" (Z. 20–21). „wenig bIldchen sachen" steht hier für eine übertrieben kindliche, anspruchslose und inhaltsleere Religionspädagogik, die von Klara klar abgelehnt wird. Die Formulierung „viel theorIE" verstärkt im Gegensatz dazu die vorher angedeutete intellektuelle Ausrichtung in Bezug auf Religion und erzeugt den Eindruck einer schon erwachsenen, seriösen Auseinandersetzung mit dem Thema.

Das zweite Subsegment beginnt schließlich mit dem Übergang zur Gymnasialzeit, die durch die zentrale Passage „da war mir zuviel wischi waschi und bildchen ins hEft malen und gebEtchen abschreiben" (Z. 22–23) beschrieben wird. Der Ausdruck „wischi waschi" sowie die zweifache Verwendung der Verniedlichungsform („bildchen, gebEtchen") zeigen, dass eine von Klara abgelehnte Form des ‚kindischen' Religionsunterrichtes in der Gymnasialzeit im Vordergrund stand: Die Grundschulzeit war anspruchsvoll, der gymnasiale Unterricht trivial. Durch diese Gegenüberstellung verdeutlicht Klara wiederum ihre schon in der Kindheit vorhandene Orientierung nach inhaltlich ernstzunehmenden religiösen Auseinandersetzungen.

Die im weiteren Verlauf des Subsegmentes dargestellte Initiative, eine „religIOns ag" (Z. 25) als Reaktion auf den unbefriedigenden Religionsunterricht zu gründen, beinhaltet erneut eine identitätsrelevante Selbstpositionierung: Klara präsentiert sich nicht als passiv sich fügend, sondern als aktiv handelnde, reagierende Schülerin. Eine Entschlossenheit kommt dabei besonders in der Sequenz „diskutiert werden sollte über den glauben" (Z. 26) zum Ausdruck: Klara benutzt hier gerade nicht zurückhaltende Formulierungen wie ‚ich wollte die Möglichkeit anbieten' oder ‚einen Diskussionsraum schaffen' sondern zeigt durch den Einsatz des Imperativs, dass sie religiöse Gespräche geradezu einforderte.

Nach den angedeuteten Konflikten während der Eigenorganisation des Projektes (Z. 28), wird der anschließende Projekterfolg durch die Wiederherstellung gewöhnlicher Schulhierarchien und entsprechender Rollenverteilung dargestellt (Z. 28–30). Die stichwortartige Aufzählung der Aktivitäten („Abschlussgottesdienste, jAHresbegInngottesdienste gestaltet, haben diskusslOnsrunden gemacht, haben rElifreizeiten gemacht") unterstreicht hierbei, wie reichhaltig und effektiv diese Initiative dadurch wurde.

Die Kernnarration dieses Subsegmentes und eine der gesamten Haupterzählung findet sich schließlich in der zusammenfassenden Stellungnahme: „ich fand das Immer einfach super spAnnend so über den glauben zu diskutIEren, sich das klAr zu machen was Ist gott dann für einen sElbst" (Z. 31–33). Klara positioniert sich hier wieder eindeutig als an religiösen Inhalten und Glaubensvorstellungen interessiert. Die zeitliche Einordnung „Immer" zeigt dabei an, dass diese Motivstruktur sich auf die gesamte Identität erstreckt und – im Sinne Eriksons – einen Persönlichkeitskern ausmacht: Klara stellt die aktive Suche („klAr zu machen") nach einem individuellen („für einen sElbst") religiösen Selbstverständnis („was Ist gott") in den Mittelpunkt ihrer autobiographischen Erzählung.

Die Ausleitung des Segmentes bietet eine Antwort auf die vorher aufgeworfenen Fragen (Z. 31–38). Wieder sind hierbei die Selbstpositionierungen für die Identitätsrekonstruktion entscheidend: Die Schlüsselbegriffe „etwas unfAssbares unbegrEIfliches" (Z. 33–34) drücken eine abstrakte religiöse Vorstellung aus. Im Vergleich zu anthropomorphen Konzepten (Z. 36: „hirte auf einer wOlke") wird wiederum ein ursprünglicher, prinzipienorientierter Glaube im Sinne eines Urvertrauens (Z. 37: „das gute um mich herUm") als biographisch bedeutender vorgestellt.

39 und dann war prAktikum angesagt, das hab ich dann in einer gemeinde-
40 pfarre gemacht weil mich die arbeit eines pfarrers interesslIErt hat fand
41 ich dann ganz tOll die arbeit mit den mEnschen vor allem also dass man
42 sagt wo ist praktisch der glaube grEIfbar, in der arbeit mit den menschen,
43 und dann war ich recht schnell im evangelischen jUgendwerk weil ich
44 hab an der jungschar tEIlgenommen und hab dann irgendwann die aus-
45 bildung zur jUgendleiterin gemacht (.) hab da eine ganz tOlle erfahrung

46 gehabt während der ausbildung in C. ((Ortsname)) in frAnkreich da
47 haben wir praktisch das osterfest im rahmen eines krEUzzuges in statio-
48 nen nAchgespielt und gefeiert und gefEIert und das war ein ganz grOßes
49 erlebnis und nochmal ein ganz manifestIErendes erlebnis für den glAU-
50 ben, und der geborgenheit in der grUppe, der gemEInschaft (.)

Dieser Erzählabschnitt teilt sich auf in die Darstellung der Praktikumszeit (Z. 39–43) und der Mitgliedschaft im evangelischen Jugendwerk (Z. 32–50). Zusätzlich berichtet Klara in einem dritten Kleinsegment über besondere religiöse Gemeinschaftserfahrungen (Z. 45–50). Auch hier liegt als Textsorte eine berichtende Darstellung im Sinne einer chronologischen Aneinanderreihung der kirchlichen Tätigkeiten vor, die in das narrativ ausführlicher dargestellte Osterfest mündet.

Das erste Subsegment drückt zunächst eine Selbstverständlichkeit und Stimmigkeit des Praktikums im Lebenslauf aus (Z. 39: „dann war prAktikum angesagt"), da gerade keine Formulierungen benutzt werden, die besondere Entscheidungsprozesse anzeigen. Im Zentrum dieses Abschnittes steht nun die religiöse Praxisebene, die in der Kernnarration des Subsegmentes beschrieben wird: „weil mich die arbeit eines pfarrers interessIErt hat fand ich dann ganz tOll die arbeit mit den mEnschen vor allem also dass man sagt wo ist praktisch der glaube grEIfbar, in der arbeit mit den menschen" (Z. 40–42). Ähnlich wie in ihrer Schulzeit positioniert sich Klara nicht als einfaches Mitglied, sondern als an Gestaltung und Verantwortung interessiert. Die Formulierung „arbeit mit den menschen" deutet bereits ein Interesse an professionellem Handeln an. Die Rückbindung an Religiosität („wo ist praktisch der glaube grEIfbar") zeigt schließlich, dass Klara generell eine professionelle kirchliche Arbeit als ideale Möglichkeit sieht, Religiosität zu konkretisieren. Die Reformulierung „arbeit mit den menschen" im Abschluss der Sequenz untermauert in diesem Sinne ein Interesse an einer biographischen Ausrichtung auf Kirche als Berufsfeld.

In diesem Kontext hat das zweite Subsegment die Funktion, die biographischen Schritte zu einer immer verantwortungsvolleren Position im kirchlichen Jugendbereich aufzulisten. Am Ende dieses Kleinsegments konkretisiert sich die Orientierung an Verantwortung und aktiver Teilnahme schließlich in einem institutionellen Status (Z. 45: „ausbildung zur jUgendleiterin").

Das letzte Subsegment liefert nach dieser zeitlich stark raffenden Darstellung einer Rollen- und Positionsentwicklung im Jugendwerk die ausführlichere Darstellung eines kirchlichen Gruppenerlebnisses. Der Beginn dieses Subsegmentes „hab da eine ganz tOlle erfahrung gehabt während der ausbildung in C. ((Ortsname)) in frAnkreich" (Z. 45–46) hat zunächst die Funktion einer metanarrativen Einführung, die die besondere Erzählwürdigkeit des außeralltäglichen Ereignisses anzeigt. Die anschließende Sequenz „da haben wir praktisch das osterfest im rahmen eines krEUzzuges in stationen nAchgespielt und gefeiert und gefEIert" (Z. 47–48) stellt das besondere Erlebnis

157

in einen ausgewiesenen religiösen Rahmen. Hierbei positioniert die Wortwahl „da haben wir (…) nAchgespielt" Klara als aktiven, integrierten Teil der Jugendgruppe. Im Ausklang der Sequenz wird durch die Doppelung und Hervorhebung von „gefEIert" die Gemeinschaftserfahrung des religiösen Ereignisses betont.

In der letzten Sequenz des Subsegmentes „das war ein ganz grOßes erlebnis und nochmal ein ganz manifestIErendes erlebnis für den glAUben, und der geborgenheit in der grUppe, der gemEInschaft" (Z. 48–50) wird die Bedeutung dieser Erfahrung wiederum für die Glaubensentwicklung im Sinne einer Festigung des religiösen Selbstverständnisses und darüber hinaus auch für das eng damit verknüpfte ‚Gefühl der Geborgenheit' als Gruppenerlebnis herausgestellt. Ins Zentrum steht hier nicht der intellektuelle Aspekt von Religiosität, sondern erneut das intuitiv-religiöse Erleben von Grundvertrauen und Harmonie. Klara transportiert im nächsten Abschnitt ihrer Erzählung die vorgestellten religiösen Aspekte ihrer Persönlichkeit schließlich auf eine professionelle Handlungsebene, denn sie berichtet von ihren Plänen, Theologie zu studieren. Als erste grundlegende Argumentation für diese Studienwahl wird zu Beginn des folgenden Erzählabschnittes eine im Konfirmationsunterricht auftretende Unzufriedenheit mit der Vermittlung religiöser Inhalte angeführt:

```
51  dann hab ich während des konfirmAndenunterrichtes auch war mir ei-
52  gentlich klAr dass mir das nicht genÜgt was da passiert weil es war auch
53  so die nÖtigsten gebEte lernen und die grUndsätzlichsten diskussIOnen
54  führen aber es ist nie tIEfer gegangen also hab ich beschlossen ich muss
55  das wahrscheinlich irgendwann mal studieren um es zu begreifen (.)
56  dann hab ich in der schule graecum und latInum angepeilt und hab das
57  durchgezogen weil ich ja wusste dass ich theologIE studieren wollte und
58  dann war das alles sIcher und ich hab mich drauf gefreut und jetzt ein
59  halbes jahr vor dem studium hab ich gedacht mh, glaube ist gut und
60  schÖn und dass ist alles sehr prAktisch aber ich geh doch lieber weil ich
61  hatte sehr viel kontAkt zu solchen leuten lieber in den bereich der wIrt-
62  schaft und mach was geschEItes und ehm komme groß rAUs oder so und
63  dann hab ich mich für ganz viele sachen bewOrben also bwl, wirt-
64  schaftspädagogik, auch jura und solche sachen, wurde auch oft Ange-
65  nommen, hab dann aber so in letzter instanz gesagt nee, jetzt mach ich
66  doch theologie also ich hab mich noch mal so ein halbes jahr vorher
67  AUsgetobt gedanklich und dann bin ich doch bei der theologie gelAndet
68  (.)
```

Die Kernnarration zu Beginn des Segmentes „es ist nie tIEfer gegangen" (Z. 54) bringt Klaras biographische Forderung nach einer weiterführenden Vermittlung von religiösen Inhalten pointiert zum Ausdruck. Das Schlüsselwort „tIEfer" steht hier für intensiver und inhaltsreicher. Wieder weist sich Klara implizit eine Identität zu, in der Interesse an Religiosität ein Grundpfeiler des erlebten Selbst ist. Die Schlussfolgerung, Theologie zu studieren und die damit verbundene Möglichkeit einer kirchlichen Professionalisierung wird so auf intrinsisch-religiöse Motive zurückgeführt. Der Abschluss der Argumentation „um es zu begreifen" (Z. 55) weist in diesem Sinn auf den Wunsch eines Bildungsprozesses hin, der über eine reine intellektuelle Auseinandersetzung hinaus die gesamte Person betreffen soll.

Nach einer in diesem Sinne funktionalen Bestimmung des Griechisch- und Lateinunterrichtes (Z. 54–57), die Klaras Absicht zunächst unterstreicht, wird in der darauf folgenden Passage ein retardierendes Moment hinsichtlich der Studienwahl eingebaut: „und jetzt ein halbes jahr vor dem studium hab ich gedacht mh, glaube ist gut und schÖn und dass ist alles sehr prAktisch aber ich geh doch lieber weil ich hatte sehr viel kontAkt zu solchen leuten lieber in den bereich der wIrtschaft und mach was geschEltes und ehm komme groß rAUs oder so" (Z. 58–62).

Die zeitliche Rahmung dieser Erzählpassage verdeutlicht zunächst, dass kein langer Entscheidungsprozess, sondern eine kurzfristig vor dem Studienbeginn liegende Phase im Folgenden erzählrelevant ist. In der anschließenden Beschreibung „glaube ist gut und schÖn und dass ist alles sehr prAktisch" wird mit Hilfe der Erzählzeit des Präsens die damalige Argumentation, die Klara mit sich selbst führte, reinszeniert. Die Formulierung „gut und schÖn" deutet eine grundlegende Wertschätzung, aber auch eine deutliche Relativierung angesichts möglicher Alternativen an. Überraschend ist in diesem Zusammenhang die Formulierung „alles sehr prAktisch", die sich auf Religiosität als lebenstauglichen Identitätsentwurf beziehen könnte. Glaube wurde bisher jedoch nie funktional sondern ausschließlich in seinem Selbstverständnis dargestellt. Als Alternativentwurf wird schließlich der „bereich der wIrtschaft" angeführt. Der Abschluss der Passage verdeutlicht hierbei den angezeigten Konflikt: Die Zuschreibung „was geschEltes" positioniert den Bereich der Wirtschaft als handfestes, Erfolg versprechendes Berufsfeld, die Aussage „komme groß rAUs" zeigt die Vorstellung damit verbundener Karriereaussichten. Die Theologie erscheint so als Möglichkeit der intrinsisch motivierten Selbstverwirklichung, die Wirtschaft demgegenüber als extrinsisch motivierte Entscheidung für materielle Sicherheit und mögliche soziale Aufstiegschancen.

Erstaunlich ist die Darstellung der Entscheidung: Klara begründet ihren Entschluss für die Theologie nicht weiter, sondern beendet das Segment mit der Passage: „ich hab mich noch mal so ein halbes jahr vorher AUsgetobt gedanklich und dann bin ich doch bei der theologie gelAndet" (Z. 66–67).

Die zentrale Sequenz „ich hab mich noch mal so ein halbes jahr vorher AUsgetobt" erinnert erzählerisch an einen Rückblick auf eine unvernünftige, impulsive Lebensphase und würde daher eher zu einer letztlich ‚seriösen' Entscheidung für ein Studium der Rechts- oder Wirtschaftswissenschaften und gegen die Theologie passen. Eine zweite Lesart im Kontext der Sequenz „komme groß rAUs" könnte jedoch auch die Karriereideen als übertrieben ansehen und das Theologiestudium als das realistischere Ziel. Klara positioniert sich hier jedenfalls implizit als Person, die eigene Wünsche und Neigungen bei realistischer Abwägung reflektiert umsetzt. Damit unterstreicht die Erzählerin die Seriosität ihrer Entscheidung gegen den möglichen Eindruck des Theologiestudiums als einer ‚fixen Idee'.

Nach diesen Erörterungen ihrer kirchlichen Biographie liefert Klara im folgenden Erzählabschnitt wieder zentrale Eigencharakterisierungen. Es handelt sich um ein Kernsegment in Bezug auf ihre narrative Selbstpositionierung:

69 also ich kann gut mit atheIsten ich kann gut mit verlOrenen seelen ich
70 kann gut mit vom glauben Abgekommen leuten weil Ich den glauben
71 hab als hintergrund das heißt wenn ich mit leuten kommuniziere die
72 sElbstmordgedanken haben die an den sAtan glauben oder sOnstwas
73 dann ehm tangIErt es mich nicht, also dann kAnn ich mit den leuten gUt
74 weil Ich gehAlten bin und dAs ist für mich das essentielle am glauben,
75 dass ich dass jeder Angenommen ist dass jeder gellEbt ist dass gott jeden
76 wirklich AUfnimmt aber dass er keinen dazu zwIngt und solange Ich den
77 glauben hab bin ich aber geschÜtzt letztendlich gegen diese Anfechtun-
78 gen (.)

In der ersten Erzählpassage: „also ich kann gut mit atheIsten ich kann gut mit verlOrenen seelen ich kann gut mit vom glauben Abgekommen leuten weil Ich den glauben hab als hintergrund" (Z. 69–71) wird die Textsorte der Argumentation gewählt, die zwei zentrale Funktionen erfüllt: Zum einen die Identitätszuweisung, dass Klara sich nicht nur in Kirchenkreisen bewegt sondern gerade auch mit religions- und glaubensfremden Menschen zu tun hat und zum anderen die damit verbundene Bekräftigung ihrer Religiosität als Ermöglichungsgrund für Seelsorgetätigkeiten, die durch die Kategorisierung „verlOrenen seelen" zusammengefasst werden. Die drastischen Beispiele im Anschluss (Z. 72: „sElbstmordgedanken", Z. 72: „an den sAtan glauben") unterstreichen, dass diese Tätigkeiten emotionale Stabilität erfordern. Diese seelsorgerische Kompetenz wird dabei nicht direkt aus der eigenen Charakterstruktur erklärt; die Erzählerin weist mit dem Schlüsselwort „gehALten" (Z. 74) vielmehr über sich selbst hinaus auf einen transzendenten Grund ihrer stabilen Persönlichkeit. Dies mündet in die Kernnarration des Segmentes: „dAs ist für mich das essentielle am glauben, dass ich dass jeder Angenommen ist dass jeder gellEbt ist dass gott jeden wirklich AUfnimmt aber dass er keinen dazu zwIngt" (Z. 74–78).

In dieser Sequenz stehen zwei wichtige Elemente des religiösen Selbstverständnisses im Mittelpunkt. Zum einen das alle Menschen umfassende Gottesbild, ausgedrückt durch die dreifache Wiederholung des Wortes „jeder" bzw. „jeden" und zum anderen das Prinzip der menschlichen Freiheit, das nicht als Widerspruch, sondern als Ergänzung dazu genauso allgemein postuliert wird („dass er keinen dazu zwIngt"). Die inhaltliche Ausrichtung dieser Passage erinnert genauso wie ihr Erzählstil, der von rhythmisierenden Wiederholungen geprägt ist, an einen predigtartigen Text, der nicht sachlich und nüchtern sondern empathisch und eindringlich präsentiert wird. Durch diese sprachliche Besonderheit im Erzählen positioniert sich Klara implizit als kirchlich orientierte Person, die bereits auf dem Weg zu einer pastoralen Identität im Sinne einer kirchlichen Professionalisierung ist. Bevor sie diese Selbstdeutung ausbaut und vertieft, betrachtet Klara zunächst noch einmal genauer die Institution Kirche mit ihren Riten und Festen:

79 ja so die frühesten erInnerungen mit kirche (Pause 3 Sek.) ich find taufe
80 ist was ganz esssentIElles für mich auch gerade die kindheitstaufe weil
81 das schön ist wenn man ehm dA schon praktisch den glauben mit auf den
82 wEg gibt ich find das schAde dass pAtenschaft oder pAtentAnten paten-
83 onkel so ehm wEnig bedeutung noch beimisst ja, weil EIgentlich ist die
84 bedeutung ja dass man das kind auf seinem weg beglEItet auf seinem
85 glAUbensweg also vielleicht die erste bIbel schenkt, mit auf gOttedienst
86 geht und so was und das ist sEHr vernAchlässigt (.) das fänd ich schöner
87 wenn das häufiger=also mEIne patentante hatte AUch nicht so viel damit
88 am hut die ist mit mi=mit mir eher zum mac donalds gefahren als mit mir
89 über den glAUben zu reden und ja (-) konfirmatIOn sEHr wichtig sehr
90 schÖn weil man da nochmal frEIwillig sElbst entscheidet ob man das
91 mÖchte oder nIcht (.) ich fand in zusammenhang mit religion und kirche
92 wEIHnachten find ich auch ein sehr wIchtiges ereignis, mit dem in der
93 famIlie zusammen kommen, das war für mich immer was sehr relevAn-
94 tes zum anderen aber auch so immer wieder sich in erInnerung zu rufen
95 was so die religiÖse bedeutung dahinter ist auch wenn das jetzt zEItlich
96 nicht stimmt und örtlich vielleicht AUch gar nicht stimmt aber letztend-
97 lich so die symbOlik dahinter eben so das Osterfest so als hÖchstes fest
98 praktisch und dA find ich das bei den kathollken immer so schön wenn
99 wir in österreich sind wenn da dieses pAlmwedelfest ist davor <<lacht>>
100 diese die haben dann immer einen Esel in der kirchengemeinde und
101 haben hosIAnna gesungen und ich fand das gAnz phantAstisch also da
102 find ich ja die katholischen gottesdienste ganz entzÜckend
103 I.: mhm
104 (.) und da mAg ich eigentlich auch die kathOlische kirche von ihrer
105 spiritualität her sehr gerne (.) das fehlt mir so in den nOchmals refor-
106 mierten evangelischen gemeinden ein bisschen (.) ich bin da mehr so der
107 spirituelle mensch (.)

Entsprechend seines Inhaltes kann dieses Segment in drei Subsegmente unterteilt werden: Zunächst schildert Klara ihre Einstellung zur Taufe und zu den damit verbundenen Personen (Z. 79–89) danach behandelt die Erzählerin in einer Sequenz die Konfirmation (Z. 89–91) und geht dann zu den Überlegungen über die zentralen kirchlichen Feiertage über (Z. 91–107). Der Erzählabschnitt ist geprägt von Argumentationen und Beschreibungen, mit denen Klara ihre Sichtweise auf kirchliche Traditionen und Facetten ihrer Religiosität darstellt.

Zu Beginn des Segmentes zeigt die metanarrative Formulierung „ja so die frühesten erInnerungen mit kirche" (Z. 79) nach den dekontextualisierten Selbstbeschreibungen des vorherigen Erzählabschnittes eine Rückschau auf das konkrete Verhältnis zur Institution an. In dem chronologischen Durchgang durch die evangelischen Kasualien fällt zunächst auf, dass Klara der kirchlichen Tradition der Taufe und der Konfirmation uneingeschränkt zustimmt, Kritik oder Gegenvorschläge kommen hier nicht vor. Passend zu der bisherigen Erzählung wird dabei als „pAtenschaft" (Z. 82) eine Begleitung gefordert, die sich auf eine religiöse Erziehung konzentriert (Z. 85–86: „die erste bIbel schenkt, mit auf gOttedienst geht). Biographisch aufschlussreich ist in diesem Zusammenhang die Passage, in der Klara ihre eigene Patentante beschreibt: „mEIne patentante hatte AUch nicht so viel damit am hut die ist mit mi=mit mir eher zum mac donalds gefahren als mit mir über den glAUben zu reden und ja" (Z. 87–89).

Die zynisch wirkende Formulierung „eher zum mac donalds gefahren" dient hier als pointierter Gegensatz zu dem religiösen Potential einer Patenschaft: „mac donalds" steht für Trivialität, Belanglosigkeit und Unkreativität, „über den glAUben zu reden" für ein Idealbild eines gelungenen Austausches mit einem Taufpaten. Die Vorstellungen einer religiösen Sozialisation in Form einer Patenschaft sind somit nicht erfahrungsgedeckt. Diese biographische Entbehrung erscheint nun als ein Motiv für die Forderung nach religiöser Begleitung in Kindheit und Jugend.

Nach der kurzen Würdigung der Konfirmation als Möglichkeit einer freien religiösen Entscheidung kommt Klara auf Weihnachten und Ostern als zentrale Feste des Kirchenjahres zu sprechen. Dabei rückt die Erzählerin passend zu ihren vorherigen Erzählsegmenten die religiöse Dimension der Feste in den Vordergrund. Dies zeigt sich deutlich in der zentralen Erzählpassage des dritten Subsegmentes: „immer wieder sich in erInnerung zu rufen was so die religiÖse bedeutung dahinter ist auch wenn das jetzt zEItlich nicht stimmt und örtlich vielleicht AUch gar nicht stimmt aber letztendlich so die symbOlik dahinter" (Z. 94–97).

Religiosität muss Klara zufolge immer vergegenwärtigt und bewahrt werden. Die Sequenz „immer wieder sich in erInnerung zu rufen" verdeutlicht, dass dieser Prozess nie vollständig abgeschlossen ist, sondern eine ständige Aufgabe religiöser Selbstentwürfe bleibt. Die entscheidende Formulierung „die religiÖse bedeutung dahinter" bringt Klaras Selbstverständnis hierbei eindeutig zum Ausdruck: Der religiöse Gehalt von Weihnachten und

Ostern wird nicht nur in den Äußerlichkeiten der Feste sichtbar, sondern liegt auf einer verborgenen Ebene „dahinter", die es durch inhaltliche Auseinandersetzung zu erschließen gilt. Mit diesen Ausführungen präsentiert sie ein aufgeklärtes, modernes Religionskonzept. Historische Unstimmigkeiten („auch wenn das jetzt zEItlich nicht stimmt und örtlich vielleicht AUch gar nicht") stehen in diesem Sinne nicht im Widerspruch zum theologischen Gehalt der Formen.

Im Ausklang des Segmentes präsentiert Klara nach diesen inhaltlichen Orientierungen erneut eine andere Facette ihrer Religiosität: In den wie zu Beginn der Erzählung positiv gefärbten, detaillierten Beschreibungen katholischer Riten, hier des Osterfestes (Z. 97–102), stellt die Erzählerin neben den theologischen Überlegungen den für sie ebenfalls bedeutenden Aspekt der Sinnlichkeit im religiösen Erleben heraus. Wieder ermöglicht die Würdigung der katholischen Kirche in Abgrenzung zur eigenen, kritisch gesehenen reformierten Gemeinde, eine entscheidende Identitätszuweisung: „ich bin da mehr so der spirituelle mensch" (Z. 106–107). Die Formulierung „spirituelle mensch" fasst die im Segment genannte Religiosität hinsichtlich inhaltlich-theologischer und sinnlicher Motive zusammen und unterstreicht sie als den entscheidenden Aspekt in Bezug auf Religion und Kirche.

108 und ansonsten kirche als einrichtung find ich schon wIchtig weil man hat
109 einen Anlaufpunkt als als gläubiger oder als man hat auch ein ja ein
110 zUfluchtsort vielleicht und man kann irgendwo hIngehen damit mit sei-
111 nen gedAnken gefÜHlen frAgen zum pfarrer eben oder zur gemeinde an
112 sIch (.) dann diese gottesdienstliche fEIer als mÖglichkeit dran tEIlzu-
113 nehmen in der gemEInschaft gott zu EHren zu prEIsen das find ich ein-
114 fach schÖn (.) und für mich war das halt schon immer das selbst zu ver-
115 mItteln (-) ja vor allem das bild des gnÄdigen gottes des vergEbenden
116 gottes des AUfnehmenden gottes und dass jEder mit seiner persÖnlich-
117 keit egal wie abtrünnig er sie sElbst oder sIch selbst hält, genOmmen ist
118 und geliebt ist und immer die möglichkeit hat aus sich sElbst und seinem
119 leben was zu mAchen und das bEste daraus zu machen (.) das so (Pause
120 3 Sek.)

Nun steht die Institution Kirche und Klaras eigene kirchlich-religiöse Rollenbeschreibung im Vordergrund. In der Argumentation zu Beginn des Segmentes (Z. 108–112) wird Kirche als beschützende Institution für religiöse Menschen verstanden (Z. 110: „zUfluchtsort"). In Hinblick auf Gemeinde stehen die Personen als Ansprechpartner und Seelsorger im Mittelpunkt. Gemeinde wird so zum Hort, zum Refugium für Gleichgesinnte. Dieses dem protestantischen Kirchenverständnis entsprechende Bild enthält keine Hinweise auf Kirche als Sozialisationsinstanz mit einem konkreten Exklusivitätsanspruch. Klara positioniert sich hier trotz ihrer vorher geübten Kritik als mit dem evangelischen Verständnis von Kirche generell einverstanden und konfessionell verankert.

Das positive Verhältnis zum Gottesdienst wird ähnlich wie in früheren Sequenzen der Erzählung mit einem Sprachstil beschrieben, der an sakrale Wortspiele erinnert (Z. 113: „gott zu EHren zu prEIsen").

In der ersten Sequenz des zweiten Subsegmentes, die eine Kernnarration des gesamtem Erzählabschnittes darstellt, positioniert sich Klara entsprechend als religiös professionell orientiert: „und für mich war das halt schon immer das selbst zu vermItteln" (Z. 114–115). Hier grenzt sich die Erzählerin wieder von anderen Kirchenmitgliedern ab, indem sie sich selbst eine pastorale Funktion im Sinne einer Weitergabe religiöser Inhalte zuschreibt. Dieser Mitgliedschaftsentwurf wird nicht als Ergebnis einer Entwicklung oder einer situativen Erfahrung dargestellt, sondern als konstanter Teil ihrer Identität („schon immer").

Im weiteren Verlauf des Subsegmentes wird dieses zu vermittelnde Gottesbild inhaltlich ausgefüllt. Klara schließt damit an die vorherigen Darstellungen ihres religiösen Selbstverständnisses an. In der dafür zentralen Passage „ja vor allem das bild des gnÄdigen gottes des vergEbenden gottes des AUfnehmenden gottes" (Z. 115–116) sind die drei wiederum pastoral klingenden Aufzählungen auffällig, die durch ihre rhythmisierende Betonung an den Tonfall einer Predigt erinnern. Klara unterstreicht damit nicht nur ihre Absicht, Pfarrerin zu werden, sondern nimmt hier mit der professionellen Sprechart ihre berufliche Wunschposition schon probeweise ein.

Anschließend verbindet die Erzählerin ihr Gottesbild mit einem umfassenden religiösen Menschenbild (Z. 115–119). Sprachlich gestaltet sie dies durch die Parallelisierung der Zuschreibungen „gnÄdigen", „vergEbenden" und „AUfnehmenden" im Gottesbild mit den nun verwendeten Begriffen „genOmmen", „geliebt" und „das bEste daraus zu machen".

Das nächste Segment der Erzählung hat die Funktion eines zusammenfassenden Rückblickes, in dem die eigene Religiosität im Vergleich zu den Formen des Katholizismus und im Vergleich zu anderen Christen beleuchtet wird:

121 es hat sich also nochmal so im rückblick so grUndlegend gar nicht viel
122 verÄndert weil ich immer schon so mich gebOrgen gefühlt hab vielleicht
123 auch durch den familiären hIntergrund und dann gab's nur so teilweise
124 so äh phAsen wo ich gedacht hab das muss doch noch mEhr sein eben
125 wenn ich so von den katholIken etwas beeinflusst war hatte ich immer
126 das gefühl och die sind immer so EHrfürchtig und knIEEn nIEder im
127 gottesdienst und das muss ich jetzt AUch und dann hab ich mir von lu-
128 ther mal solchen Ablauf abgeschrieben also das morgens wenn du auf-
129 stehst sollst du das vater Unser beten und das hab ich mir auf so einen
130 zEttel geschrieben war ganz stOlz drauf dass ich das jeden morgen und
131 abend knIEEnd vor dem bett gemacht habe und ((lacht kurz)) irgend-

132 wann dachte mir ist ja eigentlich quatsch bin ja evangElisch brAUch ich
133 gar nicht ((lacht)) ist gar nicht von nÖten (.) gezwEIfelt hab ich so gese-
134 hen nIcht, ich hab manchmal daran gezwEIfelt ob mEIn glaube gut ge-
135 nUg ist und rIchtig genug ist weil andere in meinen augen mehr bEteten
136 mEHr drüber sprachen und mEHr in der bIbel lasen, ich hab zwar bei
137 jedem bibelquiz alles gewUsst aber manche lEsen einfach mehr drin, Ich
138 nIcht und das weiß ich nicht (.) also ich könnte jetzt nicht so viel zitIEren
139 daraus (.) ich geh's nochmal An die wichtigsten stellen zu lesen oder die
140 bibel mal gAnz zu lesen (.)

Zunächst stellt Klara ihre Kirchlichkeit erneut als Eigenschaft dar, die im Sinne einer Stabilitätsnarration weniger einem biographischen Wandel unterliegt (Z. 121–122: „gar nicht viel verÄndert"), sondern eher im Wesen ihres Charakters verwurzelt ist. Wieder steht hierfür der zentrale Ausdruck „geborgen" als erste, ursprüngliche Form des Glaubens vor jeder Konkretisierung durch Institution und Symbolwelt.

Anschließend berichtet Klara von ihren Versuchen, den eigenen Glauben durch äußere Formen auszudrücken und dadurch zu verstärken. Die Kernnarration „das muss doch noch mEHr sein" (Z. 124) dient der Darstellung des Wunsches nach religiöser Intensität und Authentizität. Die Orientierung an katholischen Gebetsformen, die sie als Zeichen echter Frömmigkeit deutet, wird in ihrer evangelischen Übersetzung zu einer Möglichkeit religiöser Selbstvergewisserung. Dieser Wunsch nach einer Manifestierung des Glaubens erinnert an die Beschreibung der „alten mütterchen" (Z. 9) im ersten Segment der Erzählung: Klara sucht eine ihr entsprechende Form, die ihr so intensiv und authentisch erscheint wie der katholische „rOsenkranz" (Z. 9–10). Diese Versuche enden jedoch mit der plötzlichen Rückbesinnung auf die eigene Konfession und damit einhergehend mit einer befreiend-entlastenden Zurückweisung katholischer – oder entsprechend übertragener – Gebetsformen. Äußerliche Frömmigkeit als Beleg für innere Glaubensüberzeugungen werden auf diese Weise überflüssig (Z. 132–133: „bin ja evangElisch brAUch ich gar nicht ((lacht))").

Im zweiten Subsegment wird jedoch der Zweifel an der Qualität des eigenen Glaubens wieder aufgenommen, und zwar im generellen Vergleich zu anderen religiösen Menschen. Die Kernnarration hierfür: „ob mEIn glaube gut genUg ist und rIchtig genug ist weil andere in meinen augen mehr bEteten mEhr drüber sprachen und mEHr in der bIbel lasen" (Z. 134–136) zeigt, dass es Klara wichtig ist, sich als religiös ehrgeizig und streng zu positionieren. Religiosität wird hier als zu erbringende Leistung dargestellt. Dabei entspricht die Schlüsselformulierung des ersten Subsegmentes „das muss doch noch mEHr sein" der Aufzählung „mehr bEteten mEHr drüber sprachen und mEHr in der bIbel lasen". ‚Mehr sein' wird hier gleichgesetzt mit ‚mehr tun', ‚mehr religiös handeln'. Auch im weiteren Verlauf des Kleinsegmentes entsteht der Eindruck einer ‚spirituellen Fleißarbeit': Klara versucht, die gewünschte Dichte und Festigkeit im Glauben durch eigene Anstrengungen herbeizuführen. Dass die Erzählzeit in der Schlusspassage des Segmentes ins Präsens wechselt (Z. 137–140), zeigt, dass diese selbst gestellte Aufgabe immer noch aktuell ist.

Der letzte Abschnitt der Anfangserzählung beinhaltet eine abschließende Selbstpositionierung Klaras, in der implizit eine Lösung der vorher aufgezeigten Identitätskonflikte vorgestellt wird:

141 bibel ist natürlich für mich ein fundamEnt und ist natürlich auch dAs
142 nAchschlagewerk letztendlich in religiösen frAgen aber Andererseits
143 mUss ich nicht das und das zitieren können um nicht AUch ein guter
144 chrIst zu sein (.) also in dem sinne auch glaube aus dem hErzen, also
145 glaube auch im sinne von lIEbe, ich bIn geliebt von gott und ich kAnn
146 lieben weil Er mich liebt, ich kann auch meine mItmenschen lieben weil
147 gott mich liebt (.)

In der zentralen Passage dieses Abschnitts „Andererseits mUss ich nicht das und das zitieren können um nicht AUch ein guter chrIst zu sein" (Z. 142–144) wendet sie sich schließlich gegen äußere Leistungsnachweise für gelungene Religiosität, und stellt demgegenüber Gefühl und Innerlichkeit heraus: „also in dem sinne auch glaube aus dem hErzen, also glaube auch im sinne von lIEbe" (Z. 144–145). Religiosität wird hier als nicht qualifizierbare und gerade daher als besonders identitätsrelevante Grundhaltung beschrieben. Die Formulierungen „aus dem hErzen" und „lIEbe" dienen als Gegenpol zu Intellekt und Wissen, das geprüft und beurteilt werden kann.

Der weitere Verlauf des Segmentes weist erneut einen sehr klerikalen Sprachstil auf: Die Rhythmik des Satzbaus erinnert in ihrer Gleichmäßigkeit an das Versmaß einer Predigt und mit der theologisch wirkenden Argumentation, in der die Liebe Gottes als Ermöglichungsgrund für Nächstenliebe gesehen wird, präsentiert sich Klara in einer Entwicklung zu einer über die kirchliche Identität hinaus gereiften pastoralen Persönlichkeit.

Die Fallstruktur von Klara

Die folgende Fallstruktur bietet wieder eine zusammenfassende, alle Ergebnisse der Einzelanalysen des erzählten Textes eingearbeitete Interpretation der narrativen Identitätskonstruktion der Erzählerin. Das Untersuchungsresultat besteht dabei aus der Sichtung und Aggregation einzelner Befunde aus verschiedenen Textstellen, die nach den zentralen identitätsrelevanten Aspekten der Erzählung geordnet werden.

Religiosität als Motivstruktur für Kirchlichkeit

Klara fokussiert ihre biographische Selbstbeschreibung nach der kurzen Zusammenfassung ihrer nur schwach ausgeprägten kirchlichen Sozialisation auf die Entwicklung ihrer Religiosität. Soziale Faktoren, wie weitere Darstellungen und Charakterisierungen des sozialen Nahfeldes oder die Beschreibung signifikanter Agenten der Institution werden im weiteren Verlauf des Interviews kaum genannt. Die Relevanzfaktoren liegen bei ihr in fast idealtypischer Weise in der Darstellung von Glaubensüberzeugungen, ganz im Gegensatz zum Typ ‚Sozialität' der, wie gesehen, soziale Faktoren für seine kirchliche Identität geltend macht. Obwohl auch Gruppenerfahrungen für die Entwicklung von Kirchlichkeit genannt werden, setzt die Erzählerin auch hierbei den Schwerpunkt auf die Beschreibung der religiösen Gefühle und Gedanken bei den Erlebnissen. Gespräche und Austausch über religiöse Fragen werden bei ihr auch im Bereich der Sozialität eingefordert, und ein Fehlen wird dementsprechend beklagt.

Das religiöse Selbstverständnis

Die Entwicklung des religiösen Selbstverständnisses beschreibt Klara in drei zentralen Aspekten: Erstens wird eine Begeisterung und Hinwendung zu religiösen Formen, wie sie sie in katholischen Gottesdiensten und Gebetsvollzügen vorfindet, formuliert. Besonders der Einsatz von Symbolen bei kirchlichen Festen wird von Klara wertgeschätzt. Zweitens taucht schon an einer frühen Stelle der Haupterzählung ein Gottesbild auf, das in der Gesamterzählung immer wieder hervorgehoben wird, nämlich das des gütigen und liebenden Gottes. Diese religiöse Vorstellung steht in Einklang mit einem beschriebenen Gefühl des Vertrauens und der Geborgenheit, das die Erzählerin in ihre frühe Kindheit einordnet. Dabei ist es Klara an unterschiedlichen Stellen des Interviews wichtig zu betonen, dass sowohl dieses religiöse Selbstverständnis und das damit verbundene Urvertrauen sich im Laufe ihres Lebens nicht wesentlich verändert haben. Somit suggeriert ihre Identitätskonstruktion im Bereich des religiösen Selbstverständnisses ein hohes Maß an Stabilität. Sprachanalytisch ist dabei auffällig, dass bei der Beschreibung dieser zweiten Dimension von Religiosität sehr viele emotional aufgeladene Begriffe und Formulierungen verwendet werden, der narrative Ablauf aber durch einen eher formel- und floskelhaften Erzählstil geprägt ist. Hinweise auf emotionale Berührtheit wie Erzählpausen, Versprecher oder abgebrochene Erzählteile fehlen fast ganz. Dies könnte darauf hindeuten, das Klara ein Selbstbild, das auch von gefühlvollem Glauben geprägt ist, darstellen möchte, dies aber mit ihrem momentanen Status der Identitätsentwicklung noch nicht in Einklang steht. Es könnte sich somit bei dieser Teilidentität um ein nach Higgins zu bezeichnendes ‚Sollen-Selbst' handeln (Higgins 1987). Für diese Einschätzung würde auch der Befund sprechen, dass die Erzählerin als Beispiel für Glaubenszweifel Vergleiche zwischen sich und anderen anspricht und dabei feststellt, dass sie sich oft im Bereich der Frömmigkeit und spirituellen Reife unterlegen fühlt. Die Lösung dieser Unzufriedenheit besteht in der Errichtung eines Gottesbildes, das im letzen Segment der Erzählung noch einmal kraftvoll und pathetisch formuliert wird. Es zeichnet sich durch Annahme und Liebe auch jenseits aller menschlichen

Leistungen aus. Vielleicht ist diese konzeptuale Krisenlösung lebensgeschichtlich noch nicht vollkommen in das Selbstbild eingegangen, so dass der Eindruck von Äußerlichkeit hierbei vorerst bestehen bleibt. Hierzu passt wiederum die Auffälligkeit, dass die Erzählung sehr häufig argumentativen und positionierenden Charakter hat, episodische Darstellungen fehlen fast ganz. Klara konstruiert ihre Identität eher durch Abgrenzung und Rechtfertigung als durch lebensgeschichtliche Ereignisse, die eine biographische Sättigung von Glaubensüberzeugungen anzeigen würden.

Als dritter Aspekt des religiösen Selbstverständnisses wird das Verlangen nach intellektueller, durch Bildungsprozesse vertiefter Religiosität im Sinne einer Theologie beschrieben. Klara zeigt ein großes Interesse an theoretischer Diskussion über Glauben und Religion. Hierin liegt auch eine immer wieder genannte Motivstruktur für Eigenaktivität im kirchlichen Bereich, sei es in der Errichtung einer ‚Religions-AG' in der Schule oder in der Mitwirkung an religiösen Freizeiten und Gottesdiensten.

Konfessionelle Positionierungen

Ein weiteres Merkmal der narrativen Identitätskonstruktion liegt in der Betrachtung der evangelischen und katholischen Spiritualität. Schon zu Beginn der Erzählung stellt Klara ihre Begeisterung für katholische Gebets- und Gottesdienstformen dar, weil hierbei eine besonders tiefe Spiritualität zum Ausdruck komme. Diese Bewunderung wird durch Abgrenzungen zu den religiösen Praktiken ihrer evangelisch reformierten Heimatgemeinde verstärkt.

Als evangelische Christin versucht sie in diesem Zusammenhang, Analogien zwischen katholischen und protestantischen Vollzügen zu finden. Besonders deutlich wird dies im analysierten Abschnitt über den lutherischen Gebetsablauf, den Klara sich aneignen möchte, um der katholischen Praxis in einer evangelischen Weise zu entsprechen. Die Erzählerin deutet an keiner Stelle des Interviews an, dass ein Übertritt zur katholischen Kirche für sie in Frage kommen könnte, anstelle dessen versucht sie eine Übersetzung von katholischen auf evangelische Formen.

Von der kirchlichen Identität zur pastoralen Identität

Eine letzte entscheidende Dimension kirchlicher Identität zeigt sich sprachlich an dem ‚predigtartigen' Erzählstil, von dem besonders das Ende der Haupterzählung geprägt ist. Klara achtet sehr auf Begriffe, die ganz typisch für kirchliche Zusammenhänge sind und in anderen Kontexten ungewohnt wirken würden. Ihr Erzählstil weist häufig einen regelmäßigen, rhythmischen Takt auf, der an lyrische Texte erinnert und Predigten entspricht. Klara betont zudem immer wieder in ihrer Erzählung, dass sie sich schon früh in einem besonderen biographischen Verhältnis zu religiösen Inhalten gesehen hat. In den entsprechenden Passagen betont sie ‚mehr' zu wollen, als durchschnittliche religiöse Praxis und Einweisung. Auch die Wahl des Theologiestudiums wird mit einer Suche nach vertieftem religiösem Verständnis begründet.

Warum präsentiert sich Klara in dieser Weise? Zentral für ihre Identitätskonstruktion scheint eine innerkirchliche Positionierung zu sein: Klara charakterisiert sich nicht nur als durchschnittliches evangelisches Gemeindemitglied, das unauffällig an kirchlichen Vollzügen teilnimmt, sondern sie sieht sich als zukünftige Vermittlerin im kirchlichen Dienst, in einer für die Weitergabe des Glaubens und die Seelsorge verantwortlichen Rolle innerhalb der Gemeinde. So mündet ihre kirchliche Identität schließlich in eine schon pastoral erscheinende Identitätskonstruktion, in der sie Aspekte des angestrebten Pfarrerberufes vorwegnimmt und auf ihr aktuelles Selbstbild überträgt und dort integriert.

Nach diesen detaillierten Analysen einer Fallstudie stehen nun die unterschiedlichen Subtypen der Motivstruktur ‚Religiosität' im Vordergrund, die in der Stichprobe gefunden wurden.

Auf der Grundlage des exemplarischen Auszuges von Klaras Schilderung scheint es in Verbindung mit den übrigen Auswertungen religiös orientierter Erzählungen möglich, zwei zentrale Formen von Religiosität in den narrativen Interviews zu unterscheiden:

- Zum einen beschreiben Jugendliche die eher *intellektuelle Entwicklung einer religiösen Weltanschauung* im Sinne eines Suchens nach überzeugender religiöser Argumentation für im Jugendalter auftauchende Sinn- und Orientierungsfragen.
- Zum anderen gibt es Jugendliche, die für die Entwicklung von Religiosität als Relevanzfaktor für ihre Kirchlichkeit *konkrete Ereignisse* geltend machen, die ihr Leben in einer religiösen Weise nachhaltig beeinflusst haben.

Beide Subtypen sollen im Folgenden wiederum an ausgewählten Interviewauszügen ausführlicher dargestellt werden.

6.2.1 Interesse an religiöser Weltanschauung

Einige Jugendliche beschreiben ihren Zugang zu religiösen Themen über bestimmte Fragestellungen und Neigungen, die im Jugendalter auftauchen und die ein intrinsisches Bedürfnis nach weltanschaulicher Erkenntnis und logischer Kohärenz anzeigen. Diese Jugendlichen artikulieren in ihren autobiographischen Erzählungen eine selbst initiierte und gesteuerte Entwicklung von religiösen Überzeugungen, die sich logisch und begrifflich vertreten und rechtfertigen lassen. In dem Maße, in dem das Bedürfnis nach einem solchen Selbstverständnis steigt, nehmen auch die aktive Suche und die intellektuelle Beschäftigung mit theologischen und philosophischen Inhalten zu. In einzelnen Interviews konnte dabei eine starke Eigenaktivität im Bereich der religiösen Sinnsuche festgestellt werden. Es handelte sich bei einigen Jugendlichen im Sinne Eriksons tatsächlich um ein „Ringen nach Wahrheit"; allerdings stellt diese Gruppe im Vergleich zu der großen Mehrheit der Jugendlichen des ersten Typus ‚Sozialität' eine Minderheit dar. Zwei ausgewählte Interviewsegmente scheinen jedoch wiederum besonders geeignet, um diesen ersten Idealsubtypus zu repräsentieren.

Nadine

14 Jahre alt, evangelisch, nimmt zum Zeitpunkt des Interviews an einem Konfirmationskurs einer Gemeinde in Frankfurt teil und ist dort auch innerhalb der Jugendarbeit besonders im Bereich der Kindergottesdienste aktiv. Nadines Vater ist leitender Bankangestellter, sie lebt jedoch nach der Scheidung ihrer Eltern mit ihrer Mutter zusammen, die als Bürokauffrau arbeitet. Der Kontakt entstand über den Religionspädagogen der Gemeinde, der Nadine als besonders an religiösen Fragestellungen interessiert beschrieb. Das Interview fand im Herbst 2005 statt.

Nadine wirft in ihrer Erzählung die Frage auf, inwieweit Religiosität angesichts moderner Wissenschaften bestehen kann. Der folgende Auszug stellt ihre erste Antwort darauf vor.

Segment 7: Wissenschaft und Glauben

1   ich denk ma meine fra=oder äh mein glauben is entstanden glaub ich aus
2   frAgen (-) ehm man sagt ja immer dass wIssenschaft so ein bIßchen den
3   glauben kapUtt macht, weil (-) es wird immer mehr bewiesen, dass es
4   gott eigentlich gar nicht gIbt (--) und ehm und ich finde irgendwie der
5   mensch (-) entwickelt sich aus (--) äh hat irgendwann aus ner zElle ent-
6   wickelt (-) durch zEllteilung, aber die krAFt (-) die die zelle die dazu
7   gebracht hat sich zu tEIlen, die is doch irgendwie (--) für mich is das
8   gOtt (.) ich mein es muss doch erstma irgendwie ne zelle dAgewesen
9   sein, diese eine zelle (-) und ich wollte fragen ob die jetzt gott geschAF-
10 Fen hat oder ob die (.) ich mein irgendwie mUss das ja alles ja ganz am
11 anfang von anfang an entstanden sein (.) ja man sagt also irgendwelche
12 chemische reAktIOnen aber wo kommen die dann her? (--)

Nadine beginnt dieses Segment ihrer Erzählung mit der zusammenfassenden Kategorisierung „ich denk ma meine fra=oder äh mein glauben is entstanden glaub ich aus frAgen" (Z. 1–2).

Das durch Betonung hervorgehobene Schlüsselwort dieser Sequenz „frAgen" nimmt dabei die religiöse Entwicklungsstruktur Nadines schon vorweg, die geprägt ist von einer Verhältnisbestimmung von Glauben und Wissen.

In der darauf folgenden Sequenz „dass wIssenschaft so ein bIßchen den glauben kapUtt macht" (Z. 2–3) wird Wissenschaft als existenzielle Bedrohung für den Glauben dargestellt. Das Adjektiv „kapUtt" steht hierbei für die

Möglichkeit eines endgültigen Verlustes von Religiosität. Diese Bedrohungsdarstellung gipfelt schließlich in der Sequenz „es wird immer mehr bewiesen, dass es gott eigentlich gar nicht gIbt (Z. 3–4)".

Wurde die Aussage der vorherigen Sequenz durch den Zusatz „ein bIßchen" noch abgeschwächt, drückt nun die Formulierung „eigentlich gar nicht" einen radikalen Zweifel aus.

Der darauf folgende Gedankengang, in dem Nadine versucht, ihren Glauben an Gott durch Synthetisierung mit wissenschaftlichen, hier biologischen Erkenntnissen zu retten, stellt eine entscheidende Wendung innerhalb des Segmentes dar: Die Folgerung des Zweifels ist eben nicht eine resignative Abkehr von Religion, sondern der Versuch, Leerstellen innerhalb des Wissens zu finden, in dem Gott noch einen Platz haben kann, ohne dass dies wissenschaftlichen Erkenntnissen widerspricht. Das Konzept „krAFt" (Z. 6) kann durch seine Distanzierung und Abstraktion von einem personalen Gottesbild diese Funktion der religiösen Identitätswahrung ihrer Ansicht nach möglichst widerspruchsfrei erfüllen.

Die religiöse Identitätskonstruktion Nadines korreliert hier deutlich mit Piagets Konzept der kognitiven Äquilibration (Piaget, 1975): Die Erfahrung von logisch-begrifflichen Schwellen in der sozialen Wirklichkeit führt zu einem kognitiven Ungleichgewicht, bei Nadine besteht es im Verhältnis von Glauben und wissenschaftlicher Erkenntnis. Durch die Entwicklung der kognitiven Strukturen von einem widerspruchsanfälligen System zu immer leistungsfähigeren, stabileren Strukturen wird dieses Gleichgewicht wieder hergestellt. Bei Nadine wird dies in der Kernnarration des Segmentes erzählerisch umgesetzt: „aber die krAFt die die zelle die dazu gebracht hat sich zu tEIlen, die is doch irgendwie für mich is das gOtt" (Z. 6–7).

Ein weiteres Interviewsegment zeigt erneut die Entwicklung weltanschaulicher Erkenntnis und logischer Kohärenz als Motivstruktur innerhalb der kirchlichen Identitätskonstruktion.

Daniel

19 Jahre alt, evangelisch, ist zum Zeitpunkt des Interviews Zivildienstleitender in einer evangelischen Gemeinde und ist langjähriger Gemeindemitarbeiter im Jugendbereich seiner Frankfurter Heimatgemeinde. Vor seinem Zivildienst hat Daniel das Abitur gemacht und möchte anschließend ein Lehramtsstudium beginnen.

Nach Darstellungen kirchlicher Sozialisation formuliert Daniel in seiner biographischen Erzählung folgende religiöse Fragestellungen.

Segment 7: Gedanken über die Welt
1   ja ich hab mir halt immer gedAnken gemacht über die wElt und über die
2   mEnschen und warUm alles so Ist wie es ist und äh wie halt die krAft
3   gottes äh wIrkt und äh wIE die eben äh mir sElber oder auch anderen

4   menschen hElfen kann und wie die für einen erfAHrbar wird und hab
5   auch gemerkt dass dass da irgendwas Ist was mir krAft und hOffnung
6   gibt, das oftmals auch ganz Unvermittelt und Unerwartet einfach kommt
7   (.) und auch äh gar nicht irgendwie von von anderen mEnschen äh oder
8   durch irgendwelche genauen gedankengänge von mir sElber sondern
9   einfach irgendwie wie aus dem nIchts plötzlich wieder eine neue ein
10 neuer energIeschub (.)

Daniels Segment zeichnet sich durch zwei Erzählstränge aus: Zunächst berichtet er über seine Auseinandersetzung mit fundamentalreligiösen Fragen (Z. 2–5), anschließend fokussiert er seine Narration auf Erfahrungen mit Glaube und Religiosität (Z. 5–10).

Zu Beginn seiner Erzählung positioniert sich Daniel durch die Sequenz „ich hab mir halt immer gedAnken gemacht über die wElt" (Z. 1) als tiefgründig und umfassend denkende Person, durch den Zusatz „immer" bezieht er diese Charaktereigenschaft auf seine gesamte Biographie.

Daniels Gedanken beziehen sich durch den Einsatz des Fragewortes „warUm" (Z. 2) zunächst auf eine allgemeine Sinnebene, im weiteren Verlauf wird jedoch durch die Schlüsselformulierung des Segmentes „die krAft gottes" (Z. 2–3) diese Sinnfrage in einen religiösen Kontext gestellt. Diese Präzisierung spiegelt sich sprachstilistisch wieder im Übergang des zentralen Fragewortes „warUm" zu „wIE" (Z. 2–4).

Im Gegensatz zu Nadines Erzählausschnitt bleibt es in Daniels Konstruktion jedoch nicht bei einer allgemeinen Erörterung. Die aufgeworfenen Fragen werden durch eine Erfahrungsdarstellung ausgefüllt: „dass da irgendwas Ist was mir krAft und hOffnung gibt" (Z. 5–6).

Wurde bei Nadines Erzählung die Frage nach Ursache und Sinn dekontextualisiert dargestellt, konkretisiert sie sich in Daniels Erzählung auf die eigene Lebensgeschichte und erhält dadurch eine unmittelbare religiöse Bedeutung. Die Antwort auf die formulierten Fragen besteht hier nicht in der Entwicklung eines Gottesbildes, das aus dem Denken resultiert, sondern in der Darstellung einer religiösen Erfahrung. Das Erleben von „krAft und hOffnung" ist Daniel zufolge gerade nicht das Ergebnis eigener Bemühungen, sondern entsteht aus einer äußerlichen Einwirkung auf die Person.

Im Schlussteil des Segmentes wird im Sinne der zentralen Passage dieses Wirken als unabhängig und authentisch bezeichnet: „das oftmals auch ganz Unvermittelt und Unerwartet einfach kommt" (Z. 6). Die sich daran anschließende Wortwahl „wie aus dem nIchts" (Z. 9) beschreibt dabei ein Gottesbild, dass sich durch aktuales Handeln in der eigenen Lebensgeschichte konkretisiert.

Die beiden ausgewählten Erzählsegmente beschreiben religiöse Konzepte, die in der theologischen und religionswissenschaftlichen Literatur häufig als philosophische bzw. religiöse Gottesvorstellungen bezeichnet werden.

Nadines Schilderungen entsprechen einem „Gott der Philosophen" (Ratzinger 2005), der als Konzept aus dem eigenen Denken hervorgehet. Daniel stellt demgegenüber ein religiöses Gottesbild vor, das nicht als Produkt des Denkens erscheint, sondern vielmehr als erfahrbare äußere Realität, die dem Menschen vorausgeht.

Die Altersvergleiche der vorliegenden Stichprobe entsprechen in beiden Bereichen religionspsychologischen Studien, in denen festgestellt wird, dass anthropomorphe Gottesvorstellungen und buchstäbliches, nicht symbolisches Verstehen metaphorischer Aussagen über Gott im frühen Jugendalter transzendenteren Auffassungen der späteren Jugendphase weichen (Grom 2000, Schweitzer 2004).

Neben diesen narrativen Identitätskonstruktionen, die religiöse Konzeptentwicklungen als narrative Schwerpunktsetzungen beinhalten, spielt für eine bestimmte Gruppe kirchlich orientierter Jugendliche auch die konkrete Benennung religiös dargstellter Ereignisse eine große Rolle in der Herstellung und Darstellung kirchlicher Identität. Auf sie wird im Folgenden eingegangen.

6.2.2 Religiöse Ereignisbeschreibungen

Einige Jugendliche, die sich über die Motivstruktur ‚Religiosität' beschreiben, zeichnen in ihren Erzählungen situative Ereignisse nach, die ihnen zufolge an einer bestimmten Stelle ihrer Biographie religiöse Gedanken und Gefühle entstehen ließen und in der Lebensgeschichte weiter wirkend zu religiösen Einstellungen und Überzeugungen führten. Die religiöse Interpretation dieser Ereignisse resultiert natürlich wiederum aus vorher stattgefundenen Sozialisationsprozessen. Die vorliegenden Typen beruhen jedoch auf den narrativen Schwerpunktsetzungen, die die Jugendlichen in ihren autobiographischen Erzählungen selbst wählen, und diese liegen hier in deutlicher Weise auf der Beschreibung des jeweiligen Ereignisses und nicht auf vorangegangener religiöser Einweisung und Unterrichtung. Hierzu wieder zwei Beispiele.

Laura

14 Jahre alt, evangelisch, lebt in Frankfurt und steht zur Zeit des Interviews kurz vor ihrer Konfirmation. Der religionspädagogischen Leiterin fiel Laura durch ihr rege Teilnahme an kirchlichen Veranstaltungen und ihr Interesse an religiösen Inhalten auf. Nach ihrer Konfirmation hat Laura vor, in der Jugendarbeit ihrer Gemeinde aktiv zu werden. Laura besucht die 8. Klasse einer Gesamtschule in Frankfurt. Das Interview fand im Frühjahr 2006 in ihrer Heimatgemeinde statt. Im Zentrum von Lauras autobiographischer Erzählung steht folgendes Ereignis:

Segment 4: Engel

1   ich hatte prAktikum und dort hAtte mei=also das is ein familienbetrieb,
2   der also W. und die haben irgendwie im flugzeug gesEssen bei stUrm
3   und gewItter und die haben in=ner also ne kamera lag bei denen auf dem
4   schoß (.) und die hat ein bild ausgelöst (.) und ehm das bIld, also da
5   drauf sieht man eben nur einen weißen flEck und sieht eben aus wie ein
6   Engel und eben sOnst schwArz (.) und jetzt denkt man schOn das is nen
7   Engel oder irgendein mAnn der eben in der lUft schwebt (.) und seit dem
8   also ab dem zeitpunkt als ich das gesehen hab hab ich doch mEHr dran
9   geglaubt also das is schon so ne zeit gewesen wo ich nicht so rIchtig fEst
10 dran geglaubt habe (.) aber jetzt schon so weil wegen diesem bIld also
11 das gibt mir schOn ein wenig fEstung dass es das schOn gIbt eigentlich
12 (.)
13 I.: wie ist das gekommen? was war an diesem bild so, kannst du das
14 beschrEIben?
15 jA, es Is so eben ein wEIßer flEck und da sieht man eben so wie also wie
16 ein mAnn einfach aus, ja? es is ein schatten wie ein kOpf eben dran und
17 sieht man eigentlich schon nen gÜrtel und klEId eben ja ? und ehm das
18 hat mich eben schOn faszinIErt und das hat man auch versucht eben
19 dArzustellen eben mit computertechnik haben wir's irgendwie auch ein
20 bisschen hInbekommen dass man ein blßchen sogar rAUssehen konnte
21 dass es ein gesIcht ist vielleicht sogar (.) wo eben schAtten wAren (.)
22 und ehm das hat mich da schOn ermutigt, also es gIbt gott mein ich jetzt
23 (.)
24 I.: glaubst du auch dass es ein engel wAr?
25 L.: also ich mein schOn also Engel oder schOn so also (.) nach dem bIld
26 zu urteilen muss man da schon daran glAUben können (.)

Das ausgewählte Segment von Lauras autobiographischer Erzählung ist geprägt vom stilistischen Einsatz der episodischen Erzählung. Dadurch gewinnt die Erzählerin eine Präsenz in ihrer Darstellung, die die Ereignisse wiederaufleben lässt. Schon an diesem narrativen Merkmal ihrer Erzählung wird deutlich, dass nicht ein langer kognitiver Prozess, sondern ein entscheidendes Erlebnis, eine konkrete Erfahrung dargestellt werden soll.

Als Voraussetzung für Lauras religiöses Erlebnis erscheint die Beschreibung des Fluges der Gruppe des Familienbetriebes. Die Schilderung „bei stUrm und gewItter" (Z. 2–3) erzeugt zunächst den Eindruck von Bedrohung und Gefährdung. Laura interpretiert in dieser Kontextdarstellung das zufällig entstandene Photo als Abbildung eines Engels: Die Engelsfigur kann hier als beschützender, behütender Gegensatz zu der äußeren Bedrohung des Flugzeuges im Unwetter verstanden werden.

Das entscheidende religiöse Ereignis besteht nun für Laura in der Betrachtung des Photos: „und seit dem also ab dem zeitpunkt als ich das gesehen hab hab ich doch mEHr dran geglaubt also das is schon so ne zeit gewesen wo ich nicht so rIchtig fEst dran geglaubt habe" (Z. 7–10).

Laura beschreibt hier keinen Entwicklungsprozess als ausschlaggebend für die Ausbildung religiöser Identität, sondern einen Augenblick, der einen längerfristigen Zustand religiöser Zurückhaltung verändert. Die Gegenüberstellung von „zeitpunkt" und „zeit" verdeutlicht dieses Verhältnis innerhalb der Biographie: Bei Lauras Erzählsegment handelt es sich um die Darstellung eines Moments, der eine Periode des Zweifelns beendet. Dieses Ereignis bewirkt Laura zufolge „ein wenig fEstung" (Z. 11). Der Begriff „fEstung" steht hier für Schutz und Erhalt des Glaubens. Religiosität wird als wertvoll aber auch zerbrechlich und daher schutzbedürftig beschrieben.

Entsprechend ihrer situativen Erfahrung argumentiert Laura nicht mit religiösen Konzepten, sondern mit der detaillierten Beschreibung des Geschehenen und dem Prozess der Sichtung. Die Sequenz „und das hat man auch versucht eben dArzustellen eben mit computertechnik" (Z. 18–19) verdeutlicht dabei die Ernsthaftigkeit der Bilddeutung. Laura verlässt sich nicht auf kognitive Konzepte, sondern auf ihre Sinneswahrnehmung, und so schließt sie auf die Nachfrage, ob auch sie glaube, dass auf dem Bild ein Engel zu sehen ist, mit der Äußerung: „nach dem bIld zu urteilen muss man da schon daran glAUben können (Z. 25–26)".

Die Kombination „muss man (…) glAUben können" drückt noch einmal die große Wirkung des Ereignisses auf ihre Religiosität aus: Vermutende, vorsichtigere Formulierungen wie z. B. ‚vielleicht' oder ‚wäre denkbar' fallen hierbei nicht, Laura verstärkt durch ihre Wortwahl die Sicherheit ihres Urteils durch das konkret Gesehene.

Auch im nächsten Interviewauszug wird ein konkretes Ereignis in den Mittelpunkt der Erzählung gestellt.

Peter

Wie in Kapitel 5.2.1.1 eignet sich auch für die Beschreibung dieses Subtyps ein Auszug aus Peters Erzählung, diesmal allerdings nicht zur Erläuterung seiner sozialen, sondern seiner religiösen Motivstruktur. Peter erzählt nach der Darstellung sozialisatorischer Faktoren von einem Erlebnis, dem er eine große Wirkung auf die religiöse Facette seiner Identitätsentwicklung zuschreibt.

Segment 5: Amerikareise

1 Ehm das hat sich dann irgendwie so n bißchen sag ich mal nich mehr viel
2 getAn bis eigentlich ehm mich dann entschlOssen hab ein jahr nach
3 amErika zu gehen und in dem zusammenhang ehm sollte ich dann ehm
4 weil über das programm keine andere schule gefunden wUrde ehm auf
5 ne schule mit äh wieder unter ner kirchlichen trägerschaft (.) das war
6 aber Alles im grunde spielte sich das so drei vier tage vor meinem ei-

7   gentlichen flug erst ab also es war alles sehr sehr kUrzfristig und alles
8   sehr Unsicher und die familie die hab ich eigentlich erst bekommen ehm
9   an dem morgen wo ich dann fliegen sollte und ehm ja an dem abend
10 vOrher waren wir eigentlich schon so weit dass wir die ganze sache
11 wieder abblasen wollten und an dem Abend hab ich eigentlich äh (-) ja
12 man kann schon fast sagen ehm ja zum ersten mal so rIchtig gebEtet
13 beziehungsweise also mich a=an gott eigentlich gewandt wEIl ehm weil
14 das einfach alles in der luft hing und ich nicht wirklich wusste wo ich
15 mich fEsthalten sollte und wie gesagt am nächsten morgen hat das dann
16 ja doch eigentlich funktionIErt ich hatte ne famIlie und die schUle war
17 dA und dann bin dann im grunde geflOgen und ehm bin dann nachher
18 eigentlich zu einer familie gekommen die hundertprozentig eigentlich zU
19 mir gepasst hat (.) Und ich bin mir in dadurch s=sicherer geworden dass
20 ehm es gott einfach gIbt durch dieses erlebnis und (-) ich hab halt be-
21 mErkt dass irgendwie wenn man wenn man sich doch in einer gewissen
22 weise seinem ja vorbestimmten schicksal oder in dem sinne dann auch
23 gott hIngibt ehm ja man einfach weniger sorgen hat und es einfach die
24 dinge einfach ehm ja doch eigentlich im endeffekt gut AUsgehen (.)

Das Segment kann inhaltlich in drei Subsegmente gegliedert werden: Es beginnt mit einer Einführung zum zentralen Ereignis (Z. 1–11), dann folgen der Hauptteil der Erzählung mit entsprechender Kernnarration (Z. 11–18) und eine abschließende Konklusion (Z. 18–24).

Schon der Beginn der Einführung ist durch eine ambivalente Wortwahl gekennzeichnet: In der Passage „eigentlich ehm mich dann entschlOssen hab ein jahr nach amErika zu gehen" (Z. 2–3) stehen die Worte „eigentlich" und „entschlOssen" in einem widersprüchlichen Verhältnis. Schon vor der ausgedrückten Willensbestimmung wird diese durch die Konjunktion bereits abgeschwächt. Peter drückt damit aus, dass sein Entschluss auf unsicherer Grundlage stattfand. Gesteigert wird dieser Eindruck durch die zusammenfassende Kategorisierung „alles sehr sehr kUrzfristig und alles sehr Unsicer" (Z. 7). Der dreifache Einsatz des Adverbs „sehr" unterstreicht hier eindrücklich die von Peter gezeichnete negative Stimmung, die sich schließlich zu dem Höhepunkt der Einführung steigert: „so weit dass wir die ganze sache wieder abblasen wollten" (Z. 10). Die Wortwahl „ganze sache" verdeutlicht dabei die Radikalität des möglichen Entschlusses, „abblasen" drückt die Gefahr einer vollkommen resignierenden Niederlage aus.

Diese Klimax entlädt sich anschließend in der Kernnarration des Segmentes: „an dem Abend hab ich (…) ja man kann schon fast sagen ehm ja zum ersten mal so rIchtig gebEtet beziehungsweise also mich a=an gott eigentlich gewandt wEIl ehm weil das einfach alles in der luft hing und ich nicht wirklich wusste wo ich mich fEsthalten sollte" (Z. 11–14).

Auch hier ist der entscheidende Aspekt nicht das allmähliche Heranreifen religiöser Vorstellungen und Konzepte, sondern der Moment, in dem

Religiosität bewusst erlebt wird. Die zentrale Formulierung „zum ersten mal so rIchtig gebEtet" drückt durch die Hervorhebung „rIchtig" aus, dass hier eine neue Qualität im religiösen Erleben erreicht wird. Im Unterschied zu Laura handelt es sich hier jedoch nicht um den Eindruck eines äußerlichen Ereignisses; Peter reagiert auf seine ihn bedrängenden Ängste mit einer spontanen Handlung.

Die Angst vor der Amerikareise wird von Peter durch die den bevorstehenden Flug umsetzende Metapher „alles in der luft hing und ich nicht wirklich wusste wo ich mich fEsthalten sollte" (Z. 13–14) stilistisch untermauert. Durch die Formulierung „hundertprozentig eigentlich zU mir gepasst" (Z. 18) wird diese Spannung schließlich am Ende des Subsegmentes aufgelöst.

Die sich anschließende Äußerung bildet die Konklusion der vorherigen Darstellungen. Es wird ein neues, stärkeres religiöses Selbstverständnis formuliert: „ich bin mir in dadurch s=sicherer geworden dass ehm es gott einfach gIbt durch dieses erlebnis" (Z. 18–20).

Interessant ist auch die abschließende, äußerst identitätsrelevante religiöse Konzeption eines Lebensschicksals: „wenn man sich doch in einer gewissen weise seinem ja vorbestimmten schicksal oder in dem sinne dann auch gott hIngibt ehm ja man einfach weniger sorgen hat" (Z. 21–23). Die Erfahrung der erfolgreichen Bewältigung durch das Annehmen der schwierigen Situation der bevorstehenden Reise wird hier um eine umfassend-biographische Dimension erweitert. Die durch das Wort „sorgen" angedeutete Entscheidungslast im Lebenslauf wird so durch die Konzeption eines religiös vorbestimmten Schicksals verringert.

Peters Segment ähnelt sich hinsichtlich der Benennung von situativen, für die kirchliche Identitätsentwicklung bedeutsamen Ereignissen sehr dem Auszug aus dem Interview mit Laura. Sie repräsentieren beide einen Subtypus in der Motivstruktur für kirchliche Identität, der belegt, dass Jugendliche nicht nur Reflexion und Interesse an Weltanschauung für ihre religiöse Entwicklung geltend machen, sondern ebenfalls bestimmte, detailliert beschreibbare Ereignisse. Gerade Peters Interviewauszug verdeutlicht, dass Jugendliche, die religiöse Ereignisse anführen, eher eine emotional-spirituelle Religiosität formulieren, in der das konkrete Erleben und Fühlen im Mittelpunkt steht, während Jugendliche, die Entwicklungen religiöser Konzeptionen vorstellen, sich in ihrer Religiosität eher kognitiv und abstrahierend darstellen.

Mit den ausgewählten Textbeispielen zur religiösen Motivstruktur kirchlicher Identität sind nicht nur die Präsentationen dieses Typus, sondern auch die gesamte Darstellung der ersten, auf die inhaltlichen Aussagen der Jugendlichen bezogenen Typologie der vorliegenden Arbeit komplett. Bei der Betrachtung der für die Studie erhobenen und ausgewerteten biographischen Erzählverläufe wird deutlich, dass Jugendliche die beiden dargestellten Motivstrukturen ‚Sozialität' und ‚Religiosität' unterschiedlich akzentuiert kombinieren, dabei jedoch nach einem fallübergreifend ähnlichen Erzählschema vorgehen: Religiosität wird, wenn sie überhaupt dargestellt wird, meistens in der chronologischen Abarbeitung der Biographie kausal nach der Darstellung sozialer Faktoren genannt. Kirchliche Sozialisation wird so meistens als narrative Grundlage für religiöse Schilderungen genutzt. Diese Erzählstruktur wird bei Martin, dessen Fallstruktur ganz nah an dem Idealtyp ‚Sozialität' liegt, am deutlichsten: Die sehr schwach ausgeprägten religiösen Narrationen werden so stark an die sozialen Faktoren gebunden, dass sie narrativ in ihnen aufgehen. Eine primäre kirchlich-religiöse Sozialisation wird in dieser Form als unbedingte Grundlage aller folgenden Entwicklungsschritte formuliert, auf die im Verlauf der Erzählung auch immer wieder zurückgegriffen wird.

Nach dieser inhaltlichen Betrachtung der Relevanzfaktoren für kirchliche Orientierung im Jugendalter soll nun die zweite Typologie der Arbeit vorgestellt werden, da die bereits analysierten Interviewausschnitte andeuten, dass neben den inhaltlichen Aspekten kirchlicher Identitätskonstruktionen auch formale Verlaufsformen betrachtet werden können. Dies versucht das sich nun anschließende Phasenmodell für kirchliche Identität systematisch aufzuzeigen.

7 Typologie B: Narrative Stadien kirchlicher Identität

In den autobiographischen Erzählungen der vorliegenden Untersuchung zeigt sich das Jugendalter auch in Bezug zum ausgewählten Handlungsbereich Kirche voller Aktivitäten, in denen das eigene Selbst beobachtet, gegen andere abgegrenzt und zum verpflichtenden Teil des eigenen Handelns wird. In Anschluss an den nach inhaltlichen Relevanzfaktoren geordneten Idealtypen soll daher nun ein formales Modell für die Darstellung kirchlicher Identitätskonstruktion im Jugendalter erfolgen, da es sinnvoll erscheint, die autobiographischen Narrationen im Sinne einer bestimmten Phasenstruktur zu ordnen. Dabei stehen die in den Selbstdarstellungen beobachtbaren Veränderungen von narrativen Fokussierungen im Sinne unterschiedlicher Begründungsstrukturen für Kirchlichkeit im Vordergrund.

Um den Forschungsprozess auch für diese zweite Typologie transparent zu halten, sollen wie im ersten empirischen Teil zunächst Interviewausschnitte vorgestellt werden, die auf eine bestimmte im Anschluss zu entfaltende Verlaufsstruktur für kirchliche Identität im Jugendalter hinweisen.

Textbeispiel 1: Florian

Florian ist zum Zeitpunkt des Interviews 14 Jahre alt. Er ist katholisch und besucht die achte Klasse einer Realschule in Mainz, seiner Heimatstadt. Florians Vater ist Bahnbeamter, seine Mutter Hausfrau. Auch er ist in seiner Heimatgemeinde aktiv, vor allem als Messdiener und in der Teilnahme an kirchlichen Jugendangeboten. Das Gespräch fand im Frühjahr 2006 in der Gemeinde statt.

Segment 1: Aufgebaut

1 S.: ehm so recht hat das schon im kIndergarten begonnen als ich in einen
2 katholischen ´ gekommen bin (.) und da wurde das halt alles AUfgebaut
3 (.) und ja dann ging's halt weiter mit schUle, religiOnsunterricht (.) und
4 dann in der dritten klasse ehm kommuniOn (.) und ja (.) und dann dann
5 wurd ich halt auch mEssdiener (.)

Ähnlich wie in bisherigen Interviewauszügen, in denen soziale Relevanzfaktoren im Zentrum der Narration stehen, zeigt Florians Erzählausschnitt sehr deutlich eine Übernahme gemeindestruktureller Rollen und Positionen. Die Textsorte dieses Segmentes bildet eine knappe chronikartige Darstellung. Durch das zentrale Stilmittel der Aufzählung wird eine chronologische kirchliche Sozialisation durch entsprechende Institutionen im Lebenslauf verdeutlicht. Florians Identitätskonstruktion zeigt sich in eindeutiger Übereinstimmung mit den an ihn herangetragenen Angeboten, eine aktive Auseinandersetzung mit den Rollen und Positionsvorgaben wird nicht erwähnt. Durch die für das Segment zentrale Verwendung der Formulierung „und dann" werden die kirchlichen Stationen im Lebenslauf dermaßen gleichwertig hintereinander gestellt, dass der Eindruck einer absoluten Selbstverständlichkeit und Alternativlosigkeit in den kirchlichen Vergemeinschaftungssprozessen entsteht.

Im Gegensatz zu Florians Erzählsegment steht im nächsten Beispiel Fragen und Suchen im Vordergrund.

Textbeispiel 2: Tanja

Tanja ist 14 Jahre alt und katholisch. Sie ist in der Ministrantenarbeit und im Kindergottesdienstprojekt ihrer Heimatgemeinde aktiv. Tanja lebt mit ihrer Familie in einem Ort in der Nähe von Mainz und besucht die achte Klasse einer Gesamtschule. Tanjas Vater ist Lehrer, ihre Mutter Hausfrau. Das Gespräch fand im Sommer 2006 im Jugendraum der Ortsgemeinde statt, nachdem die ehrenamtliche Mitarbeiterin der Gemeinde, die die Kindergottesdienste und Ministrantengruppen betreut, Tanja aufgrund ihres Interesses für religiöse und kirchliche Fragen für ein Interview vorschlug.

Segment 7: Die einzige Wahrheit

1 ehm ich bin mir manchmal nicht ganz nicht ganz sicher, wAs wAs ehm
2 für meinen glauben wirklich wIchtig is, was zum beispiel in der bIbel
3 steht oder was die lEUte so sAgen oder ehm auch was mit Anderen reli-
4 gionen is, weil ich weiß nicht ob nur die chrIstenheit so wichtig is für
5 mich oder ehm ob ob das das einzig wAhre is ob das stImmt und ehm die
6 muslime und die hIndus von denen kann man ja eigentlich nicht sAgen
7 dass die dass die alle was fAlsches glauben, also wenn die christen sagen
8 zwar sie wissen jesus und so aber was is mit den Anderen allen zum
9 beispiel die an den mOhammed glauben der gekommen is für sie oder so
10 (.) und da mach ich mir halt AUch gedanken drüber weil ich die einstel-
11 lung, dass mEIn gott der rIchtige is ein bißchen egoIstisch finde und ehm
12 deswegen is es für mich eigentlich irgend=irgendwie der grOße gott der
13 gleichzeitig für uns gOtt is und für andere allah oder oder was weiß ich
14 also ehm das is eigentlich schon wIchtig weil nur nur chrIsten das is (-)
15 ich wei=ich glAUb ich glAUb das was die hier in der kirche sAgen und
16 so und dass das noch mEhr leute sind die daran glauben das bestärkt
17 mich auch immer wEIter aber ich weiß nicht, ich kann mir einfach nicht
18 vorstellen dass das die EInzige wahrheit is (.) und ehm ich hab halt auch
19 ne frEUndin und die ehm glaubt so ungefähr wie Ich, mit der kann ich
20 auch da drüber rEden das is, gibt nicht so viele leute mit denen ich mich
21 wIrklich ehm auseinAndersetzen kann, wo ich wIrklich sagen kann, wAs
22 ich wirklich glAUbe (.)

Im Gegensatz zu Florians Erzählauszug positioniert sich Tanja in der Passage „ich bin mir manchmal nicht ganz nicht ganz sicher, wAs wAs ehm für meinen glauben wirklich wIchtig is" (Z. 1–2) als Jugendliche auf der Suche nach religiösen Geltungen und Wertigkeiten in ihrem Leben. In dieser Formulierung einer religiösen Suchbewegung unterstreicht die Wortwahl „wirklich wIchtig", dass es ihr um eine Essenz in ihrem Selbstverständnis geht, um den Kern ihrer Weltanschauung.

Das Feld, auf das sich diese Fragen beziehen, kreist die Erzählerin ein durch die Schlüsselformulierungen „was (...) in der bIbel steht" „was die lEUte sosAgen" und „was mit Anderen religionen is" (Z. 2–4). Ihre weiteren Ausführungen bezieht sie dann auf den zuletzt genannten Punkt und konzentriert demzufolge ihre Erzählung auf die Wahrheitsfrage der Religionen. Dass sie dabei als Beispiele anderer religiöser Standpunkte den Islam und den Hinduismus anführt (Z. 5–6: die muslime und die hIndus"), zeigt, dass sie die weltweiten Phänomene religiösen Glaubens in ganzer Breite darstellen will, um so die Pluralität möglicher Überzeugungen zu verdeutlichen. Damit positioniert sie sich als weltoffen und informiert und zeigt, dass eine weite Sicht die Grundlage ihrer Suchbewegung darstellt. Im weiteren Verlauf des Segmentes zeigt Tanja, dass es sich für sie bei der aufgeworfenen Frage nach einem Exklusivitätsanspruch des Christentums nicht nur um eine allgemeine, sondern um eine sehr konkrete, persönliche Suchbewegung handelt. So bezeichnet sie ein Wahrheitspostulat als „egoIstisch" (Z. 11) und verbindet damit religiöse Einstellungen direkt mit sozialen Folgen.

Eine mögliche Antwort auf diese Frage wird in der Sequenz angedeutet „der grOße gott der gleichzeitig für uns gOtt is und für andere" (Z. 12–13). Die Bezeichnung „der grOße gott" führt Tanja als Gegenkonzept zu einem exklusiven Religionsverständnis an; die Betonung des Adjektivs unterstreicht hierbei das universelle, Grenzen überwindende Gottesbild. Die Unsicherheit ausdrückende Wortwahl „eigentlich irgend=irgendwie" (Z. 12) zeigt jedoch auch, dass sie in ihrer Überzeugung noch nicht festgelegt ist, sondern sich noch intensiv um eine Position bemüht.

Obwohl Tanja das christliche Leben in ihrer Gemeinde und in der Kirche selbst als bestärkend erlebt (Z. 14–16), endet das Segment mit einer Kernnarration, die nun nicht mehr nur eine Frage aufwirft, sondern Zweifel ausdrückt: „ich kann mir einfach nicht vorstellen dass das die EInzige wahrheit is" (Z. 17–18). Damit stellt sie neben den vorher formulierten Integrationsversuchen nun abschließend ein Zweifeln an vorgefassten kirchlichen Positionen in den Vordergrund.

Zum Schluss des Segmentes verweist Tanja mit der Erwähnung ihrer „frEUndin" (Z. 18) noch auf eine soziale Ressource, die ihr Austauschmöglichkeiten über die aufgeworfenen Fragen bietet. Damit positioniert sie sich nicht als zurückgezogen und einsam grübelnd, sondern als Teil einer besonderen Interpretationsgemeinschaft (Z. 18–19: „die ehm glaubt so ungefähr wie Ich"), die aufgrund der formulierten außergewöhnlichen Gesprächsinhalte auf einen kleinen Freundeskreis beschränkt bleibt (Z. 20–21: „gibt nicht so viele leute mit denen ich mich wIrklich ehm auseinAndersetzen kann").

Im letzten Erzählauszug des allgemeinen Einblickes in das empirische Material wird nicht eine akute Auseinandersetzung, sondern gerade ein neu herausgearbeitetes Verhältnis zu Religion und Kirche ausgedrückt. Es handelt sich dabei um ein Segment aus der Erzählung von Paul.

Textbeispiel 3: Paul

Paul ist 21 Jahre alt und katholischer Theologiestudent an einer kirchlichen Hochschule in Frankfurt. Paul stammt aus einer kirchlich verankerten Familie, sein Vater ist Religionslehrer. Das Interview fand im Sommer 2005 statt.

Nach detaillierten Schilderungen seiner kirchlichen Sozialisation und religiösen Entwicklung kommt Paul gegen Ende seiner Erzählung auf die Gründe für sein mittlerweile positives Verhältnis zur Institution Kirche zu sprechen.

Segment 18: *Kirche*

```
1   P.: und dann würd ich halt auch sagen dass auf jEden fall es entschei-
2   dend war, dass in meinem religionsunterricht wirklich auch ehm teilwei-
3   se sogar auf recht hohem niveau über kirche gesprochen wurde und auch
4   diskutiert wurde, was mUss ich eben machen was der papst sagt bezie-
5   hungsweise was formuliert der papst aus sIch was ist nicht verbindend
6   und so sachen dass man eben gemerkt hat, also, es gibt unterschiede es
7   ist nicht alles was gesagt wird ist gleich ein dOgma und ehm dass er auch
8   ganz klar gesagt hat kirche wAr nicht immer gut und das sieht die kirche
9   auch ein und so dass ich dann zu der institution auch irgendwie einen
10  anderen drAHt gefunden hab, dass ich eben feststellen konnte, dass es
11  bei der kIrche also auch zeiten gegeben hat wo sie sagt also hier sind wir
12  nicht stolz drauf und das war halt so (.) wenn ich vorher vielleicht so den
13  eindruck hatte naja konservatives system was soll das eigentlich hier und
14  ehm und das ist eine freiheitsbeschneidung die hier vorgenommen wird
15  und der blick hat sich dann so ein bißchen gewandelt eigentlich, weil ich
16  dann auch immer gedacht hab so naja es gibt Andere religionen wo das
17  viel hÄrter is eigentlich also wo die leute viel mEhr tun müssen für ihre
18  religion (.) und ehm (-) während die kirche ja sO direkt nicht sagt, Also
19  wer nicht jeden sonntag in die kirche geht ist kein chrIst mehr oder so-
20  was und da ich da feststelle eigentlich gibt's ja doch schon sehr sehr
21  viele freiheiten die den normalgläubigen gelassen werden (.) und dAnn
22  natürlich auch immer viel auf die persOn ankommt das hab ich dann
23  auch festgestellt die das vermittelt (.) Und ehm, man kann halt kirche
24  wirklich konservativ vermitteln oder kirche kann auch sehr Offen bezie-
25  hungsweise Angenehm vermittelt werden (.)
26  I.: mhm (.)
```

27 P.: und das alles hat mich dann auch wie gesagt wieder der institutiOn
28 näher gebracht und dadurch konnte ich dann natürlich auch mh meinen
29 glAUben wieder anders leben (.) der ja nach wie vor immer dA war (.)
30 ich mein kirche macht gott nicht AUs, also kirche ist was von mEnschen
31 gemachtes im prinzip und ehm und hab dann auch gemerkt wenn ich was
32 ändern wIll dann muss ich selbst aktIv werden und bin deswegen jetzt
33 auch hIEr ((lacht kurz)) unter Anderem, ja (.)

Pauls Auswahlsegment kann textstrukturell in folgende Subsegmente unterteilt werden: Zunächst führt der Erzähler die konkreten Bildungserfahrungen aus dem Religionsunterricht an, um sein biographisch gewachsenes Verhältnis zur Institution Kirche zu begründen. Dieses Verständnis wird zunächst allgemein auf Aussagen des Papstes und speziell auf päpstliche Erklärungen hinsichtlich historischer Fehlentwicklungen der Institution spezifiziert (Z. 1–12).

Im weiteren Verlauf wird die dadurch gewonnene Beziehung auf unterschiedliche inhaltliche Bereiche übertragen. So steht in einem zweiten Subsegment der Vergleich katholischer Handlungsanforderungen mit denen anderer Religionen im Mittelpunkt (Z. 12–21), daran anschließend folgt die Konkretisierung auf Personen, die Kirche vermitteln (Z. 21–25) und schließlich wird eine generelle Sichtweise auf die Institution als Konklusion der vorherigen Ausführungen angeboten (Z. 27–33).

Die Textsorte des Segmentes ist geprägt von zusammenfassenden Darstellungen und argumentativen Passagen, die in den jeweiligen Ausführungen aufeinander bezogen werden. Im ersten Unterabschnitt hebt der Erzähler die große Bedeutung des Religionsunterrichts für sein Verhältnis zur Kirche hervor. Der Lernerfolg des Unterrichts kommt dabei in einer ersten zentralen Passage des Subsegmentes zum Ausdruck: „gesprochen wurde und auch diskutiert wurde was mUss ich eben machen was der papst sagt beziehungsweise was formuliert der papst aus sIch was ist nicht verbindend" (Z. 3–5). Der Gewinn besteht in einer aus dem Diskurs gewonnenen differenzierten Sicht auf päpstliche Aussagen und Weisungen. Die anschließende Formulierung „es gibt unterschiede es ist nicht alles was gesagt wird ist gleich ein dOgma" (Z. 6–7) drückt als Folge dieser Differenzierungsmöglichkeit einen gewonnenen Freiraum für eigene Entscheidungen aus.

Auch die Würdigung der päpstlichen Aussagen über die historischen Fehlentwicklungen der Kirche wird als Argument für eine positive Sicht auf die Institution genannt: „dass er auch ganz klar gesagt hat kirche wAr nicht immer gut und das sieht die kirche auch ein" (Z. 7–8). Hier wird Ehrlichkeit und Deutlichkeit („ganz klar") sowie das Eingestehen von Schuld („das sieht die kirche auch ein") als Voraussetzung für einen realistischen und reflektierten Umgang mit der Institution genannt. So wird Aufklärung und Aufrichtigkeit als Gegensatz etwa zu Beschönigen und Verschweigen die Basis für Pauls Kirchenverständnis.

Ein weiteres Argument für die Institution sieht Paul im Vergleich zu anderen Religionen. So konstruiert er durch die Aussage „es gibt Andere religionen wo das viel hÄrter is" (Z. 16–17) einen Gegenhorizont, vor dem die Stärken und Vorzüge der eigenen Konfession deutlicher aufscheinen. Die hierfür verwendete Kernnarration „sehr sehr viele freiheiten" (Z. 20–21) entspricht dabei dem zuvor beschriebenen individuellen Handlungsspielraum.

Im dritten Subsegment wird die Methode der Differenzierung und Reflexion schließlich auf den Bereich der religiösen Erziehung und Sozialisation angewandt: „und dAnn natürlich auch immer viel auf die persOn ankommt das hab ich dann auch festgestellt die das vermittelt" (Z. 21–23). Im Gegensatz zu einer unhinterfragten Übernahme von kirchlichen Positionen und Meinungen knüpft Paul Prozesse kirchlicher Vergemeinschaftung eng an die vermittelnden Personen und ermöglicht durch die daraus folgende Relativierung Kritik oder auch Zurückweisung bestimmter Inhalte und Methoden. Daraus ergibt sich auch hier ein Raum für die Entwicklung autonomer Standpunkte. In der daran anschließenden Gegenüberstellung von „wirklich konservativ" (Z. 23–24) und „sehr Offen" (Z. 24) positioniert sich Paul eindeutig für eine moderne, progressive kirchlich-religiöse Vermittlung.

Das vierte Subsegment beginnt mit der Konklusion der vorangegangenen Argumente (Z. 27–28) und betont den Glauben als identitätsstiftende biographische Konstante auch während der kritischen Auseinandersetzungen mit der Institution (Z. 29: „der ja nach wie vor immer dA war"). Im weiteren Verlauf des Schlusssegmentes wird diese Differenzierung von individueller Glaubensüberzeugung und kirchlicher Mitgliedschaft noch präziser herausgestellt: Paul errichtet durch die zentrale Formulierung „kirche macht gott nicht AUs" (Z. 30) einen Schutzraum für seinen Glauben jenseits der institutionellen Rahmung, der trotz negativ wahrgenommener Aspekte der katholischen Kirche immer begründbare Berechtigung behält.

Durch die weitere Aussage „kirche ist was von mEnschen gemachtes" (Z. 30–31) relativiert er zudem die Bedeutung der Institution und betont ihre dem Menschen entsprechende Fehlbarkeit und Mehrdeutigkeit. Damit positioniert sich Paul wiederum als Katholik, der ein aufgeklärtes und historisch-überblickendes Verhältnis zu seiner Kirche einnehmen kann. Diese Selbstpositionierung wird in der letzten Sequenz des Segmentes vervollständigt, indem er sein Engagement und sein Theologiestudium als aktiven Beitrag für innerkirchliche Veränderungsmöglichkeiten begründet (Z. 31–33). Die Kritik und das Infragestellen der Institution wandeln sich somit zur Motivstruktur für kirchliche Aktivität bis hin zum Studium der Theologie. Damit zeigt Paul ein hohes Maß an Integrationsfähigkeit und Abstraktionsvermögen.

In diesen drei Erzählauszügen wird eine Entwicklungsdimension sichtbar, die bestimmte differentielle Wege der Identitätsbildung anzeigen:

- Zunächst gibt es kirchlich aktive Jugendliche, die sich in ihren Erzählungen an institutionellen *Rollen- und Wertevorgaben* orientieren und ihre Identität über bestimmte Aufgaben in der Gemeinde wie Ministrieren, Gruppenleiten usw. definieren, sowie geltende Normen der kirchlichen Gemeinschaft vorbehaltlos übernehmen. Besonders der Typ „Aufstieg in sozialen Hierarchien" (Kapitel 5.2.1.4) zeigt durch die zahlreichen Mitarbeitsmöglichkeiten für Jugendliche in kirchlichen Handlungsräumen diesen an konkrete Positionen geknüpften Identitätsentwurf.
- Auch die seit Erikson in der Identitätsforschung bekannten *Moratorien* und *Suchbewegungen* haben in manchen Identitätskonstruktionen kirchlich orientierter Jugendlicher eine hohe Bedeutung. Dabei zeigen die Interviewpartner zum einen Suchbewegungen in Bezug auf religiöse Überzeugung und weltanschauliche Erkenntnis, aber auch hinsichtlich ihres Verhältnisses zur Institution Kirche und zu konkreten Fragen des Gemeindelebens.
- Einige Interviewpartner der Nachjugendphase präsentieren schließlich in ihren Identitätskonstruktionen Ansätze eines gereiften Mitgliedschaftsentwurfes, der Zweifel und Kritik in das Selbstbild integrieren kann und eine kirchliche Identität ermöglicht, die auf reflexiven Überzeugungen und gefundenen Prinzipien basiert.

Diese Erkenntnisse aus den empirischen Analysen zeigen eine narrative Dynamik, die über eine rein inhaltliche Typisierung hinausgeht und formale Phasen kirchlicher Identität anzeigt. Diese Verlaufsformen sollen nun anhand eines Aufeinanderbeziehens von theoretischen Konzepten der Identitätsbildung und den empirischen Daten der Studie gewonnen werden. Als Ergebnis dieses Prozesses bildet sich so die zweite Typologie der vorliegenden Arbeit, ein Status- und Phasenmodell für kirchliche Identität im Jugendalter.

7.1 Statusmodell kirchlicher Identität

Die exemplarisch dargestellten Interviewauszüge entsprechen in besonderer Weise den von James Marcia entdeckten Formen des ‚Identitätsstatus'. Daher soll dieses Modell als Ordnungsprinzip für die zweite Typologie kirchlicher Identität nun vorgestellt werden. Marcias Unterscheidung verschiedener Identitätsstadien bildet somit die zweite Perspektive, von der aus kirchliche Identität betrachtet werden kann. Auf dieser Grundlage folgen anschließende, am empirischen Material aufzuzeigende Modifizierungen des Modells, die durch den speziellen Kontext des vorliegenden Zusammenhanges nötig werden. Zunächst jedoch Marcias formales Verlaufsmodell für Identität:

James Marcia: „Identity-Status"

James E. Marcia operationalisiert das Identitätsmodell von Eriksons Polarität ‚Identität versus Identitätsdiffusion' in einem empirisch gewonnenen Statusmodell für die Betrachtung von Identitätsprozessen. Marcia schließt dabei an die Überzeugung Eriksons an, dass sich in der Jugendphase das Zielsystem einer Person mit der Bearbeitung des Selbstverständnisses entfaltet. In diesem Prozess bündeln sich die produktiven Lösungen des bisherigen Lebens, aber auch die Fixierungen und Belastungen.

Marcia überführt nun diese polare Betrachtung des Identitätsprozesses in ein Statusschema, indem er folgende Modellvariablen unterscheidet:

- *Commitment* bezeichnet die Verpflichtungsgefühle des Individuums in verschiedenen Bereichen wie Beruf, Religion und Politik.
- *Exploration* bestimmt das Ausmaß der aktiven Suche nach neuen Leitbildern und die Erkundung von Lebensbereichen mit dem Ziel einer besseren Orientierung und Entscheidungsfindung.

Diese beiden Dimensionen kombiniert Marcia in folgendem Vierfelderschema:

Exploration / **Commitment**	*niedrig*	*hoch*
niedrig	Identity diffuse – Identitätsdiffusion	Moratorium – Suche
hoch	Foreclosure – Übernommene Identität	Identity achievement – Gefundene Identität

Personen im Status der *Identitätsdiffusion* haben weder Festlegungen getroffen noch notwendigerweise eine Experimentierphase in inhaltlichen Bereichen durchlaufen und bemühen sich auch nicht darum. Marcia beschreibt sie folgendermaßen: „Ihr herausragendstes Charakteristikum ist ein Mangel an eigenen Überzeugungen und korrespondierend dazu ein Mangel an Besorgtheit darüber" (Marcia 1989, S. 290).

Foreclosure, die *Identitätsübernahme*, bezeichnet einen Status, der Personen umfasst, die feste Positionen und Rollen übernehmen, ohne sie durch explorative, krisenhafte Phasen entwickelt zu haben. Fend beschreibt Personen in diesem Identitätsstatus entsprechen als „wenig aktiv um eigene Positionen bemüht" und übersetzt dementsprechend Marcias Begriff „Foreclosure" mit „voreilige Festlegung" (Fend 2000, S. 408).

Individuen im *Moratorium* zeigen ein hohes Maß an Exploration, sie bemühen sich intensiv um eine Position, sind aber noch nicht festgelegt. Die Jugendphase gilt als typisches Alter des Moratoriums, da sie die zentrale sensitive Phase der Identitätsentwicklung darstellt, in denen gesellschaftliche Anforderungen zugunsten aktiver Suchbewegungen in identitätsrelevanten Lebensbereichen oft relativiert oder zurückgewiesen werden.

Identity achievement schließlich ist gleichzusetzen mit gelungener, gefundener Identität als ein ausgebildetes, durch relativ stabile, reflektierte und erarbeitete Standpunkte ausgezeichnetes Selbst, das gerade durch stabile Positionen und Einschätzungen offen und flexibel für zukünftige Anforderungen ist.

Marcia beschreibt innerhalb seiner empirischen Befunde folgende zentrale Kennzeichen der vier von ihm festgestellten Identitätszustände (Marcia 1980):

Status Merkmale	*Identity diffuse – Identitätsdiffusion*	*Foreclosure – Übernommene Identität*	*Moratorium – Suche*	*Identity achievement – Gefundene Identität*
Selbstwertgefühl	niedrig	niedrig / hoch	hoch	hoch
Autonomie	extern kontrolliert	autoritär	internale Kontrolle	internale Kontrolle
Kognitiver Stil	impulsiv, extreme kognitive Komplexität	impulsiv, kognitiv simpel	reflexiv, kognitiv komplex	reflexiv, kognitiv komplex
Intimität	stereotype Beziehungen	stereotype Beziehungen	fähig zu tiefen Beziehungen	fähig zu tiefen Beziehungen
Soziale Interaktion	zurückgezogen	ruhig, wohlerzogen, glücklich	frei, streben intensive Beziehungen an, wetteifern	zeigen nicht-defensive Stärke, können sich für andere ohne Eigennutz einsetzen

Im Sinne der angeführten Textbeispiele eignet sich Marcias formales Modell der Identitätsentwicklung hervorragend als Ordnungsprinzip für die zweite Typologie der vorliegenden Arbeit. Der zentrale anhand des Datenmaterials zu belegende Befund besteht nämlich in einer Marcias Konzeption entsprechenden Typologie, die *übernommene Identitäten, individuelle Moratorien* und *gefundene erarbeitete Identitäten* beinhaltet.

Für die Darstellung der Verlaufstypen kirchlicher Identität soll nun die Konzeption von James Marcia mit ausgewählten Interviewauszügen der vorliegenden Untersuchung verbunden werden, um so das zweigliedrige Identitätsmodell Exploration vs. Commitment inhaltlich auszufüllen und hinsichtlich des Verhältnisses von Jugend und Kirche zu spezifizieren. In diesem Sinne können Stadien der übernommenen Identität, des Moratoriums sowie Hinweise auf eine gefundene Identität inhaltlich beschrieben werden.

Für den vorliegenden Zusammenhang ist es zudem entscheidend, das Konzept des ‚Identity-Status' auf die herausgearbeitete idealtypische Unterscheidung zwischen ‚Sozialität' und ‚Religiosität' als Motivstruktur kirchlicher Aktivität zu beziehen. So zeigen schon die ausgewählten Textbeispiele sowohl in sozialen als auch in religiös-kirchlichen Bereichen eine Übernahme fester Positionen, aktive Suchbewegungen und Hinweise auf eine erarbeitete Identitätsstruktur. Gerade Moratorien beziehen sich sowohl auf theoretisch-abstrakte Themen wie religiös-weltanschauliche Fragen und Auseinandersetzungen mit strukturellen Aspekten der Institution Kirche als auch auf soziale Fragen des konkreten kirchlichen Gemeindelebens.

Zudem stellt die Fokussierung der vorliegenden Arbeit selbst eine Besonderheit dar: Da Jugendliche interviewt wurden, die kirchlich engagiert sind, werden mit der Auswahl der Probanden in allen Identitätsstadien durch die faktische Gemeindeaktivität grundlegende Verpflichtungsgefühle vorausgesetzt. Daraus folgt zum einen, dass der diffuse Identitätsstatus in dieser Untersuchung nicht vorliegt. Zum anderen ist zu beachten, dass auch alle Moratorien im Rahmen kirchlicher Aktivität stattfinden und somit immer ein ‚Commitment' als institutionelle Basisorientierung existiert, auch bei intensiven und grundlegenden Suchbewegungen.

Die entscheidenden Verlaufstypen kirchlicher Identität im Jugendalter bestehen somit in einer übernommenen Rollen- und Positionsorientierung, inhaltlich differenzierten Moratorien auf der Grundlage kirchlichen Engagements und einer erarbeiteten Identität.

7.1.1 Übernommene kirchliche Identität

Im Sinne Marcias zeichnen sich Personen im Identitätsstatus des ‚Foreclosure' durch ein hohes Maß an Verpflichtungsgefühlen aus. Im Gegenzug sind sie wenig aktiv um eigene Positionen bemüht. Die übernommene Identität im Jugendalter in Bezug auf Religion und Kirche zeigt als Verpflichtung eine deutliche Rollen- und Statusorientierung. So werden vorgefasste Positionen in Gemeinden unhinterfragt übernommen und in den autobiographischen Erzählungen als zentrale Relevanzfaktoren für kirchliches Engagement dargestellt. In diesem Sinn zeigen vor allem jüngere Probanden mit niedrigem

Bildungsstatus aus ländlichen Regionen in ihren Narrationen starke Rollenidentifizierungen.

In diesem Identitätsstatus wird der Relevanzfaktor ‚Sozialität' in den Vordergrund gestellt, religiöse Inhalte werden kaum benannt. Im Bereich der sozialen Bindungen werden in den Selbstdarstellungen zudem starke gemeinschaftliche Verpflichtungsgefühle erkennbar. Die folgenden ausgewählten Beispielsegmente sollen diesen Befund verdeutlichen.

Hans

18 Jahre alt, katholisch, lebt in einem kleinen Dorf in der Nähe von Kempten im Allgäu und ist in der Gemeinde seines Heimatortes aktiv. Hans lebt bei seinen Eltern, die als Landwirte arbeiten, er selbst befindet sich in der Ausbildungsphase zu einem Bankkaufmann. Das Gespräch fand im Winter 2006 in seiner Heimatgemeinde statt.

Segment 1: Nie was anderes gewöhnt gewesen

1   H.: also das früheste was ich mir erinnern kann und das hat sich eigentlich
2   über jahre so hingezogen ist eigentlich äh das liegt bei uns in der familie
3   also es war schon immer so dass mer bei uns am sonntag vormittag in die
4   kirche gegangen ist oder am Samstag abend je nachdem wie es halt bes-
5   ser gepasst hat und ich bin eigentlich nie was anderes gewöhnt gewesen
6   vielleicht war's die ersten jahre so in der schulzeit ehm mehr oder weni-
7   ger pflIcht und ja jetzt wär's nochmal pflIcht, wenn ich jetzt sagen tät ne
8   ich geh jetzt nicht in die kirche dann geh ich halt auch nicht aber man
9   würd des is halt so die gewohnheit dran dass man (--) dass man eigent-
10 lich immer in die kirche geht und früher is halt die ganze familie dann
11 zusAmmen gegangen und jetzt meine schwester und bruder sind schon
12 Ausgezogen und jetzt geh ich halt mal allein und die anderen mal extra
13 und ja man hat mich da eigentlich immer mitgenommen entweder mama
14 oder der papa in die kirche und deswegen ist das bei mir genauso geblie-
15 ben (.) Und so hat sich das eben bis jetzt hingezogen und jetzt seit ein
16 paar jahren bin ich ja auch in der lAndjugend bei uns tätig seit knappe
17 zwei jahre bin ich jetzt vOrstand und in der landjugend sind auch immer
18 wieder sachen mal da einen jUgendgottesdienst vorberEIten oder jetzt
19 beim jugendtAg und ja deswegen ist eigentlich immer die bindung zur
20 kirche weil immer wieder was is, man geht mal in andere gemeinden zur
21 anderen landjugend oder in deren jugendgottesdienst ham die kommen
22 wieder zu uns dann kann man dann auch so noch ein bißle schwätze und
23 das is eigentlich alles eine gemeinschaft (.)

Dieses erste Segment aus Hans' Erzählung kann inhaltlich in zwei Subsegmente unterschieden werden, zunächst berichtet der Erzähler von seinen familiären Bindungen in Bezug auf Religion und Kirche (Z. 1–14), anschließend stehen die Aktivitäten in der katholischen Jugendarbeit im Vordergrund (Z. 14–23).

Das erste Segment ist von der Textsorte der zusammenfassend-berichtenden Darstellung geprägt, auffällig ist hierbei der großflächige Erzählrahmen, in dem das familiäre Umfeld in Bezug auf Religion und Kirche dargestellt wird. Einzelheiten, Erlebnisse oder besondere Beziehungen werden nicht beschrieben, das soziale Nahfeld wird hinsichtlich seiner kirchlichen Tradition zusammenfassend kategorisiert.

Die schon zu Beginn der Erzählung formulierte Kernnarration „es war schon immer so dass mer bei uns am sonntag vormittag in die kirche gegangen ist" (Z. 3–4) bringt eine sozial tief verwurzelte, konventionelle Kirchlichkeit zum Ausdruck. Die floskelartige Wortwahl „es war schon immer so" präsentiert das familiäre Nahfeld in einer Tradition, die inhaltlich nicht begründet werden muss, sondern sich aus ihrer ungebrochenen Kontinuität legitimiert.

Hans positioniert sich selbst durch die anschließende Aussage „ich bin eigentlich nie was anderes gewöhnt gewesen" (Z. 5) als unhinterfragten Teil dieser Weitergabe. Die Wortwahl „gewöhnt" zeigt in diesem Zusammenhang gerade nicht Eigenaktivität, sondern eine zum identitätsstiftenden Element ausgewiesene Übernahme fester Strukturen.

Dieses Fügen in die familiäre Kirchlichkeit formuliert der Erzähler pointiert in Zeile 6–7: „mehr oder weniger pfllcht". Das Nomen „Pflicht" drückt hier eine selbst gewählte Verbindlichkeit zu Kirchlichkeit als Familientradition aus, die trotz sichtbarer Alternativen aufrechterhalten wird (Z. 7–8: „wenn ich jetzt sagen tät ne ich geh jetzt nicht in die kirche dann geh ich halt auch nicht"). Die zu Beginn der Erzählung unhinterfragbare Verpflichtung wird hier narrativ zu einer in der Biographie sich ausformenden reflexiven Selbstverpflichtung entwickelt. Diese Differenzierung zwischen unreflektierter ‚Pflicht' und reflektierter ‚Selbstverpflichtung' kann somit die von Marcia allgemein formulierte Modellvariable ‚Commitment' strukturell erweitern. In Bezug auf Kirchlichkeit wird hier eine selbst gewählte Weiterführung auf Basis einer nicht reflektierten kirchlichen Heteronomie formuliert.

In einer nächsten zentralen Passage des ersten Segmentes deutet Hans eine zusätzliche Funktion seiner Kirchlichkeit innerhalb seiner Familie an: „und früher is halt die ganze familie dann zusAmmen gegangen und jetzt meine schwester und bruder sind schon AUsgezogen und jetzt geh ich halt mal allein und die anderen mal extra" (Z. 10–12).

Der Erzähler positioniert sich hier als Familienmitglied, das durch den Wegzug der Geschwister als einziger seiner Generation die kirchliche Tradition seiner Familie in der Heimatgemeinde aufrecht erhält. Dadurch wird die Identitätskonstruktion der kirchlichen Selbstverpflichtung in seiner familiären Bedeutung erweitert und vertieft.

Im zweiten Subsegment wird die Rollen- und Statusorientierung auf den Bereich der katholischen Jugendarbeit ausgeweitet. Das Stilmittel der Aufzählung untermauert auch hier eine Fokussierung auf vorgefasste Positionen, die Hans im Laufe seiner Jugend eingenommen hat. So sagt auch die Aneinanderreihung der jugendkirchlichen Aktionen nichts über inhaltliche Schwerpunkte dieser Veranstaltungen aus, sondern die äußere Struktur der Jugendarbeit wird erneut in den Vordergrund gestellt.

Die abschließende Kernnarration „das is eigentlich alles eine gemeinschaft" (Z. 22–23) fasst die genannten identitätsstiftenden Aspekte wiederum kategorial zusammen: Kirchlichkeit bedeutet in Hans' autobiographischer Erzählung ein Einfügen in vorhandene Sozialstrukturen im Sinne einer Übernahme von Rollen, Werten und Normen der Gruppe.

Auch in Bezug auf die Motivstruktur „Religiosität" ist in den autobiographischen Erzählungen kirchlich orientierter Jugendlicher in diesem Identitätsstatus eine Übernahme religiöser Überzeugungen zu erkennen, die eng an kirchliche Autoritäten gekoppelt werden. Religiosität wird nicht als individuell verlaufende Exploration dargestellt, sondern eher als Nacherzählung von Glaubensüberzeugungen signifikanter Anderer. Religiöses „Foreclosure" ist insofern selten zu beobachten, da Jugendliche im Status einer übernommenen Identität die sozialen Faktoren in den Vordergrund ihrer autobiographischen Erzählungen stellen und Religiosität selten erwähnen.

Als Textbeispiel für ein religiöses Foreclosure kann erneut ein Segment aus der autobiographischen Erzählung von Hans angeführt werden, der nicht nur im Bereich der sozialen Beziehungen, sondern auch in seiner Religiosität eine starke Verpflichtung in vorgegebenen inhaltlichen Positionen zeigt.

Segment 11: Jugendgottesdienste

1   H.: ja also wir greifen halt immer ein thema raus entweder in verbindung
2   mit dem pfarrer W. oder mit der gemeindereferentin und ja wir kriegen
3   da dann immer vOrlage überlegen uns was dazu, was ham wir denn
4   schon alles gehabt ehm mir fällt jetzt kein direktes thema EIn ehm zEIt
5   war mal thema, ja über was man zeit hat, wieviel zeit wofür man sie
6   hernimmt ja und wir überlegen uns da dazu dann halt die fÜrbitten und
7   äh bUßakt, der rest lesung evangelium is ja sowieso immer fEst und
8   predigt macht der pfarrer da haben wir auch net so viel zum tun viel-
9   leicht so noch ein zwei gebete wo dazu passen und da werden wir eigent-
10 lich immer gut unterstützt vom pfarrer wir können da eigentlich zu jeder
11 zeit zu ihm kommen und fragen ob er irgendwas hat ob er uns da helfen
12 kann (.)
13 I.: was bedeuten dabei die religiösen Inhalte für dich?
14 H.: ich beschäftige mich da damit mit dem thema so wenn ich an einem
15 sonntag in die kirche gegangen das sind vielleicht einzelne punkte die
16 ich da draus mitnehm aus der lesung aus dem evangelium aus der pre-
17 digt.

Auch in den narrativen Darstellungen der religiösen Bereiche, in denen Hans tätig ist, steht die Rollen- und Statusorientierung im Sinne einer übernommenen Identität im Vordergrund. Eigene Auseinandersetzungen mit dem Thema Glaube und Religion werden nicht genannt. Die Textsorte ist auch bei diesem Segment die zusammenfassend darstellende Erzählung, in der die pastoralen Mitarbeiter der Gemeinde als Gestalter der Gottesdienste im Mittelpunkt stehen. Das in diesem Zusammenhang zentrale Nomen „vOrlage" (Z. 3) verdeutlicht die Beziehungsstruktur: Die Basis für eigenes Handeln im religiösen Kontext stellen die Vorarbeiten der Gemeindeleitung dar. Ganz im Sinne eines Foreclosure-Identitätsstatus' werden die Vorgaben dieser Personen für die eigene Aktivität übernommen. Eine kritische oder gar ablehnende Haltung gegenüber diesem System wird in Hans Erzählung nicht erwähnt, im Gegenteil: Durch die im Segment nachfolgende Aufzählung der Stellen in der Liturgie, in denen die Jugendlichen sich einbringen können (Z. 5–10), positioniert sich Hans als mit seiner Rolle im Gottesdienst einverstanden und sich in die vorgegebenen Strukturen einfügend. Der Pfarrer wird dabei als Hintergrundautorität akzeptiert, der den Jugendlichen im Bedarfsfall hilft. Die Angabe „zu jeder zeit" (Z. 10–11) unterstreicht dabei die grundsätzliche Orientierung am institutionellen Rollenmuster.

Auch auf die Nachfrage, was die religiösen Inhalte für ihn bedeuten, stellt der Erzähler die inhaltlichen Vorgaben im Gottesdienst in den Erzählfokus. Durch die Aufzählung „aus der lesung aus dem evangelium aus der predigt" (Z. 16–17) wird hier der institutionell vermittelte Inhalt als ausschlaggebend dargestellt. Die Formulierung „einzelne punkte die ich da draus mitnehm" (Z. 15–16) zeigt, dass die Eigenaktivität einzig in der Auswahl der Vorgaben besteht, eigene Suchbewegungen oder Überlegungen davon unabhängig tauchen in der Erzählung nicht auf.

Der folgende Interviewausschnitt ergänzt diese Darstellung übernommener Religiosität.

Marcel

14 Jahre alt, evangelisch, lebt in einer kleinen Stadt in der Nähe von Frankfurt und besucht dort die 7. Klasse einer Realschule. Marcels Vater ist Beamter, seine Mutter Hausfrau. Marcel nimmt zum Zeitpunkt des Interviews am Konfirmandenkurs seiner Heimatgemeinde teil. Der Gemeindepfarrer empfahl Marcel für ein Interview, da er im Zuge seiner Konfirmandenzeit einer der wenigen Jugendlichen der Gruppe ist, die sich aktiv bemühen, nach der Konfirmation selbst in der Jugendarbeit tätig zu sein und bereits beginnen, an entsprechenden Kursen des evangelischen Jugendwerks teilzunehmen. Das Gespräch fand im Herbst 2006 statt.

Segment 6: Wie das ist mit dem Glauben
1   M.: ja frÜher da wußt ich halt noch nIcht so viel von allen dem und dann
2   jetzt Erst wie ich so zwÖlf Elf drEIzehn war, hab ich halt erst also frÜ-
3   her hab ich nicht so also in der grUndschule hab nicht so viel religions-
4   unterricht gehAbt, also schOn so aber eher über diese wIchtigen perso-
5   nen wie lUther und alles und dann jetzt spÄter im konfirmAndenunter-
6   richt hat der Herr O. ((Personenname)) uns darüber überhaupt alles er-
7   zählt wie das Ist mit glAuben und mit ehm ja mit gOtt und allem (.) also
8   glAuben und alles was dazUgehört so religion ist halt wenn man irgend-
9   ein vOrbild hat, ein vOrbild wo man Anbetet wo einem schUtz gibt, wo
10 einem zUflucht gibt und so (.) und ehm den man halt Anbeten kann
11 wenn man zum beispiel äh trAUrig ist oder äh frOh ist dann geht man
12 hIn und sAgt das dem und das ist halt wie so ein beglEIter ein ewiger
13 frEUnd (.) der Herr O. ((Personenname)) hat uns auch sEhr viel darüber
14 erklÄrt und also hat auch gesAgt dass eigentlich jEsus die gestAlt von
15 gott ist und so (.)

In diesem kurzen Abriss orientiert sich Marcel zunächst chronologisch an über Religion informierenden Institutionen und Personen, wobei sich die Auflistung an der Bedeutsamkeit religiöser Inhalte orientiert. Entscheidend ist hierbei nicht das Nachdenken und Reflektieren sondern das konkrete Wissen über Religion und Glaube im Sinne einer Unterrichtung: Nachdem die Grundschulzeit als inhaltsarm und einseitig kritisiert wird, setzt die identitätsrelevante religiöse Wissensvermittlung Marcel zufolge erst mit dem Konfirmationsunterricht ein, wobei die Person des Pfarrers im Mittelpunkt steht. Hier zeigt sich in der Kernnarration des Segmentes die Struktur von Marcels übernommener Religiosität: „hat der Herr O. uns darüber überhaupt alles erzählt wie das Ist mit glAuben und mit ehm ja mit gOtt und allem" (Z. 6–7).

Die Formulierung „alles erzählt wie das Ist" zeigt, dass es für Marcel selbstverständlich ist, religiöse Überzeugungen nicht durch das Erarbeiten von Standpunkten zu gewinnen, sondern durch Unterweisung. Die Betonung „Ist" unterstreicht den objektiven Charakter, den Marcel den Inhalten des Konfirmationsunterrichtes einräumt. Diese Struktur findet in der Abschlusspassage des Segmentes ihre Entsprechung: „der Herr O. hat uns auch sEhr viel darüber erklÄrt und also hat auch gesAgt dass eigentlich jEsus die gestAlt von gott ist und so" (Z. 13–15).

Wiederum drückt das Verb „erklÄrt" einen klaren Objektivitätszuspruch in der Vermittlung eines Sachverhaltes aus. Der Zusatz „sEhr viel" steht hierbei im Kontrast zur Darstellung des Religionsunterrichtes in der Grundschule. Dadurch positioniert Marcel den Pfarrer als kompetenten und anspruchsvollen Lehrer.

Marcel zeigt im Gegensatz zu Hans kein reflektiertes, selbst gewähltes Foreclosure: Es wird keine Alternative zu den erfahrenen Inhalten und Motiven ausgedrückt. Entscheidung spielt in dieser Narration keine Rolle, sondern eher eine nicht reflexive Übernahme.

Auf der inhaltlichen Seite ist Marcels narrative Religiosität geprägt von einem personalen Gottesbild, dem einerseits Autorität zugesprochen wird (Z. 9: vOrbild wo man Anbetet"), das andererseits aber durch die Bezeichnung „ein beglEIter" (Z. 12), „ein ewiger frEUnd" (Z. 12–13) Gefühle ‚auf Augenhöhe' teilen und verstehen kann. Durch diese Verbindung zwischen Nähe und Autorität wird Gott zu einem Hort der Geborgenheit, dies wird zentral durch die Schlüsselwörter „schUtz" und „zUflucht" (Z. 9–10) ausgedrückt.

Nach diesen Darstellungen übernommener kirchlicher Identitäten sollen nun Erzählauszüge folgen, in denen eine Auseinandersetzung mit kirchlichen Mitgliedschaftsentwürfen präsentiert wird. Im Jugendalter sind nämlich nicht nur Übernahmen fester Inhalte, Normen, Werte und Rollen zu beobachten, sondern auch Moratorien, in denen Jugendliche aktive Suchbewegungen in Bezug auf unterschiedliche kirchliche Aspekte zeigen.

7.1.2 Moratorien

Im Identitätsstatus des Moratoriums können Explorationen in Bezug auf zwei Aspekte kirchlicher Orientierung festgestellt werden: Zum einen stehen religiös-weltanschauliche und kirchlich-strukturelle Aspekte im Vordergrund, zum anderen werden kritische Anfragen an das konkrete soziale Leben in der kirchlichen Institution wie der Gemeinde gestellt. Wie erwartet, korrelieren diese Unterschiede eindeutig mit der Konfession: Katholische Jugendliche üben neben inhaltlich-religiösen Suchbewegungen auch häufig Kritik an der verfassten Institution Kirche, besonders die Themen Zölibat und Amtshierarchie stehen dabei im Fokus der kritischen Reflexion. Evangelische Jugendliche zeigen keinerlei Auseinandersetzung mit der konkreten Institution Kirche, sondern konzentrieren sich in ihren Moratorien ausschließlich auf religiös-weltanschauliche Fragen und auf Erfahrungen in der Gemeinde.

Diese Differenzierungen innerhalb kirchlicher Moratorien sollen im Folgenden der Reihe nach dargestellt werden: Zunächst erfolgen zwei religiös-weltanschauliche Moratorien und daran anknüpfend eine institutionell-strukturelle Suchbewegung. Als Abschluss wird eine Auseinandersetzung mit sozialen Missständen in der Gemeinde vorgestellt.

Klaus

18 Jahre alt, katholisch, lebt in Mainz und besucht dort die 13. Klasse eines Oberstufengymnasiums. Klaus leitet einen katholischen Jugendclub, in dem auch das Interview im Sommer 2005 stattfand. Der Kontakt entstand über den Jugendbeauftragten seiner Gemeinde. Nachdem Klaus seinen Werdegang in der Heimatgemeinde zusammenfassend darstellt, knüpft er seine

Gedanken zu Glaube und Religiosität an die Gruppenerfahrungen innerhalb seiner Jugendarbeit an.

Segment 14: Freiheit

1 eine der kernfrAgen, ehm die ich mir stelle ist zum beispiel die frage
2 nach frEIheit (.) Ehm dAs ist mal so ein punkt wo die auf einmal wirk-
3 lich ins lEben rEIngreift (.) wenn ich etwas tUe wo ich den eindruck hab
4 ich sOllte es vielleicht nicht tun oder sOllte vielleicht nicht sein aber ich
5 tue es trOtzdem (.) es geht schIEf, dann nAchher das gefühl zu haben
6 dafÜr bestrAft worden zu sein weil ich mich dagEgen entschieden habe
7 ehm das macht die frage nach dem ob der mensch wirklich frEI ist ver-
8 dammt schwierig, denn bIn ich denn wirklich eigentlich frEI als mensch
9 wenn ich die chance hab mich dafÜr oder halt dagegen zu entscheiden
10 okay da bin ich frEI aber ich wEIß wenn ich mich dagegen entscheide
11 gibt's nichts pOsitives als ziel sondern ist es in die richtung gAnz krass
12 gesagt verderben oder sagen wir's mal einfacher jedenfalls ein weg in
13 die Irre (.) Ist das dann eine freiheit bIn ich wirklich frEI als mensch (.)
14 Ehm ich weiß nicht wIE viele jugendliche sich dIEse frage stellen aber
15 für mIch ist das ne ganz entscheidende und EIgentlich mit die schwIE-
16 rigste frage, dIEse frage da nach nach freiheit ehm ob's sie wirklich gIbt
17 und dAmit klarzukommen ich mein wenn ich dAs jetzt mal unter dem
18 aspekt betrachte was ich bis jEtzt im leben was halt schule und so mir
19 schon vermIttelt hat gUt freiheit und nIcht und determination oder nIcht
20 freiheit sind sO miteinander verquickt dass der mensch irgendwie ja
21 nicht rAUskommt oder zumindest sEHen das heute angeblich die mo-
22 dernen theologen oder viele theologen sO (.) sOwas find ich unheimlich
23 schwIErig denn ehm dA sich zurecht zu finden ich glaub der junge
24 mensch wIll die freiheit haben er will sie auch AUsprobieren und was
25 ich eben gerade auch sagte da will man auch mal ne zeitlang wirklich
26 einfach mal dagegen sEIn, und dAs sind AUch etappen die man wahr-
27 scheinlich zwangsläufig mal durchlaufen mUss (.) ja (.)

Klaus' Erzählsegment kann inhaltlich in zwei Subsegmente aufgeteilt werden, im ersten stellt er den Bereich seiner persönlichen Auseinandersetzung vor (Z. 1–22), in einem zweiten Segment bezieht er diese angeführte Problematik auf die spezielle Situation des Jugendalters (Z. 22–27).

In diesem Erzählausschnitt ist die Argumentation die vorwiegende Textsorte, wobei die Intensität und Dichte, die in den sprachlichen Darstellungen zum Ausdruck kommt, an eine Abhandlung erinnert.

Zu Beginn des ersten Subsegmentes bietet Klaus mit der ersten Kernnarration des Abschnittes „eine der kernfrAgen, ehm die ich mir stelle ist zum beispiel die frage nach frEIheit" (Z. 1–2) zum einen eine Einführung in das nun folgende Thema, zum anderen trägt die Formulierung „die frage nach frEIheit" schon eine zusammenfassende Kategorisierung des Segmentinhaltes in sich. Die sich anschließende Aussage „auf einmal wirklich ins lEben rEIngreift" (Z. 2–3) untermauert die Erzählwürdigkeit des folgenden Themas als Verstehensfrage, die nicht nur abstrakt, sondern aufgrund ihrer aufscheinenden („auf einmal") konkreten Lebensbedeutung eingehend behandelt werden soll. Das Verb „rEIngreift" verdeutlicht dabei die tiefgehende und dramatische Bedeutung dieser Thematik für den Erzähler.

Die aufgeworfene Frage wird nun in mehreren Abschnitten entfaltet: Zunächst erfolgt in der Textsorte der Erzählung zunächst eine anschauliche Beispielsituation (Z. 3–7), die im Folgenden mit der vorherrschenden Textsorte der Argumentation auf einem höheren Abstraktionsniveau aufgenommen wird. Die Struktur der Argumentation verläuft dabei dialektisch, allerdings kann keine Synthese hergestellt werden: Die der freien Entscheidung gegenübergestellte Möglichkeit negativer Folgen führt nicht zu einer Konklusion, sondern zu einer Präzisierung der Fragestellung, die schließlich in der die Suchbewegung zusammenfassenden Kernnarration des Segmentes mündet: „Ist das dann eine freiheit bIn ich wirklich frEI als mensch" (Z. 12–13). Die Doppelung des Wortstammes „frEI" stellt dabei den Dilemmakern des Segmentes heraus und unterstreicht in seiner zusätzlichen Betonung dessen subjektive Relevanz.

Klaus stellt in seinem Moratorium eine Suchbewegung vor, die anthropologisch-existentialistischen Charakter hat und zunächst nicht direkt mit einer religiösen Sprache ausgedrückt wird. Allein das Nomen „verderben" (Z. 11–12) deutet an, dass diese Frage in letzter Konsequenz für den Erzähler eine religiöse Bedeutung hat.

Dieses Nachdenken wird anschließend in einen sozialen Vergleichskontext gestellt: „Ehm ich weiß nicht wIE viele jugendliche sich dIEse frage stellen aber für mIch ist das ne ganz entscheidende" (Z. 13–15).

Hier positioniert sich Klaus zum einen als durch seine speziellen Interessen herausragenden Jugendlichen, andererseits verdeutlicht er noch einmal die besondere, „entscheidende" Stellung dieser Suchbewegung in seiner Biographie, die dadurch einen einzigartigen Charakter erhält. Interessant ist, dass sich Klaus in seiner Suchbewegung nicht auf soziale Ressourcen beruft, die ihm bei seiner Exploration unterstützen könnten; er präsentiert sich als einsamer Denker, der alleine seine Probleme lösen muss.

Die Antwortmöglichkeiten, die Klaus schließlich anführt (Z. 17–22) zeigen die religiöse Dimension des Dilemmas, da theologische Lösungsvorschläge zitiert werden. Jedoch bleibt der Zwiespalt der menschlichen Freiheit auch in diesen Darstellungen unauflöslich: „sO miteinander verquickt dass der mensch irgendwie ja nicht rAUskommt" (Z. 19–20). Das Verb „rAUskommt" unterstreicht den Wunsch nach einer Befreiung, die in der Überwindung des Problems liegen würde. Die anschließende Schlusssequenz des ersten Subsegmentes „zumindest sEHen das heute angeblich die modernen theologen oder viele theologen sO" (Z. 21–22) lässt aber Zweifel offen, sowohl hinsichtlich der Frage, ob sein Wissensstand eine korrekte Wiedergabe der theologischen Standpunkte erlaubt („angeblich"), als auch die Frage, ob die vorgelegte Antwort das ganze Spektrum theologischen Denkens abdeckt („viele theologen"). Indem Klaus auf diese Weise die aufgeworfenen Fragen letztlich unbeantwortet lässt, positioniert er sich narrativ eindeutig im Identitätsstatus des Moratoriums.

Im zweiten Subsegment wird die Suchbewegung schließlich von seiner Person auf eine allgemeine Perspektive hin dekontextualisiert. Die Kernnarration dieses Unterabschnittes „der junge mensch wIll die freiheit haben er will sie auch AUsprobieren" (Z. 23–24) beinhaltet eine typisierende Einschätzung der Jugendphase. Durch die Verallgemeinerung wird eine narrative Einbindung der individuellen Suchbewegung in die angenommenen spezifischen Merkmale des Jugendalters möglich, wodurch die vorherige Exklusivität der Fragestellung wieder relativiert wird. Die Funktion dieser narrativen Konstruktion erschließt sich in der Endpassage des Segmentes: „dAs sind AUch etappen die man wahrscheinlich zwangsläufig mal durchlaufen mUss". Hier wird die dargestellte Suchbewegung letztendlich als lebensgeschichtlich begrenzt betrachtet und dadurch entdramatisiert. Ähnlich wie bei der Beschreibung eines Erzählsegmentes im Status der übernommenen Identität wird in dieser Schlusspassage auch eine Reflexion auf das eigene Moratorium sichtbar.

Auch bei evangelischen Jugendlichen zeigen sich Suchbewegungen, die sich mit religiösen und weltanschaulichen Fragen beschäftigen. Hierzu ein weiteres Beispiel:

Nico

15 Jahre alt, evangelisch, ist in der Nähe von Frankfurt nach seiner eigenen Konfirmation nun als Mitarbeiter im Konfirmationsunterricht seiner Gemeinde tätig und wurde von der Pfarrerin als besonders engagiert und interessiert beschrieben. Nico besucht die neunte Klasse einer Gesamtschule und lebt bei seiner Mutter, die als kaufmännische Angestellte arbeitet. Das Interview fand im Sommer 2005 statt.

Der Ausgangspunkt von Nicos Moratorium besteht in der Benennung eines konkreten Verlustes:

Segment 4: Fragen

1   N.: ich denk ma meine fra-=oder äh mein glauben entsteht glaub ich aus
2   frAGen (-) denk ich ma, also frAgen, die halt entstehen, also ich hatte
3   mal mäuse als haustiere und einmal is halt (-) is ne maus gestorben und
4   die hab ich halt begraben (-) und da hab ich halt die frAgen, da denk ich,
5   ja wo is sie jetzt und so und da versteh ich's noch nicht (-) wobei Ich
6   jetzt denk ich weil ich hierbleiben möchte wegen den frAgen und den
7   Antworten, ich wEiß es nicht.

Der Interviewausschnitt aus Nicos Erzählung stellt in erster Linie nicht ein abstraktes weltanschauliches Problem, sondern ein konkretes Ereignis in den Mittelpunkt der dargestellten Suchbewegung. Das Moratorium selbst wird als Folge der Differenzerfahrung als „frAgen" beschrieben. Das Nomen wird im Segment insgesamt viermal verwendet und dadurch als zentrales Kennwort für Nicos Identitätsstatus ausgewiesen. Die Kernsequenz des Segments: „da denk ich, ja wo is sie jetzt und so und da versteh ich's noch nicht" (Z. 4–5) drückt wiederum die Suche nach einer kohärenten religiösen Weltanschauung aus, die auch die beschriebenen Erfahrungen mit dem Tod sinn- und hoffnungsvoll integrieren kann.

Diese Suche und die Aussicht auf mögliche Antworten werden abschließend auch als Motivation für eine Fortsetzung der aktiven Kirchlichkeit dargestellt (Z. 5–7).

Neben diesen religiös geprägten Moratorien zeigen Suchbewegungen kirchlich aktiver Jugendlicher auch Auseinandersetzungen mit der Institution Kirche hinsichtlich ihrer Struktur sowie ihres moralischen und sozialen Handelns. Diese Moratorien sind ausschließlich bei katholischen Jugendlichen zu finden, da hier die heilsrelevanten institutionellen Vorgaben wahrscheinlich viel eher Widersprüche und Auseinandersetzungen ermöglichen, als die institutionelle Konzeption der evangelischen Kirche (vgl. Kapitel 2.1.1 und 2.1.2).

Leonard

17 Jahre alt, katholisch, ist im kirchlichen Jugendbereich seiner Heimatstadt Frankfurt tätig. Leonard besucht die zwölfte Klasse eines Gymnasiums und hat zum Interviewtermin gerade die Firmung empfangen. Nach der Zusammenfassung seiner familiären Sozialisationserfahrungen in Bezug auf Religion und Kirche stellt er sein Verhältnis zur Institution kritisch dar:

Segment 7: Zölibat

1 ich verstEH's nicht was die katholische kirche da mAcht (.) ehm ich
2 kann mir das nicht erklären warum die katholische kirche zum beispiel
3 keine prIEsterinnen hat ehm warum die priester das zölibAT ehm ja
4 hAben, ehm auf der einen seite kann ich das ein stückchen weit verstE-
5 Hen weil ehm es stImmt wenn das eine argumEnt dass ein pfarrer Ohne
6 familie für die gemeinde Eher zugänglicher ist als ein pfarrer mIt
7 der=einer familie und kinder weil ich denke da auch äh ne rolle spielen
8 in wie weit ehm da halt ja auch ich sag jetzt mal ne Ablenkung ehm da
9 ist für den pfarrer einfach weil weil er auch ne verAntwortung hat für
10 diese kinder und ehm dA äh auch vermehrt ja auch für seine famIlie da
11 sein muss nicht nur für die gemEInde da sein muss aber ehm ich find
12 dass ein pfArrer der so eine erfahrung gar nicht gemacht hat, ehm viel-
13 leicht sich in andere situationen vielleicht gar nicht so gut EInfühlen

14 kann.

Leonards Interviewauszug ist geprägt von der argumentativen Auseinandersetzung mit den Besonderheiten des katholischen Priesteramtes, die beiden zentralen Fragen werden dabei in der Kernnarration des Segmentes zusammenfassend dargestellt: „ich kann mir das nicht erklären warum die katholische kirche zum beispiel keine prIEsterinnen hat ehm warum die priester das zölibAT ehm ja hAben" (Z. 1–4).

Die Formulierung „ich kann mir das nicht erklären" entspricht dem Auftakt des Segments: „ich verstEH's nicht was die katholische kirche da mAcht" (Z. 1). Beide Formulierungen zeigen, dass die angesprochenen Aspekte der katholischen Kirche nicht einfach verworfen und voreilig zurückgewiesen werden. Durch die narrative Fokussierung auf Verstehen und Erklären präsentiert sich Leonard als prinzipiell offen für Diskussion und Überzeugung. Seine Suchbewegung zielt so auf eine argumentative Begründung oder Ablehnung der genannten kirchlichen Strukturen.

Im weiteren Verlauf des Interviewausschnittes präzisiert er seine Auseinandersetzung, indem er das aufgeworfene Thema „Zölibat" im Stil einer Pro- und Contra-Erörterung abwägt. Dabei ist der Argumentationsaufbau interessant: Zunächst werden die Pro-Argumente aufgezählt, wobei in der Formulierung „kann ich das ein stückchen weit verstEHen" (Z. 4–5) durch die Verniedlichungsform diese Perspektive trotz der zustimmenden Argumente von vornherein abgeschwächt wird. Anschließend folgt die Contra-Argumentation, die aus der Erzählpassage besteht: „ich find dass ein pfArrer der so eine erfahrung gar nicht gemacht hat, ehm vielleicht sich in andere situationen vielleicht gar nicht so gut EInfühlen kann" (Z. 11–14).

Das zentrale Verb „EInfühlen" wird dabei gegen die vorher aufgeführte Verantwortung des Pfarrers für seine Gemeinde gestellt. Indem Leonard auf diese Weise das allgemeine Rollenverständnis des Priesteramtes gegen eine konkrete, erfahrungsgedeckte Empathiefähigkeit abwägt, stellt er die zentrale Frage des Segmentes, ob das katholische Verständnis des Priesteramtes für seelsorgerische Tätigkeiten in Beziehungsfragen angemessen ist. Diese erste Suchbewegung wird im weiteren Verlauf der autobiographischen Erzählung durch eine weitere ergänzt.

Segment 9: Öfters Diskussionen

15 und ehm da hat ich dann halt auch immer so gesagt hier also irgendwann
16 stellt sich dann auch die überlegung ein dass ich dann aus der katholi-
17 schen kirche AUstrete das ist noch gar nicht sO lange her das ist jetzt ein
18 knappes dreiviertel jahr jAhr her (.) und ehm ja und dann hat sich das
19 eigentlich immer ein stückchen weiter entfErnt und so und ehm dann hat
20 ich aber irgendwann also dann stand auch irgendwann zur diskussion
21 ehm weil mein der cousIn von meiner mutter hatte äh hatte mich schon
22 mal Angesprochen vor zwei jahren da war ich mal in den osterferien bei

23 denen und hatte gefragt ob ehm wEnn ich mich firmen lassen würde ob
24 äh ob ich mir nicht vorstellen könnte dass Er meinen firmpaten macht,
25 und dann hatte ich gesagt jA klAr (.) und dann stellte sich halt auch ir-
26 gendwann die frage lAss ich mich jetzt firmen oder dass ich mich nIcht
27 firmen und ehm dann hab ich dann halt auch mit meinen Eltern drüber
28 geredet und ehm also auch so generEll also es war jetzt nicht gar nicht so
29 auf die fIrmung bezogen sondern generEll auf die katholische kIrche, wo
30 meine mutter dann halt wo Ich dann halt meiner mUtter gesagt hab ich
31 versteh nicht warUm ihr das eigentlich so mItragen könnt weil ihr im
32 grunde genommen AUch dagegen seid was ehm von da oben doktrinIErt
33 wird (.) ehm ich weiß nicht äh die=diese ganze geschichte mit Abtrei-
34 bung und ehm verhÜtung in Afrika ehm mit der Aidsverbreitung und so,
35 da waren meine eltern im grunde genommen AUch dagegen dass es so
36 von der kirche durchgezogen wird wIE es durchgezogen wird und ehm
37 da gab's halt auch öfters diskussiOnen bei uns zu hause und da weiß ich
38 eigentlich Immer noch nicht so genau was Ich da für ne position hab (.)
39 Is schon schwIErig halt (.)

Zu Beginn des neunten Segmentes verdeutlicht Leonard durch die Sequenz „dass ich dann aus der katholischen kirche AUstrete" (Z. 16–17) die Ernsthaftigkeit seiner Suchbewegung, die auch eine völlige Loslösung von der Kirche ermöglichen könnte. In dieser biographischen Phase wird jedoch die Überlegung, ob Leonard sich firmen lassen und damit den Erwartungen des familiären Feldes (Z. 21: „der cousIn von meiner mutter") entsprechen soll, zum Anlass für eine erneute Auseinandersetzung mit der Institution Kirche, in der nun die Themen „Abtreibung und (...) verhÜtung" (Z. 33–34) in Zusammenhang mit der katholischen Hierarchie im Mittelpunkt stehen.

Die Eltern werden in diesem Segment im Gegensatz zu vielen Erzählungen im Status ‚Foreclosure' nicht als Vermittler einer unhinterfragten Tradition positioniert, sondern als Diskussionspartner einer kritischen Auseinandersetzung. In einer ersten Kernnarration des Segmentes formuliert Leonard schließlich seine zentrale Fragestellung: „ich versteh nicht warUm ihr das eigentlich so mItragen könnt weil ihr im grunde genommen AUch dagegen seid was ehm von da oben doktrinIErt wird" (Z. 30–33).

Die Textsorte der szenisch-episodischen Darstellung mit dem Stilmittel der wörtlichen Reinszenierung ermöglicht hier eine unmittelbare, emotionale Einbindung in die Szene und untermauert damit die identitätsrelevante Bedeutung der Frage. Die Formulierung „von da oben doktrinIErt" verdeutlicht den Konflikt mit der katholischen Hierarchie und ihren nicht verhandelbaren inhaltlichen Vorgaben. Dieser Konflikt wird mit den Eltern verhandelt, indem eine Interpretationsgemeinschaft angenommen („weil ihr im grunde genommen AUch dagegen seid") und ein daraus resultierender Widerspruch den Eltern vorgeworfen wird.

Die sich anschließende Passage „die=diese ganze geschichte mit Abtreibung und ehm verhÜtung in Afrika ehm mit der Aidsverbreitung" (Z. 33–34) präzisiert den angedeuteten Konflikt inhaltlich und drückt durch die Wortwahl „diese ganze geschichte" aus, dass sich die Fragestellung auf eine breite, im öffentlichen Bewusstsein präsente Debatte bezieht. Dadurch erhält die Problematik eine zusätzliche Berechtigung und Aktualität.

Die amtskirchliche Meinung in Bezug auf Abtreibung und Verhütung wird im weiteren Verlauf des Segmentes durch die Formulierung „dass es so von der kirche durchgezogen wird wIE es durchgezogen wird" beurteilt. Die Doppelung des Verbs „durchgezogen" positioniert dabei die Institution als hart und unnachgiebig in ihren Positionen und Forderungen.

Zum Schluss des Segmentes betont Leonard schließlich, dass seine Anfragen an die Institution Kirche in diesen Punkten noch nicht beantwortet sind und daher seine Suchbewegungen noch andauern.

Auch im folgenden Textauszug stehen kritische Anfragen an die Institution im Vordergrund.

Eva

21 Jahre alt, katholisch, arbeitet im Rahmen eines freiwilligen sozialen Jahres in einer katholischen Gemeinde in Frankfurt und ist darüber hinaus langjährige Mitarbeiterin im kirchlichen Jugendbereich. Eva hat vor ihrem sozialen Jahr Abitur gemacht, ihre Mutter ist Krankengymnastin, der Vater Chemie-Ingenieur. Das Interview fand im Frühjahr 2006 statt.

Segment 6: Zölibat

14 und ehm mit dem was die katholische kirche so vOn sich gibt kann ich
15 nicht Immer konformieren also ich hab tIErische probleme mit dem zöli-
16 bAt, das kann ich Absolut nicht nAchvollziehen, genauso wenig dass
17 frauen nicht prIEster werden dürfen, hab ich Echt schwierigkeiten mit (.)
18 ehm und ehm von dAher is es immer so ein bißchen schwierig da seinen
19 weg zu fInden und nicht zu sagen okay ich geb jetzt einfach AUf nur
20 weil's nicht so läuft wie ich's wIll (.)

Im Gegensatz zu Leonards Interviewauszug, in dem ebenfalls das katholische Priesteramt Gegenstand der Auseinandersetzung war, ist Evas Segment nicht von einer Erörterung des Themas geprägt, sondern von einer klaren Selbstpositionierung: Die Formulierungen „tIErische probleme" und „Absolut nicht nAchvollziehen" zeigen eine radikale Zurückweisung dieser kirchlichen Vorgaben und weisen Eva als klare Gegnerin des katholischen Priesteramtsverständnisses aus.

Der zweite Satz des Segmentes zeigt die damit verbundene identitätsrelevante Problematik: Die Ablehnung eines grundsätzlichen institutionellen Merkmals bedeutet für einen katholischen Mitgliedschaftsentwurf eine Infragestellung des Selbstverständnisses der Institution. Eva stellt deshalb am Ende des Erzählabschnittes ihre Entwicklungsaufgabe in den Mittelpunkt, eine identitätssichernde Position zu finden, die trotz der Kritik immer noch eine aufrichtige Zugehörigkeit zur katholischen Kirche ermöglicht. Die hierfür zentrale Formulierung „nicht zu sagen okay ich geb jetzt einfach AUf" (Z. 19) drückt eine dramatisch-kämpferische Haltung aus, die jedoch nicht hoffnungslos, sondern eher trotzig-standhaft wirkt.

Gerade dieses Segment aus Evas Erzählung verdeutlicht, dass katholisch orientierte Jugendliche in Suchbewegungen amtskirchliche Strukturen als Gegenhorizont für eigene Positionierungen benutzen können, obwohl sie selbst Teil der Institution sind. So kann die von Karl Gabriel formulierte Erkenntnis, dass „die Kirche und ihre Wahrnehmung als Gegenhorizont einen paradoxen Beitrag zur Aufrechterhaltung des gesellschaftlichen Phänomens Jugend" (Gabriel 1994, S. 69) leistet, um den dargestellten empirischen Befund erweitert werden, dass in der Vielgestaltigkeit der katholischen Kirche dies auch für Jugendliche gilt, die selbst kirchlich aktiv sind. Werden im Status ‚Foreclosure' kirchliche Vorgaben für die Identitätskonstruktion übernommen, so kann in jugendlichen Suchbewegungen gerade der Protest gegen institutionelle Vorgaben identitätsstiftend sein. Evas Erzählsegment zeigt im Gegensatz zum ersten Textauszug der Kategorie ‚Moratorium' keinerlei selbstreflexive Ansätze: Die Suchbewegung wird nicht reflektiert betrachtet, sondern nur aus einer direkten, impulsiv wirkenden Kritik formuliert. Somit gibt es auch bei der Modellvariable ‚Exploration' eine Differenzierungsmöglichkeit hinsichtlich des Reflexionspotentials: Suchbewegungen können ausschließlich direkt oder zusätzlich metanarrativ dargestellt werden.

Nach dieser Auseinandersetzung mit kirchlichen Strukturen berichtet Eva schließlich auch von konkreten Ereignissen in der Gemeinde, die ebenfalls zu Zweifeln und Anfragen bei ihr führten. Dieser Auszug steht somit für die Möglichkeit eines ‚sozialen' Moratoriums.

Segment 10: Lästereien

1   ehm ich hab festgestellt dass es viele leute gibt auch bei den hAUptamt-
2   lichen, die das was sie eigentlich erzählen nicht lEben, ganz im gegenteil
3   also ehm ich hab erlebt wie hauptamtliche ehrenamtliche fErtig gemacht
4   haben weil sie irgendwie sich in ihrer arbeit eingeschränkt oder ihrer
5   kompetenz angegriffen gefühlt haben (.) und ehm auch Untereinander
6   also so sachen wie ((nachsprechend)) äh ja die und die Arbeitet nich so
7   richtig oder die hat irgendwas kritisIErt was mAcht die eigentlich bei uns
8   die is doch sowieso evangelisch, und da denk ich mir das kAnn's nicht
9   sein also wo ich dann einfach denk also wenn das is äh der sinn des
10   gemEindelebens sein soll oder wenn sie das so aufgreifen dann kann das
11   nicht stimmen, und zieh mich dann manchmal zurück weil mir das Echt
12   zu blöd ist die ganzen lästereien und hIntenrum, und versuch da einfach
13   für mich irgendwie einen weg zu fInden (.)

Dieses Beispielsegment aus Evas Erzählung besteht aus zwei Subsegmenten: Zunächst bezieht sich die Erzählerin auf das Fehlverhalten von „hAUptamtlichen" gegenüber ehrenamtlichen Mitarbeitern (Z. 1–5) und vervollständigt diese Kritik anschließend mit der Darstellung ihrer Verhaltensbeobachtungen von Gemeindemitarbeitern „Untereinander" (Z. 5–13).

Das erste Subsegment ist von der Textsorte der berichtenden Darstellung geprägt. Die Kernnarration dieses Unterabschnittes bringt das zentrale Dilemma des Segmentes verallgemeinert zum Ausdruck: „ich hab festgestellt dass es viele leute gibt auch bei den hAUptamtlichen, die das was sie eigentlich erzählen nicht lEben" (Z. 1–2).

Der Missstand wird dabei durch die Gegenüberstellung von „erzählen" und „lEben" konstruiert: „erzählen" steht hier für ein theoretisches Postulat, „lEben" für die praktische Handlungsebene.

Im weiteren Verlauf wird für die Bezeichnung dieses Fehlverhaltens hauptamtlicher Gemeindemitarbeiter die Formulierung „fErtig gemacht" (Z. 3) verwendet. Sie unterstreicht die Boshaftigkeit des Handelns und drückt die moralische Empörung der Erzählerin darüber aus. Der Abschluss des ersten Subsegmentes ist durch einen Wechsel der Textsorte gekennzeichnet, in dem Eva schließlich argumentativ versucht, das negative Verhalten durch Bedrohungsgefühle zu erklären (Z. 3–5).

Im zweiten Subsegment des Interviewausschnittes erweitert die Erzählerin ihren Befund von der vertikalen auf die horizontale soziale Ebene in der Gemeindestruktur (Z. 5: „auch Untereinander"). Das dramatisch-episodische Zitieren der Beispielsätze (Z. 5–8) bewirkt dabei eine Veranschaulichung der Ausgrenzungsmechanismen der Mitarbeiter. Indem Eva diese Szenen auf diese Art ‚wiederaufleben' lässt, bewirkt sie auch eine narrative Verstärkung ihrer Ablehnung gegenüber diesem Verhalten. In den Kernnarrationen des Subsegmentes „da denk ich mir das kAnn's nicht sein" (Z. 8) und „dann kann das nicht stimmen" (Z. 10–11) erfährt die Empörung durch das Stilmittel der Negierung einen Höhepunkt.

Die Darstellung der persönlichen Konsequenz auf diese Erfahrungen sozialer Unaufrichtigkeit und Ausgrenzung entspricht in der zentralen Aussage „einen weg zu fInden" (Z. 13) dem vorherigen Segment. Auch hier besteht die Hoffnung auf eine Fortsetzung und Weiterentwicklung der kirchlichen Orientierung, die durch die vorherige Formulierung „zieh mich dann manchmal zurück" (Z. 11) jedoch den Eindruck eines möglichen stark abgrenzenden Sonderweges bekommt.

Mit diesem Beispielsegment ist die Darstellung des Identitätstypus „Moratorium" abgeschlossen. Anhand dieses Identitätsstadiums zeigte sich, dass innerhalb der formalen Ordnung der autobiographischen Interviews gerade die inhaltliche Ausrichtung entscheidend ist: Obwohl Moratorien bei kirchlich aktiven Jugendlichen natürlich auf der Grundverpflichtung hinsichtlich ihres kirchlichen Engagements basieren, ist für die Ordnung der Erzählungen die narrative Fokussierung, die in den Interviews hergestellt wird, ausschlaggebend. Steht bei übernommenen Identitäten gerade die Darstellung von Verpflichtungsgefühlen im Vordergrund, so beziehen sich Jugendliche im Moratoriumsstatus deutlich auf ihre Anfragen und Suchbewegungen. In diesem Sinne wurde mit den vorgestellten Interviewauszügen versucht, die gesamte Breite der in der Studie vorgefundenen Explorationen darzustellen. Um der Differenzierung hinsichtlich des narrativen Reflexionsgrades in den Modellvariablen Exploration und Commitment gerecht zu werden, muss das Konzept Marcias für kirchliche Identitäten jedoch modifiziert werden: In den Identitätsstadien ‚Foreclosure' und ‚Moratorium' können jeweils reflektierte und unreflektierte Substadien festgestellt werden. Im Sinne R. Kegans, der in seiner Stufentheorie der Selbstentwicklung gerade die Reflexionsfähigkeit der vorherigen als ein Merkmal für das Erreichen einer neuen Stufe festgestellt hat (Kegan 1986), weist ein reflektiertes Foreclosure bzw. Moratorium schon eine Weiterentwicklung des jeweiligen Stadiums auf. Da sie sich jedoch narrativ noch deutlich von erarbeiteten Identitäten unterscheiden, in denen gerade die Überwindung einer Suchbewegung im Vordergrund steht, können sie als jeweils erweiterte Untertypen betrachtet werden, die auf Grundlage einer institutionellen Verpflichtung, die im Status des Moratoriums immer reflexiv dargestellt wird, erzählt werden.

7.1.3 Auf dem Weg zur erarbeiteten kirchlichen Identität

Der Identitätsstatus der erarbeiteten Identität wurde in der vorliegenden Untersuchung nur sehr selten (n = 2) und ausschließlich bei Theologiestudenten gefunden. Er zeichnet sich durch eine Überwindung der im Stadium des Moratoriums aufgeworfenen Probleme und Fragestellungen in Bezug auf Religion und Kirche aus. Dadurch kommt es zur Entwicklung einer neuen narrativen Ganzheit, die in den Motivationsbereichen Sozialität und Religiosität sowohl ein hohes Maß an Verpflichtungsgefühlen gegenüber der Institution als auch ein hohes Maß an Exploration zeigt.

Für die Beschreibung dieses Identitätsstatus soll im Folgenden nach dem Erzählauszug von Paul, der als Textbeispiel für den Beginn der zweiten Typologie ausgewählt wurde, ein zentrales Segment aus der Narration eines Theologiestudenten vorgestellt werden, das auf die Entwicklung einer erarbeiteten kirchlichen Identität hinweist. Stand in Pauls Erzählung die Auseinandersetzung mit der Institution Kirche im Vordergrund, formuliert Gabriel eine erarbeitete Identität hinsichtlich einer religiös-weltanschaulichen Thematik.

Gabriel

23, evangelisch, studiert an der Universität Frankfurt evangelische Theologie mit Ziel Religionslehrer zu werden. Gabriel beginnt ähnlich wie Paul seine autobiographische Erzählung mit Berichten über seine kirchliche Sozialisation und kommt jedoch bereits im vierten Segment auf die Entwicklung seines Glaubens zu sprechen.

Segment 4: Erklären und rechtfertigen

1   mein glauben würd ich sagen hat sich entwickelt dass ich ehm ja eben
2   mir gedanken gemacht habe wie kann ich überhaupt erklÄren äh wie wie
3   kann ich mich rechtfertigen wie kann ich meinen glauben also nIcht nur
4   dass ich für mIch sicher äh weiß was was ich glaube sondern wie kann
5   ich das auch Anderen begreiflich machen, dA kam dann so der gedanke
6   dazu ich muss nicht nur für mIch wissen ehm also meine überzeugung
7   meine glaubensüberzeugung kennen sondern ich muss die auch transpa-
8   rEnt machen können (.) ich ja genau ich muss das vertrEten können was
9   ich es darf nicht so das gefÜHl sEIn jA ich bin so glÜcklich also ich hab
10 quasi meinen frIEden mit gott sondern dass, es muss etwas sein das ich
11 auch wenn ich's vor Anderen rechtfertigen kann, rechtfertige ich's
12 gleichzeitig auch vor mir sElbst (.)
13 I.: was heißt denn glauben für dich?
14 G.: also wo ich lAnge dran gesessen hab ist jetzt glAUben an gott (.) was
15 ist ist glauben an gott etwas Anderes wie wenn ich sage ich glaube an
16 den jeti (.) und ich ((lacht kurz)) äh und ich bin lEtzlich zur Antwort
17 gekommen es ist etwas vOllkommen anderes (.) wenn ich sage ich
18 glAUbe an gOtt dann mach ich damit eigentlich keine aussage darüber
19 ich ehm dass ich an eine bestimmte wEsenheit an die existenz einer be-
20 stimmten wEsenheit glaube sondern es ist mehr eine stEllungnahme zur
21 zur existEnz also es ist eine AUssage die man auch gar nicht äh also die
22 mir keiner bejahen oder vernEInen könnte sondern ehm Ich positionIEre
23 mich zur wElt also Ich bejAhe dass diese wElt die ganze existenz einen
24 sInn hat (.) und das ist letztlich etwas ehm äh und lEtztlich geht es bloß
25 darum ehm wIE seh ich diesen sinn wOrin seh ich diesen sinn und es
26 geht überhaupt nicht darUm ehm dass mir jetzt jemand sAgt ehm an an
27 diesem und diesem pUnkt kAnnst du nicht rEcht haben sondern es geht
28 darum sich im im im dialog gegenseitig zu berEIchern ehm im glauben
29 zu befrUchten und sich gegenseitig wEIter zu bringen (.)

Gabriels Erzählsegment teilt sich gemäß der Gesprächsstruktur durch die Nachfrage des Interviewers in Zeile 13 in zwei Subsegmente auf.

Im ersten Kleinsegment stellt Gabriel eine intellektuelle Herangehensweise an Glaube und Religiosität durch die zentralen Ausdrücke „gedanken

205

gemacht" (Z. 1–2), „erklären" (Z. 2) und „rechtfertigen" (Z. 3) vor. Emotionen anzeigende Begriffe fehlen hier ganz.

Gabriel sieht die entscheidende Aufgabe seiner Glaubensentwicklung in der einer nach außen, auf andere Personen gerichteten Rechtfertigung seines eigenen religiösen Wirklichkeitsverständnisses. Die Rückwirkung dieser Außenorientierung auf Gabriels religiöse Überzeugungen wird dabei als entscheidend dargestellt. Das soziale Umfeld dient ihm in dieser Bewegung der Glaubenserklärung und Rechtfertigung besonders als Möglichkeit der religiösen Selbstvergewisserung und Glaubensfestigung. Eindeutig wird dies in der Kernnarration „wenn ich's vor Anderen rechtfertigen kann, rechtfertige ich's gleichzeitig auch vor mir sElbst" (Z. 10–12). Durch die Doppelung des zentralen Verbs „rechtfertigen" wird die dialektische Struktur dieser Argumentation unterstrichen: Das religiöse Selbstverständnis wird durch dessen Ausführung vor anderen rückwirkend für die eigene Identität gestärkt und vertieft. Das Nomen „Anderen" wird hier über die Bedeutung eines konkreten Gegenübers hinaus als generalisierter Anderer eines prinzipiellen, dekontextualisierten Austausches verstanden. Die Formulierungen „transparEnt machen können" (Z. 7–8) und „ich muss das vertrEten können" (Z. 8) zeigen zudem, dass es bei dieser Darstellungsmotivation weniger um missionarisches Handeln geht, sondern eher um eine Verteidigung und Bewahrung des Glaubens, der sich nicht nur in sozialer Abschottung, sondern auch in öffentlichen Diskursen bewähren soll.

Auf die Nachfrage des Interviewers reagiert Gabriel schließlich im zweiten Subsegment mit der inhaltlichen Darstellung seines religiösen Selbstverständnisses. Der entsprechende Erzählabschnitt (Z. 14–29) ist geprägt durch die Textsorte der Argumentation. Der Beginn dieses zweiten Subsegmentes der Erzählung ist dabei zunächst gekennzeichnet durch eine von Gabriel selbst hervorgebrachte Einführung zu einer anschließenden Abhandlung (Z. 14–16). Sie besteht aus zwei Sequenzen: Zum einen steckt der Satz „also wo ich lAnge dran gesessen hab ist jetzt glAUben an gott" (Z. 14) das Themenfeld der kommenden Erörterung ab. Mit der anschließenden Sequenz „was ist ist glauben an gott etwas Anderes wie wenn ich sage ich glaube an den jeti" (Z. 14–16) stellt sich der Erzähler selbst eine Einstiegsfrage, und die darauf folgende Antwort bildet das anschließende Subsegment. Durch diese formale und strukturierte Erzählform positioniert sich Gabriel als bedachten und fundierten jungen Erwachsenen, der seine Positionen begründend darlegen kann.

Die anschließende zentrale Argumentationsfigur des Erzählabschnittes bringt Gabriels Religiosität pointiert zum Ausdruck: In Ablehnung zu religiösen Verdinglichungen und anthropomorphen Glaubensvorstellungen präsentiert Gabriel sein religiöses Selbstverständnis in Form einer Begriffsdefinition, die in eine explizite religiöse Selbstpositionierung mündet. Das Schlüsselargument, erkennbar an der abgrenzenden Konjunktion „sondern"

(Z. 20), stellt nicht eine Vorstellung über Gott in den Mittelpunkt, sondern den individuellen Glaubensakt: „es ist mehr eine stEllungnahme zur zur existEnz (...) Ich positionIEre mich zur wElt also Ich bejAhe dass diese wElt die ganze existenz einen sInn hat" (Z. 20–23).

Diese zwei Sequenzteile des Argumentes stellen insofern die Kernnarration des Segmentes dar, als dass sie die Selbstideologie des Erzählers punktgenau ausdrücken. Es geht Gabriel in seiner Argumentation nicht um die Beschreibung seines Gottesbildes, sondern um die genaue Darlegung seines Glaubensaktes als individuelle Entscheidung für eine sinnerfüllte Weltanschauung.

Auf dieser Basis eröffnet sich für Gabriel auch die Möglichkeit des theologisch konstruktiven Austausches: „es geht darum sich im im im dialog gegenseitig zu berEIchern ehm im glauben zu befrUchten und sich gegenseitig wEIter zu bringen" (Z. 27–29). Die vorher formulierte Grundlage seines religiösen Verständnisses überwindet somit die Diskussion über einen eventuellen Exklusivanspruch eines bestimmten Gottesbildes und ermöglicht einen offenen Diskurs. Indem er diese Konstruktion vorstellt, positioniert sich Gabriel auch hier als reflexiv, unversperrt und jede dogmatisch-begriffliche Engführung ablehnend.

Die beiden Aspekte der religiösen Selbstpositionierung und prinzipiellen systematischen Offenheit bilden in ihrer gegenseitigen Bedingtheit somit die beiden Grundpfeiler von Gabriels Identität in Bezug auf Religion und Kirche. Durch die starke narrative Fokussierung auf individuelle religiöse Rechtfertigung und die Zurückhaltung hinsichtlich institutionell- kirchlicher Fragen erscheint Gabriels Identitätskonstruktion tatsächlich als sehr evangelisch und somit konfessionell identifizierbar. Eine solch deutliche Präsentation ist natürlich auch auf Gabriels Studium zurückzuführen und bleibt die Ausnahme. Er ist der einzige Proband, der eine solch deutliche Entwicklung zu einer religiösen erarbeiteten Identität anzeigt.

Mit Gabriels Interviewausschnitt ist die empirische Darstellung der drei Verlaufstypen Foreclosure, Moratorium und Identity Achievement vollständig. Abschließend kann mit den Modifizierungen des Identitätskonzeptes von Marcia hinsichtlich der Besonderheiten kirchlicher Identität, wie sie im Zuge der empirischen Analysen diskutiert wurden, folgendes Ergebnismodell für Identitätsverläufe kirchlich orientierter Jugendlicher vorgelegt werden:

Commitment \ Exploration	reflektiertes / unreflektiertes niedriges Ausmaß	reflektiertes / unreflektiertes hohes Ausmaß
reflektiert / unreflektiert *niedrig*	durch vorausgesetztes kirchliches Engagement nicht vorhanden	*Kirchliches Moratorium* Reflektierte bzw. unreflektierte Suchbewegungen auf der Basis reflektierter bzw. unreflektierter institutioneller Aktivität: - theoretisch: religiös-weltanschaulich, kirchlich-strukturell - konkret sozial: Kritik an Personen und Gemeinschaften
reflektiert / unreflektiert *hoch*	*Kirchliche übernommene Identität* Unreflektierte Übernahme von Rollen, Werten und Überzeugungen ohne Alternativperspektive Selbst gewählte, reflektierte Verpflichtung und aktives Einfügen in vorhandene Strukturen auch bei erkannter Wahlmöglichkeit	*Kirchliche erarbeitete Identität* Lösung der religiösen und sozialen Suchbewegungen, Herausbildung einer selbst entwickelten, an gefundenen Prinzipien orientierten Ganzheit

Durch die Erweiterung der Modellvariablen Commitment und Exploration in ‚reflektiert' und ‚unreflektiert' werden Marcias Identitätsstadien um die aufgezeigten inneren Differenzierungen im Bereich der übernommenen Identität und des Moratoriums modifiziert. Kirchlich aktive Jugendliche im Identitätsstatus des reflektierten Foreclosure weisen in ihren Narrationen schon über eine einfache Übernahme kirchlicher Rollen und Positionen hinaus auf eine selbst verantwortete Weiterführung konventioneller Kirchlichkeit. Somit scheinen in diesen Erzählungen schon Aspekte einer erarbeiteten Identität mit auf. Demgegenüber gibt es auch übernommene Identitätskonstruktionen, die keine Selbstverpflichtung anzeigen, sondern eine heteronom-unreflektierte Rollen- und Gemeinschaftsorientierung.

Ebenso sind reflektierte Moratorien geprägt von einer Außenbetrachtung der dargestellten Suchbewegungen. Dadurch wird eine Relativierung und Abmilderung des individuellen Problems möglich. Unreflektierte Moratorien hingegen sind eher von Unmittelbarkeit, hoher Emotionalität und narrativer Dramatik geprägt. Deutlich wird dies vor allem in Evas Erzählausschnitt („ich hab tIErische probleme mit dem zölibAt").

8 Das Konzept der Identitätsstadien als Phasenmodell

Obwohl James Marcia in seinem Modell der Identitätsstadien keine direkte stufenförmige Entwicklung von Identität formuliert, sondern vielmehr erkannte, dass es differenzielle Wege gibt, zu einer Identität zu gelangen, zeigen gerade die begrifflichen Pole „Identitätsdiffusion" und „erarbeitete Identität" eine implizite Entwicklungsdynamik, die eine Perspektive auf Identitätsbildung als fortschreitenden Strukturaufbau andeutet.

Auch die vorliegenden empirischen Ergebnisse zeigen einerseits eine solche Entwicklung, zumal unreflektierte Identitätsstadien der Übernahme in der vorliegenden Studie eher bei jüngeren Probanden zu finden sind und erarbeitete Identitäten nur im späten Jugendalter bzw. in der Nachjugendphase auftauchen. Um eine erarbeitete, nach selbst gefundenen Prinzipien orientierte Identität errichten zu können, müssen natürlich bestimmte biographische Entwicklungsprozesse und Suchbewegungen durchlaufen worden sein.

Andererseits implizieren die Besonderheiten postmoderner Identität, die ausführlich im Theorieteil der Arbeit diskutiert wurden, dass Identitätsbildung unter den veränderten Bedingungen pluraler und individualisierter Gesellschaft gerade nicht eindeutig in eine Entwicklungsrichtung zeigen und Identität im Sinne einer aufsteigenden Linie erreicht werden kann wie das Erreichen eines angesteuerten Zieles. Identität ist nicht das Endprodukt einer Entwicklung, sondern ein immer währender Konstruktionsprozess.

Um diese Auseinandersetzungen auf das vorgestellte Modell kirchlicher Identität zu übertragen, sollen nun in einem abschließenden theoretischen Abschnitt diese Aspekte der Identitätsbildung aufeinander bezogen werden, um schließlich zu einem Phasenmodell für kirchliche Identität im Jugendalter zu gelangen. Dabei soll zunächst noch einmal beleuchtet werden, wie klassische Identitätskonzepte im Sinne einer strukturgenetischen Entwicklungslogik argumentieren. Daran anschließend sollen diese Theoriemodelle für das Verlaufsmodell kirchlicher Identität mit postmodernen Ansätzen verknüpft und dadurch modifiziert werden.

Identitätsentwicklung als Stufenmodell

Identitätsmodelle wie diejenigen von Kegan (1986) oder Blasi (1995), die im Sinne einer Stufenlogik argumentieren, basieren auf der von Helmut Fend klar herausgestellten Annahme eines psychischen Entwicklungsprozesses „von der Fremdlenkung zur Selbstlenkung" (Fend 2000, S. 416). Nach Fend ist das Jugendalter im Vergleich zur Lebensphase Kindheit dadurch gekennzeichnet, dass das Individuum nun seine Entwicklung „selbst in die Hand" nehmen muss (Fend 2000, S. 416). Dies geschieht durch den Aufbau selbstregulatorischer Systeme. Jugendliche können Fend zufolge durch die Fähigkeit einer systematischen „Selbsterziehung" (Fend 2000, S. 416) sich

Ziele der Selbstveränderung selbst setzen und Strategien zum Erreichen dieser entwickeln. In diesem Sinne wird die Struktur der zielgelenkten und selbstreflexiven Systeme ausgebaut. Um diese Fähigkeit der zunehmenden Selbständigkeit und Selbstverantwortung entwickeln zu können, müssen Jugendliche Zielperspektiven im Sinne von Vorstellungen über individuelle Möglichkeiten und Fähigkeiten aufbauen.

Als Ausgangspunkt für eine Betrachtung von Identitätsbildung als Stufenabfolge wird häufig die von Jean Piaget begründete strukturgenetische Entwicklungspsychologie verwendet, die davon ausgeht, dass die Entwicklung des logisch begrifflichen Denkens in Etappen mit unterscheidbaren Leistungsniveaus verläuft. Dabei werden in Auseinandersetzung mit der Umwelt immer anspruchsvollere, leistungsfähigere Strukturen aufgebaut (Piaget 1973).

Um diese Argumentationsweise zu verdeutlichen, soll noch einmal ein Beispiel für eine solche entwicklungspsychologische Anwendung erfolgen. Es handelt sich hierbei um Augusto Blasis Modell der Identitätsentwicklung, das besonders klar eine Stufenlogik aufzeigt.

Augusto Blasi: Identitätsstufen

Identitätsentwicklung besteht nach Blasi in der Fähigkeit, die eigene Biographie bewusster zu gestalten, schlicht Übernommenes zu reflektieren sowie das Bewusstsein der Persönlichkeit zu entfalten und zu präzisieren. Individuen lernen im Laufe ihrer Identitätsentwicklung, sich von anderen zu unterscheiden sowie sich selbst zu beobachten und zu beurteilen.

Die Suchbewegungen der Identitätsentwicklung münden in das Bewusstsein des wahren, zentralen und authentischen Selbst, das nach Blasi in folgenden Stufen verläuft (Blasi 1993):

1. Ausgangspunkt ist die Stufe der *Rollenidentität,* die aus einer noch schlichten Übernahme äußerer Erwartungen besteht. Die Betonung liegt auf dem äußeren Erscheinungsbild, das von sozialen Beziehungen und sozialen Rollen bestimmt wird. Blasi nennt den auf dieser Stufe vorliegenden Typus der Identität auch ‚Konformist'.
2. In einer ersten Übergangsphase wird das Innerweltliche ähnlich wie etwas Substantielles entdeckt, das in Form von unmittelbaren Empfindungen, Intuitionen und Überzeugungen erlebt werden kann. Dieses vom Subjekt selbst als äußerlich-beobachtbar angesehene innere Selbst wird dem rollenorientierten Selbst entgegengesetzt und als das wahre, eigentliche Selbst angesehen, das über das nach außen orientierte, oberflächliche Selbst hinausgeht. Im Zuge dieser Phase gewinnt Selbstreflexion an subjektiver Bedeutung, es entstehen Selbstgefühle wie Stolz und Selbstvertrauen aber auch Konfusion und Verunsicherung. Identität wird als ein substantielles, objektiv vorliegendes Gegebenes aufgefasst, das sich nicht prozessual verändert und entwickelt. Es liegt auf dieser

Stufe die *beobachtete Identität* vor mit dem entsprechenden Identitätstypus ‚gewissenorientierter Konformist'.
3. Ab der zweiten Hälfte des zweiten Lebensjahrzehntes entsteht die *erarbeitete Identität*. Ich-Ideale, Standards und Werte werden als Definitoren der eigenen Identität betont, die nicht mehr als unmittelbar gegeben, sondern als konstruiert angesehen werden. Es entsteht „eine Verantwortlichkeit für das Management des inneren Selbst" (Blasi/Glodis 1995, S. 420). Identität muss sich bewähren, die entwickelten Werte und moralischen Standards verpflichten im sozialen Handeln, Verantwortlichkeit und Pflichtbewusstsein gewinnen für die Identität an Bedeutung. Das ideale und das reale Selbst werden differenziert, Originalität und Echtheit gewinnen gewissenhafte, unbedingte Qualität. Daher bezeichnet Blasi diesen Identitätstypus als ‚gewissenorientiert'.
4. *Identität als Authentizität* schließlich stellt die innere Konsistenz in den Mittelpunkt der Selbstwahrnehmung. Alte Selbstverständlichkeiten werden neu reflektiert und bewertet, unvereinbare aber gleichermaßen gültige Ziele können als nebeneinander bestehend akzeptiert werden. Sozial geforderte Stereotype werden vor dem Hintergrund des zentral gewordenen Wunsches nach Individualität und Unabhängigkeit hinterfragt und gegebenenfalls zurückgewiesen. Die Einheit des Selbst wird auf dieser Stufe nicht mehr hauptsächlich durch Abgrenzung, sondern vielmehr durch Offenheit erreicht, in der die Erkenntnis von allgemeingültigen menschlichen Besonderheiten und Rechten sowie von selbst erkannten, universellen Prinzipien im sozialen Gefüge zu einer ‚autonomen' Identität führt. (Blasi 1993, Blasi/Glodis 1995).

Blasi, der in dieser strukturgenetischen Tradition Identitätsbildung beschreibt, betont die Sequenzierung von mentalen Fokussierungen in einer immer anspruchsvolleren Identitätsentfaltung, in der die Eigenaktivität des Subjektes im Vordergrund steht. Blasi betont, dass das Jugendalter von der entscheidenden Phase der ‚erarbeiteten Identität' geprägt ist, in der das eigene Selbst unter hohem Aufwand und in vielfältigen Aktivitäten geformt, abgegrenzt und im sozialen Austausch geprüft wird. In dieser Phase entscheidet sich, ob die Grundstrukturen für Authentizität im Erwachsenenalter gelegt werden können.

Blasis Bezeichnungen ‚Rollenidentität' und Identität als ‚Authentizität' passen hervorragend zu den Befunden der vorliegenden Arbeit und können das entwickelte Konzept kirchlicher Identität begrifflich festigen. Allerdings widerspricht der ausgewählte Kontext ‚Kirche und Religion in der Postmoderne' sowie der Blickpunkt auf Narration, der für die Untersuchung von Identität gewählt wurde, einer Stufenkonzeption im Sinne Blasis.

Narrative kirchliche Identität und Postmoderne

Zunächst argumentierten die bereits dargestellten Analysen von Franz Xaver Kaufmann und Karl Gabriel, die aufgrund zunehmender Individualisierungsprozesse in der Moderne eine grundlegende Veränderung im Verhältnis von Gesellschaft und Kirche diagnostizieren (Kaufmann 1989, Gabriel 1994), gegen eine Konzeption kirchlicher Identität als aufeinander aufbauende Entwicklungsstufen, da im Zuge der gesellschaftlichen Ausdifferenzierungsprozesse die Institution Kirche keine Deutungshoheit mehr besitzt, sondern als reduzierter Funktionsbereich nur noch von Personen in Anspruch genommen wird, die individuell an ihren ethisch-religiösen Angeboten interessiert sind. Religion wird zur Privatsache, Kirche hat kein gesamtgesellschaftliches Sinnstiftungsmonopol mehr (Kaufmann 1989).

Wären bei einer noch unhinterfragten Akzeptanz von Religion und Kirche mit gesellschaftlicher Deutungshoheit vielleicht stabile, durch eindeutige Sozialisation entstehende Stufen der kirchlichen Identitätsentwicklung zu beobachten, zeigt sich die individuelle Entscheidung für Religion und Kirche in der Postmoderne als biographisch permanent zu leistende und umstrukturierbare Konstruktion. Postmoderne Patchwork-Identitäten zeichnen sich nämlich gerade dadurch aus, dass sie ohne integrative Kraft zusammengesetzt sind und keinen einheitlichen Identitätskern besitzen. Werterhaltung und Gewohnheiten stehen demnach unverbunden nebeneinander und widersprechen sich teilweise. Heiner Keupp formuliert entsprechend die These, dass es für die Untersuchung von Identitätsentwicklung in der Postmoderne entscheidend darauf ankommt, „den Herstellungsmodus von Identität als einen offenen Prozess zu konzeptualisieren, der einer alltäglichen (...) Bearbeitung zugänglich ist" (Keupp 2002, S. 189). Der Begriff ‚Konstruktion' macht in diesem Zusammenhang deutlich, dass Identität als ein Passungsprozess angesehen wird, der immer wieder Bewährungsproben standhalten oder gegebenenfalls modifiziert werden muss. Gerade im Jugendalter ist Flexibilität und Veränderlichkeit ein entscheidendes Merkmal von Identität.

Ein weiteres Argument gegen eine Stufenlogik liegt wiederum in der für die vorliegende Untersuchung eingenommenen Perspektive auf Identität: Versuchen entwicklungspsychologische Konzepte wie jene von Blasi oder Kegan aus einer psychologisch-anthropologischen Perspektive die grundlegenden kognitiven Strukturen des Selbst zu beleuchten, geht es in der Rekonstruktion narrativer Identität um die konkreten biographischen Geschichten, die Personen für ihr äußerliches und gesellschaftlich akzeptiertes Selbstbild herstellen. Scheint eine stufenförmige Konzeption der Selbstentwicklung als fortschreitender kognitiver Strukturaufbau auch unter sich verändernden gesellschaftlichen Rahmenbedingungen sinnvoll zu sein, sind Narrationen jedoch extrem stark dem gesellschaftlichen Wandel unterlegen und können daher im Kontext postmoderner Veränderungen nicht in eine Stufenfolge, sondern eher in ein Phasenmodell gruppiert werden, das einer Typenlogik entspricht.

Vor diesem Hintergrund erscheint es sinnvoll, die empirisch ausgearbeiteten Stadien kirchlicher Identität in eine Typologie unterschiedlicher Phasen jugendlicher Kirchlichkeit zu überführen. Der trotz seiner impliziten Entwicklungslogik offene, flexible Begriff des ‚Status' von James Marcia wird somit als ‚Phase' interpretiert. Im Unterschied zur ‚Stufe' wird so eine Gleichwertigkeit der Identitätsstadien betont. Es ist in diesem Konzept möglich, aus biographisch individuellen Entwicklungsrichtungen unterschiedliche Phasen zu durchlaufen, da es denkbar ist, dass Personen in verschiedenen Lebensabschnitten andere lebensgeschichtliche Relevanzen setzen und so ihre Biographie narrativ immer wieder umbauen. Auch können sich in unterschiedlichen narrativen Schwerpunkten verschiedene Phasen herausbilden: So können sich beispielsweise Jugendliche mit weltanschaulich-religiösen Suchbewegungen auf struktureller und sozialer Ebene durchaus gleichzeitig in einer Phase übernommener Identität befinden. Auf diese Weise können auch die aufgezeigten Subphasen untereinander narrativ gekoppelt werden.

8.1 Phasen kirchlicher Identität

Das aus der Spezifizierung von Marcias Statusmodell gewonnene Phasenmodell narrativer, kirchlicher Identität richtet sich nach den inhaltlich-narrativen Schwerpunkten, die in den Erzählungen der Jugendlichen gesetzt wurden. Es handelt sich um ein dreigliedriges Modell, in dem entweder die kirchliche Gruppenidentität im Vordergrund steht, spezifische Suchbewegungen formuliert werden oder eine autonome Identität narrativ errichtet wird.

Die Phase der kirchlichen Rollenidentität

Jugendliche in dieser Identitätsphase begründen ihre kirchliche Orientierung mit einer klaren primären kirchlichen Sozialisation durch das familiäre Nahfeld und mit dem altersgemäßen Durchlaufen der vorgegebenen hierarchischen Gemeindestrukturen. Es handelt sich somit im Sinne des soziologisch-kulturhistorischen Identitätsansatzes von Jürgen Habermas um eine Gruppenidentität, in der Religion die Grundlage für traditionell klar zugeschnittene und verbindliche Mitgliedschaftsentwürfe entgegenbringt (Habermas 1981): Jugendliche verorten sich in ihrer Gemeinde gemäß den an sie herangetragenen Rollen- und Statusvorgaben und teilen die vorhandenen Normen und Werte der Gemeinschaft. Sie fügen sich auf diese Weise narrativ reibungslos in die Institution ein.

Religiöse Relevanzfaktoren bestehen in einer schlichten Übernahme vorgefasster, übermittelter Einstellungen. Religion wird als Kultur naturalisiert, als Begebenheit dargestellt. Kirche wird vollkommen mit ihren religiösen Inhalten identifiziert, es besteht noch keine Trennung zwischen Institution und individuellen Glaubensüberzeugungen. Interessant ist dabei die Parallele zu James W. Fowlers Beobachtung des synthetisch-konventionellen Glaubens auf Stufe 3 der Glaubensentwicklung, zeichnet sich doch diese Stufe gerade dadurch aus, dass sie sich noch nicht auf das eigene Urteil verlässt, sondern in ihren Werten und Glaubensinhalten noch stark von der Autorität einzelner Bezugspersonen oder der religiösen Gemeinschaft abhängt (Fowler 1991).

In Bezug auf Kirchlichkeit treten diese religiösen Überzeugungen jedoch gegenüber den deutlichen sozialen Motivschwerpunkten narrativ in den Hintergrund. Kirchlichkeit wird in dieser Phase häufig ausschließlich auf akzeptierte soziale Relevanzfaktoren zurückgeführt. Der in dieser Phase vorliegende Identitätstyp kann mit den Begriffen Blasis auch ‚kirchlicher Konformist' genannt werden.

Die Betrachtung der formalen Herstellungsverfahren für narrative Identität zeigt zudem, dass bei narrativen Konstruktionen von Gruppenidentitäten eher die Textsorte der zusammenfassenden Darstellung verwendet wird, großflächige Zeitraffungen stehen im Vordergrund. Argumentationen oder szenisch-episodische Erzählungen finden sich kaum. Es handelt sich im Sinne des Sozialpsychologen Gergen häufig um ‚Stabilitätsnarrationen', die evaluative, unveränderte Positionen anzeigen. Die Narration wird nicht bestimmt durch eine häufige Veränderung von Darstellungsformen (Gergen 1993).

Diese Phase der übernommenen Gruppenidentität kann zudem in zwei narrative Subtypen unterteilt werden: Während vor allem jüngere Probanden zum Teil eine vollständig unreflektiert-heteronome Eingliederung in bestehende Strukturen ohne Alternativbeschreibung darstellen, wird dem kirchlichen Engagement vor allem von älteren Jugendlichen in dieser Phase auch die eigene, reflektierte Selbstverpflichtung für die Übernahme kirchlicher Orientierung narrativ zugrunde gelegt. In diesem Sinn kann zwischen einer unreflektierten und einer reflektierten Gruppenidentität unterschieden werden.

Diese Identitätsphase findet sich vor allem bei Jugendlichen der ersten Altersgruppe (13 bis 15 Jahre). In der vorliegenden Studie befanden sich von insgesamt acht Probanden dieses Alters sechs in der Phase übernommener Identität, davon drei in einer heteronomen Subphase. In der mittleren Alterskategorie hingegen präsentierten sich nur etwa die Hälfte der Probanden als dieser Phase zugehörig, in der letzten Altersgruppe gehörten die zwei übernommenen Identitäten im Vergleich zu den insgesamt sieben Jugendlichen dieser Altersspanne zur klaren Minderheit. Zudem ist eine übernommene Gruppenidentität häufig bei Jugendlichen zu finden, die in einer ländlichen Region leben, in der kirchliche Strukturen und Traditionen noch stärker verwurzelt sind und ein Hinterfragen im Sinne einer identitätsrelevanten Suchbewegung zumindest im frühen Jugendalter wahrscheinlich erschweren.

Die Phase kirchlicher Suchbewegung

Neben einer reflektierten bzw. unreflektierten Übernahme von kirchlichen Rollen, Werten und religiösen Inhalten kann es bei kirchlich aktiven Jugendlichen auch zu Suchbewegungen kommen. Hinsichtlich des Untersuchungsgegenstandes sind diese zum Teil heftigen Auseinandersetzungen immer in signifikante kirchliche Aktivität eingebunden, da dies gerade im vorliegenden Zusammenhang das Kriterium für kirchliche Identität darstellt. So basieren Suchbewegungen auf reflektierten bzw. unreflektiert-heteronomen kirchlichen Verpflichtungen. Vor diesem Hintergrund können Suchbewegungen als narrative Fokussierung bei bestehender aktiver Kirchlichkeit beobachtet werden.

Diese Phase des kirchlichen Moratoriums teilt sich in zwei Untergruppen auf: Zum einen stehen bei Jugendlichen ‚theoretische' Fragen im Vordergrund, die sich auf religiös-weltanschauliche Themen beziehen. Eine häufig formulierte selbst gestellte Entwicklungsaufgabe besteht hierbei in dem Versuch, den ‚Wahrheitskern' hinter den institutionalisierten religiösen Vollzügen zu entdecken. Zudem wird von katholischen Jugendlichen im Gegensatz zu diesen philosophisch-theologisch ausgerichteten Bewegungen die Institution Kirche ins Visier der Anfragen und vor allem der Kritik genommen. Besonders ethisch-moralische Fragen und die Auseinandersetzung mit kirchlich-hierarchischen Strukturen stehen dabei im Vordergrund. In Bezug auf das Verhältnis zur Institution werden in den Suchbewegungen so die individuellen religiösen, moralischen und sozialen Überzeugungen dem rollenorientierten Selbst entgegengesetzt und Kirche wird hinsichtlich dieser individuellen Ansichten kritisch hinterfragt.

Ein zweiter Strang individueller Suchbewegungen bezieht sich auf subjektiv wahrgenommene, konkrete Missstände in kirchlichen Institutionen wie Gemeinden oder Jugendverbänden. Hierbei wird häufig eine Unstimmigkeit zwischen Anspruch und Wirklichkeit kritisiert: Vor dem Hintergrund formulierter christlich-ethischer Verhaltenserwartungen wird häufig ein unsoziales oder feindliches Verhalten bei kirchlich-professionellen Mitarbeitern diagnostiziert und beanstandet.

Für kirchlich orientierte Jugendliche können auf diese Weise in Suchbewegungen sowohl religiös-strukturelle als auch konkret-soziale Aspekte der Institution als Gegenhorizont für die Entwicklung der eigenen Identität gewissermaßen ‚kirchlich intern' verwendet werden.

Auch bei Suchbewegungen sind unterschiedliche Reflexionsgrade auszumachen: Jugendliche können ihre Explorationen aus einer narrativen Metaposition betrachten und einordnen, wodurch die ausgedrückten Suchbewegungen relativiert und abgedämpft werden. Personen hingegen, die unreflektiert Anfragen formulieren, sind in ihren Äußerungen oft unmittelbarer und drastischer. Darüber hinaus formulieren sie auch häufig eine höhere emotionale Beteiligung in ihrer individuellen Auseinandersetzung.

Suchbewegungen zeichnen sich sprachstilistisch vor allem durch den Einsatz von Argumentationen aus, mit denen die aufkommenden Probleme erörtert werden. Auch sind häufig „progressive Narrationen" (Gergen 1993) zu finden, die ein subjektives Erleben im Sinne eines ‚Auf und Ab' ausdrücken.

Diese Identitätsstufe ist vor allem bei Narrationen von Jugendlichen der mittleren und höchsten Altersgruppe (16 bis 19 / 19 bis 23) mit höherem Bildungsstatus zu finden. Im mittleren Jugendalter befanden sich von insgesamt 19 interviewten Jugendlichen elf in einer Phase des Moratoriums, in der Spät- bzw. Nachjugendphase vier von insgesamt sieben.

Suchbewegungen können in kirchlichen Biographien immer wieder durch sich verändernde Lebensumstände oder lebensgeschichtliche Ereignisse auftreten. Dies betont noch einmal die Notwendigkeit eines Phasenmodells kirchlicher Identität, in der auch Rückschritte, beispielsweise von einer erarbeiteten Identität zu einer Suchbewegung, möglich sind.

Die Phase der kirchlichen Ich-Identität

Die erarbeitete kirchliche Identität zeichnet sich durch eine konstruktive Überwindung der individuellen Suchbewegung aus, durch die alte Strukturen modifiziert oder durch neue ersetzt werden. Eine erarbeitete Identität zeigt eine konstruktive Lösung der Infragestellungen im theoretisch-strukturellen und konkret-sozialen Bereich. Die erarbeiteten Standpunkte und die selbst erkannten religiösen und sozialen Prinzipien werden dann als Definitoren der eigenen Identität betont, die nicht mehr als unmittelbar gegeben, sondern als autonom konstruiert angesehen wird. In der vorliegenden Studie zeigten nur zwei Probanden aus der letzten Altersgruppe (19 bis 23) eine solche autonome Identität.

Der Begriff der ‚Ich-Identität' wird hierbei erneut in Anlehnung an das Identitätskonzept von Habermas gewählt, demzufolge die Ausbildung einer Ich-Identität erst mit der Moderne möglich wird, in der sich der Einfluss der Religion auf die Identitätsbildung abschwächt und das Individuum eine selbst bestimmte, autonome und nach selbst gefundenen Prinzipien gestaltete Identität entwickeln kann. Auch hier kann es zu religiös orientierten Identitäten kommen, wenn Religiosität zur Überwindung einer festen, unflexiblen Rollenübernahme beiträgt und als selbständige Grundlage einer Ich-Identität existiert (Habermas 1981).

Diese Identitätsform entspricht in Fowlers Konzeption den letzten Stufen der Glaubensentwicklung, in denen auf der Grundlage kritisch durchdrungener Religiosität (Stufe 4) ein tolerantes, umfassendes (Stufe 5) oder letztlich sogar ein universalisiertes Glaubenssystem (Stufe 6) möglich wird (Fowler 1991).

Sprachstilistisch zeigen Ich-Identitäten entsprechend ihrer inhaltlichen Differenziertheit vielseitige Konstruktionsformen. Bei theoretischen Abhandlungen kommt besonders häufig die Textsorte der Argumentation zum Einsatz, bei großflächigen Betrachtungen, die oft die Funktion einer klärenden Rückschau einnehmen, die der zusammenfassenden Darstellung.

Da die Erzählungen in dieser Phase kirchlicher Ich-Identität einen deutlichen Wunsch nach Konsistenz zeigen, für den auch alte Selbstverständlichkeiten religiöser und institutioneller Art überdacht, verändert und gegebenenfalls zugunsten individuell entwickelter Einstellungen zurückgewiesen werden, zeigen erarbeitete Identitätskonstruktionen dieser Identitätsstufe auch auf das von Blasi festgestellte Merkmal der ‚Identität als Authentizität' hin. Dementsprechend kann diese Phase als Ergebnis einer biographischen Entwicklung verstanden werden, die sich in ihrem Reflexionsgrad nicht beliebig in eine vollständig heteronome Kirchlichkeit zurückformen kann. Es ist jedoch möglich, dass durch biographische Veränderungen vor dem Hintergrund der Postmoderne, in denen Verlässlichkeiten schwächer werden und die Entscheidung für die Institution Kirche ganz der Begründung des Einzelnen überlassen bleibt, immer wieder Suchbewegungen auftreten, die sogar wieder in eine selbst gewählte übernommene Identität münden können.

Nach der Darstellung dieses Phasenmodells ist die ‚Typologie B' der Untersuchung angeschlossen. Im dritten und letzten Teil der Arbeit sollen nun eine Zusammenfassung der empirischen Ergebnisse sowie ein Ausblick auf Fragen der pädagogischen Anwendung erfolgen.

Teil IV
Zusammenfassung und pädagogischer Ausblick

Das abschließende Kapitel gilt der Bilanzierung und dem Ausblick. Die Ergebnisse der Untersuchung sollen hier noch einmal zusammengefasst und unter dem Blickwinkel der Anregungsbedingungen für die Entwicklung kirchlicher Identität diskutiert werden.

9 Die empirischen Ergebnisse und ihre pädagogischen Anwendungsmöglichkeiten

Die vorliegende Untersuchung hatte als Ziel die Rekonstruktion narrativer Identitäten von kirchlich-orientierten Jugendlichen. Der Fokus lag dabei auf den Relevanzfaktoren, die Jugendliche in ihren biographischen Selbstdarstellungen begründend für ihre Kirchlichkeit nennen. Die Analysen der dafür erhobenen autobiographischen Erzählungen ergeben zwei analytische Abstraktionsebenen:

1. Jugendliche, die in ihren autobiographischen Erzählungen auf die Frage antworten, wie sich ihr individuelles Verhältnis zu Religion und Kirche entwickelt habe, nennen idealtypisch zwei *inhaltliche Relevanzfaktoren für kirchliche Orientierung und Aktivität*, nämlich soziale und religiöse Motive mit jeweils unterschiedlichen Subtypen. Diese für die vorliegende Arbeit als ‚Sozialität' bzw. ‚Religiosität' bezeichneten Motivstrukturen bilden somit die beiden idealtypischen Pole im Erzählspektrum narrativer kirchlicher Identität. Jugendliche kombinieren diese inhaltlichen Schwerpunkte unterschiedlich akzentuiert um ihre individuellen kirchlichen Mitgliedschaftsentwürfe zu konstruieren.
2. Die Erzählungen konnten über diese rein inhaltliche Ebene hinaus in eine formale Typologie geordnet werden, die unterschiedliche *Identitätsstadien* umfasst. Dieses formale Verlaufsmodell kann schließlich in ein *Phasenmodell* kirchlicher Identitätsbildung übertragen werden.

Im Folgenden sollen die zentralen Befunde dieser analytischen Abstraktionen zusammenfassend dargestellt werden.

9.1 Typen kirchlicher Identität

Die beiden Idealtypen ‚Sozialität' und ‚Religiosität' resultieren aus einem inhaltlichen Gruppierungsprozess der autobiographischen Erzählungen kirchlich orientierter Jugendlicher. Es handelt sich hierbei um eine ‚horizontale' Typologie, die auf einer rein inhaltlichen Ebene die von den Jugendlichen als Begründung für Kirchlichkeit genannten Motivstrukturen ordnet.

Sozialität

Der Typus ‚Sozialität' bezieht sich auf die Benennung gesellschaftlicher und gemeinschaftlicher Faktoren als identitätsstiftende Elemente für Kirchlichkeit. Dieser Typus lässt sich dabei in folgende Untertypen differenzieren:

1. *Primäre kirchliche Sozialisation des familiären Nahfeldes:* Die meisten kirchlich aktiven Jugendlichen stellen sich gerade zum erzählstrukturell bedeutenden Beginn ihrer autobiographischen Erzählungen in eine familiäre Tradition mit einem eindeutigen kirchlichen Hintergrund. Sie positionieren sich dabei häufig als Familienmitglieder, die diese Tradition aufnehmen und weiterführen.
2. *Signifikante Andere:* Neben familiärer Sozialisation sind es besonders kirchlich professionell arbeitende Personen, meistens Kapläne, Pfarrer und Religionspädagogen, die aufgrund individueller Charaktereigenschaften als bedeutsam für die Aktivität und Verortung in der Gemeinde und in anderen kirchlichen Institutionen genannt werden. Entscheidend ist für Jugendliche, wie die strukturelle Rolle eines Pfarrers oder pastoralen Mitarbeiters ausgefüllt und umgesetzt wird: Die soziale Position erlangt erst dann einen Wert, wenn auch die sie ausfüllende Person wertgeschätzt wird. Auffällig ist hierbei, dass Jugendliche in ihren Erzählungen sehr genau die sie beeindruckenden Eigenschaften identifizieren können. So werden signifikante Personen meistens nicht in ihrer gesamten Persönlichkeit, sondern vielmehr in ausgewählten Fähigkeiten oder charakterlichen Merkmalen positiv angeführt. Aus der Zusammenstellung dieser Charaktermerkmale werden häufig ideale Eigenschaftskombinationen konstruiert.
3. *Peergrouperfahrungen:* Einige Jugendliche nennen Beziehungen und Erfahrungen in Gleichaltrigengruppen als bedeutsam für kirchliches Engagement. Dabei stehen Freundschaftsgefühle und Erfahrungen der Akzeptanz im Vordergrund, soziale Integration und Anerkennung sowie die Würdigung der Gleichaltrigengruppe als religiöse Interpretationsgemeinschaft.
4. *Aufstieg in sozialen Hierarchien:* Auch das Durchlaufen der Strukturen innerhalb der Gemeindejugendarbeit oder in anderen kirchlichen Jugendeinrichtungen wird von vielen Jugendlichen als Relevanzfaktor für

kirchliche Aktivität genannt. Auffällig ist hierbei die Akzeptanz und Würdigung dieser Strukturen, die oft unhinterfragte Gültigkeit besitzen und einen großen identitätsstiftenden Anreiz für viele kirchlich orientierte Jugendliche bilden. Entsprechende Erzählabschnitte sind daher häufig mit Karriereschilderungen vergleichbar.

Religiosität

Im Gegensatz zur Motivstruktur ‚Sozialität' stehen beim Typus ‚Religiosität' Glaubensüberzeugungen im Fokus des kirchlichen Mitgliedschaftsentwurfes. Hierbei sind zwei Subtypen zu unterscheiden:

1. *Entwicklung religiöser Weltanschauung:* Kirchliche Jugendliche, die sich mit auftauchenden Sinn- und Orientierungsfragen konfrontiert sehen, suchen häufig nach einer überzeugenden religiösen Antwort auf ihre Fragen. Dabei werden zum einen philosophische und theologische Bewegungen sichtbar, in denen versucht wird, Gott als Konzept, das aus dem Denken hervorgeht, zu entwickeln. Zum anderen stellen einige Jugendliche ein religiöses Gottesbild vor, das nicht als Produkt des Denkens, sondern vielmehr als erfahrbare äußere Realität, die dem Menschen vorausgeht, begriffen wird. Jugendliche dieses Subtypus' zeigen häufig eine intellektuelle, auf gedankliche Reflexion ausgerichtete Religiosität, religiöse Gefühle werden dabei weniger genannt
2. *Benennung konkreter Ereignisse:* Dieser Untertyp bezeichnet Jugendliche, die für die Entwicklung von Religiosität als Relevanzfaktor für ihre Kirchlichkeit konkrete lebensgeschichtliche Ereignisse geltend machen, die ihnen zufolge ihre Identität in einer religiösen Weise nachhaltig beeinflusst haben und zu religiösen Einstellungen und Überzeugungen führten. Hierbei handelt es sich oft um spirituell-intuitive Jugendliche, die weniger philosophische und theologische Gedanken entwickeln, sondern vielmehr das religiöse Gefühl in den Vordergrund ihrer Erzählung stellen.

Gerade in ländlichen Regionen werden in der vorliegenden Stichprobe religiöse Begründungsmuster im Vergleich zu sozialen deutlich im Hintergrund gehalten. Wahrscheinlich besitzen in ländlichen Gebieten kirchliche Sozialisationsstrukturen noch unhinterfragte Gültigkeit, sodass sich Rollen- und Statusorientierungen für die Konstruktion narrativer Identität selbstverständlicher anbieten. Das Entwickeln religiöser Standpunkte scheint eher möglich, wenn diese Voraussetzungen schwächer werden und kirchlich aktive Jugendliche sich selbst und anderen ihre Kirchlichkeit abweichend zu Argumenten konventioneller Vergemeinschaftung begründen müssen. Die Gesamtbetrachtung der analysierten Biographien zeigt jedoch auch, dass Religiosität fast immer auf der Basis von primärer Sozialisation dargestellt wird; die

Familie scheint somit in jedem Fall für kirchlich orientierte Jugendliche ein erfahrungsbildendes Fundament in diesem Bereich zu sein.

9.2 Phasen kirchlicher Identität

Neben den nach inhaltlichen Schwerpunktsetzungen bestimmten Typen lassen sich die autobiographischen Erzählungen der Jugendlichen auch in ein formales Verlaufsmodell für kirchliche Identität ordnen, das wiederum in ein Phasenmodell übersetzt werden kann.

Statusmodell kirchlicher Identität

Für die Darstellung der Verlaufstypologie kann zunächst das Modell des ‚Identity-Status' von James Marcia verwendet und spezifiziert werden, das als Statusschema für die Betrachtung von Identitätsprozessen aus der Kombination der Modellvariablen ‚Commitment' und ‚Exploration' resultiert. In Auseinandersetzung mit dem empirischen Datenmaterial kann dieses Modell für narrative kirchliche Identitätsstadien folgendermaßen modifiziert werden (s. Tabelle).

Die entscheidenden Modifizierungen von Marcias Statusmodell, die hinsichtlich des Blickpunktes auf kirchliche Identität und den daraus resultierenden empirischen Befunden nötig werden, liegen zum einen in der Differenzierung des Reflexionsgrades der Modellvariablen ‚Commitment' und ‚Exploration'. So können in den Identitätsstadien des Foreclosure und des Moratoriums jeweils reflektierte und unreflektierte Subphasen unterschieden werden: Übernommene Identitäten können sich in unreflektierter Heteronomie darstellen oder auch selbst gewählte, reflektierte Verpflichtungsgefühle für vorhandene kirchliche Strukturen und Inhalte zeigen. Moratorien können entweder unreflektiert impulsiv-direkt oder reflektiert-relativierend erzählt werden. Zum anderen ist es eine Besonderheit kirchlicher Identität, dass Suchbewegungen immer vor dem Hintergrund vorhandener kirchlicher Basisaktivität und Grundorientierung dargestellt werden, und daher der Status der diffusen Identität nicht erscheinen kann.

Commitment \ Exploration	(un)reflektiertes niedriges Ausmaß	(un)reflektiertes hohes Ausmaß
(un)reflektiert niedrig	durch vorausgesetztes kirchliches Engagement nicht vorhanden	*Kirchliches Moratorium* - Reflektierte bzw. unreflektierte ‚theoretische' und ‚soziale' Suchbewegungen - Basis bleibt die in Moratorien immer reflektierte bzw. unreflektierte institutionelle Aktivität
(un)reflektiert hoch	*Kirchliche übernommene Identität* - unreflektierte Übernahme von Rollen, Werten, Überzeugungen - selbst gewählte, reflektierte Verpflichtung in kirchlichen Vorgaben	*Kirchliche erarbeitete Identität* - Lösung der religiösen und sozialen Suchbewegungen - Herausbildung einer selbst entwickelten, an gefundenen Prinzipien orientierten Ganzheit

Phasenmodell kirchlicher Identität

Das an Marcia orientierte Statusmodell kirchlicher Identität kann in seiner Spezifizierung und Erweiterung als ein narrativ-offenes, aus verschiedenen biographischen Verlaufsrichtungen zugängliches Phasenmodell interpretiert werden. Das zentrale Ordnungsprinzip ist hierbei die narrative Fokussierung, die kirchlich orientierte Jugendliche in ihren autobiographischen Erzählungen vornehmen. Aus der Analyse dieser Darstellungen konnten die folgenden drei narrativen kirchlichen Identitätsphasen abstrahiert werden:

1. *Die kirchliche Gruppenidentität* zeichnet sich durch eine Übernahme kirchlich-institutioneller Rollen, Positionen und Überzeugungen, sowie gemeinschaftlicher Normen und Werte aus. Kirchlichkeit wird als Begebenheit dargestellt, Religion wird als Kultur naturalisiert. Hierbei

kann zwischen einer unreflektiert-heteronomen und einer reflektierten, selbst gewählten Gruppenidentität unterschieden werden.
2. *Kirchliche Suchbewegungen* ermöglichen ein kritisches Hinterfragen der übernommenen Positionen und Überzeugungen. Kirche kann in dieser Phase gerade auch kirchlich-intern als ein herausfordernder Gegenhorizont positioniert werden. Auch hinsichtlich kirchlicher Suchbewegungen existiert eine reflektierte und eine unreflektierte Subphase.
3. *Die autonome kirchliche Ich-Identität* zeichnet sich durch eine Überwindung der Infragestellungen aus. Ein erarbeitetes und prinzipienorientiertes Verhältnis wird in den narrativen Vordergrund gestellt.

Kirchliche Gruppenidentitäten liegen in der vorliegenden Stichprobe vor allem bei jüngeren Probanden mit niedrigerem Bildungsstatus vor, Suchbewegungen und autonome Identitäten hingegen sind eher bei älteren Jugendlichen und Gymnasiasten auszumachen.

Gerade im Bereich der Suchbewegungen konnten für die vorliegende Arbeit nur Beispiele angeführt werden; die Analyse weiterer inhaltlicher Auseinandersetzungen bleibt ebenso wie eine entsprechende Betrachtung des Verhältnisses spezifischer Suchbewegungen zu kirchlichen Identitätsstadien Aufgabe weiterer Untersuchungen.

In einem abschließenden Teil sollen nun die Bedingungen, die zu einer bestimmten Phase kirchlicher Identität führen, skizziert werden. Dabei wird zu strukturgenetischen Konzepten der Entwicklung Bezug genommen.

9.3 Anregungsbedingungen für die Entwicklung kirchlicher Identität

Obwohl das Forschungsprogramm der vorliegenden Untersuchung nicht auf eine pädagogische Anwendung geschweige denn auf erzieherische Handlungsanweisungen angelegt ist, soll die Arbeit mit einigen kurzen Bemerkungen zu den Entwicklungsbedingungen für kirchliche Identität schließen.

Das zentrale Paradigma der vorliegenden Untersuchung besteht in dem Begriff der narrativen Identität, der besagt, dass der Lebenslauf eines Individuums und seine Beziehungen zur Umwelt in Geschichten und Erzählungen gestaltet werden. Die von Friedrich Schweitzer formulierte übergreifende religionspädagogische Forderung einer „produktiven Verbindung lebensgeschichtlicher Erfahrungen und religiöser Lernprozesse" (Schweitzer 2004, S. 260) kann im Kontext der vorliegenden Arbeit somit zu der pädagogischen Zielvorstellung gewendet werden, dass Jugendliche unter Bezugnahme kirchlicher Motive und Inhalte ihren Lebenslauf narrativ so gestalten, dass in den individuellen Lebensgeschichten Kirche und Religion bedeutend sind und diese Bedeutung behalten. Das Ergebnis der vorliegenden Untersuchung, dass sich diese Bedeutung von Religion und Kirche biographisch im Sinne einer Rollenidentität, spezifischer Moratorien und einer kirchlichen Ich-Identität bildet und verändert, präzisiert diesen Anspruch.

Der Befund einer phasenspezifischen Ausbildung kirchlicher Identität deutet aus einer pädagogischen Perspektive besonders auf den Ansatz der Anregungsbedingungen hin, wie er in strukturgenetischen Theorien verwendet wird. Entsprechende pädagogische Ansätze schlagen unter dem Stichwort ‚Entwicklung als Ziel von Erziehung' ein Erziehungskonzept vor, das die Entwicklung des Kindes berücksichtigt, ohne deshalb den Einfluss und die Bedeutung der Umwelt zu negieren. Entwicklung bedarf hierbei der Anregungen durch die Umwelt (Kohlberg und Mayer 1972).

Dieses Modell entspricht in besonderer Weise der Sozialisationstheorie Hurrelmanns, in dem gerade die produktive Realitätsverarbeitung von Individuen herausgestellt wird (Hurrelmann 1999). Da in der vorliegenden Arbeit in unterschiedlicher Weise dieser Ansatz Berücksichtigung findet – so zum Beispiel in dem von Hurrelmann geprägten Begriff des ‚Mitgliedschaftsentwurfes' – soll auch das Konzept der Anregungsbedingungen der Ausgangspunkt einer pädagogischen Perspektive auf kirchliche Identitätsbildung sein.

Gerade in diesem Zusammenhang sei darauf hingewiesen, dass der Begriff ‚Anregungsbedingung' für den vorliegenden Zusammenhang nicht in einem konkreten strukturgenetischen Sinn verwendet werden kann, da sich narrative kirchliche Identität, wie gesehen, nicht strukturgenetisch-stufenförmig ausbildet. Daher muss auch das Konzept der Anregungsbedingungen mit dem Ansatz der narrativen Identität verknüpft werden: Das vorliegende Untersuchungsergebnis wurde auf der Basis von Analysen individueller Erzählungen getroffen, so dass ein Konzept der Anregungsbedingungen immer danach fragen muss, welche Bedingungen zu welchen narrativen Identitätstypen führen können.

Für die genauere Bestimmung von Anregungsbedingungen für die Herstellung und Darstellung bestimmter Phasen narrativer kirchlicher Identität sollen dabei religionspädagogische Konzepte mit strukturgenetischen Aspekten wie den aus der Moralforschung entwickelten Anregungsbedingungen verknüpft werden. Hierfür bieten sich vor allem die religionspädagogischen Modelle von Bernhard Grom und Friedrich Schweitzer an, die sich aus ihrem umfassenden Blick auf die religiöse Entwicklung ergeben. In dieser integrativen Perspektive können die folgenden Anregungsbedingungen für das Erreichen einer Phase narrativer Gruppenidentität, spezifischer Suchbewegungen und autonomen Ich-Identitäten festgehalten werden.

Anregungsbedingungen für die Entwicklung einer Gruppenidentität

Welche Anregungen führen zur narrativen Herstellung einer übernommenen kirchlichen Identität? Zunächst setzt die Entwicklung einer basalen Kirchlichkeit im Jugendalter einen kirchlichen Bezug des familiären Nahfeldes voraus, in der Religion und Kirche Teil der primären Sozialisation für die

Kinder sind. So betont auch Bernhard Grom: „keine religiöse Sozialisation ohne die Familie!" (Grom, 2000, S. 109).

Als Anregungsbedingungen für eine positiv-übernommene kirchliche Gruppenidentität kann dann die stabile emotionale Akzeptanz durch die Eltern sowie die soziale Wertschätzung durch kirchliche Autoritäten wie Pfarrer, Religionslehrer und Kapläne gelten. Zudem erscheinen die in den autobiographischen Darstellungen oft genannten rollenbezogenen Aufgaben in der Gemeinde wie Ministrieren, ehrenamtliche Mitarbeit im kirchlichen Jugendbereich etc. als sichere Förderbedingungen, da gerade hierbei eine der jeweiligen Rolle in der Gemeinde entsprechende Partizipation an kooperativen Entscheidungen und eine erste Einnahme von Positionen mit Verantwortung in kirchlichen Kontexten möglich wird. Im Bereich der Religiosität erscheint eine „kommunikative Art der Instruktion mit glaubwürdigem persönlichen Zeugnis und positiven Beziehungen" (Grom, 2000, S. 108) eine gelingende Übernahme religiöser Überzeugungen und damit verbundener Werte und Normen zu fördern.

Anregungsbedingungen für Suchbewegungen als Möglichkeit zur Bildung einer autonomen Ich-Identität

Für die in der Phase der *Suchbewegung* aufkommende Kritik an sozialen Zuständen in kirchlichen Institutionen kann eine „offene Konfrontation mit sozialen Problemen" (Lempert 1988) auch in diesem Bereich als Anregungsbedingung gelten. So wird wahrscheinlich ein nicht tabuisierender Diskursrahmen im kirchlich-pädagogischen Kontext, bei dem nicht auf unbegründete Autorität verwiesen, sondern wertschätzend und verständnisvoll diskutiert wird, eher die Lösung einer Suchbewegung hin zu Autonomie fördern. Für die Weiterentwicklung des individuellen Rollenverständnisses in der Institution erscheinen erweiterte Partizipationsmöglichkeiten, Mitbestimmungsrechte und die Einnahme von Positionen mit größerer Verantwortung als positive Entwicklungsbedingungen. Für die in Suchbewegungen aufgeworfenen religiösen Fragen und Zweifel an übernommenen Glaubensüberzeugungen aus Kindheit und Jugend sowie an der Legitimation kirchlicher Strukturen scheint es im Sinne Groms entwicklungsfördernd, diese Bereitschaft zum Hinterfragen als „legitim und willkommen" anzuerkennen und „konstruktiv als Motiv für ein Überdenken und Neuformulieren der religiösen Vorstellungen" zu nutzen. Für den Umgang mit religiösen Suchbewegungen ist es in diesem Sinne notwendig, ohne Autoritätsattitüde „einladend und argumentativ" über Glaubensinhalte mit Jugendlichen in dieser Phase zu sprechen, so dass einerseits der Respekt vor der jugendlichen religiösen Selbstbestimmung deutlich wird und andererseits Zugänge zu einem grundsätzlich berechtigten, logisch kohärenten metaphysischen Denken ermöglicht werden (Grom 2000, S. 270).

Begleitende Religionspädagogik

Auf der pädagogischen Handlungsebene verweist das Modell der Anregungsbedingungen auf das von Nipkow entworfene und von Schweitzer konkretisierte Konzept der „Lebensbegleitung" als pädagogische Abstraktion. Der Begriff „Begleitung" betont dabei sowohl „die Eigenständigkeit, die der Entwicklung gegenüber der Erziehung zukommt" als auch die Tatsache, dass Entwicklung sich „nicht von selbst oder unabhängig von der Umwelt in der Kinder und Jugendliche aufwachsen" vollzieht (Schweitzer 2004, S. 260). Über die konkrete, von Schweitzer betrachtete Entwicklung von Glaube und Religiosität kann in diesem Sinne auch die Entwicklung kirchlicher Identität als „umfassender Lernprozess" (Schweitzer 2004, S. 260) verstanden werden, in den sowohl das bewusste erzieherische Handeln als auch die allgemeinen und konkreten Erfahrungen, die Kinder und Jugendliche mit der Institution Kirche und den darin agierenden Personen machen, mit einfließen.

Der Erziehungswissenschaftler Jürgen Zinnecker stellt wiederum die Familie als hierfür besonders bedeutendes Sozialsystem heraus. So stellt er in seiner Jugendstudie „Null Zoff und voll busy" aus dem Jahre 2002 fest, dass Eltern „keine kulturelle Tradition so verlässlich an die nachfolgende Kindergeneration weitergeben wie die religiöse – im Vergleich etwa zur Sport- oder Musikkultur in der Familie" (Zinnecker 2002, S. 99). Dieses Ergebnis entspricht früheren Untersuchungen Zinneckers, in denen er die familiäre Transmission kirchlich-religiöser Einstellungen untersuchte (Zinnecker, Silbereisen 1996). Hier konstatiert er als ein zentrales Ergebnis seiner Forschungen, dass kirchlich erzogene Kinder und Jugendliche ein entsprechend abgestimmtes Bild ihrer Eltern besitzen: „Sie sehen ihre Väter und Mütter als kompetenter in Fragen der Transzendenz (Gott, Weiterleben nach dem Tod) an, ferner als religiös interessierter, und sie können bei ihnen verstärkt eine Mitgliedschaft im kirchlichen Vereins- und Gemeindewesen wahrnehmen" (Zinnecker/Silbereisen 1996, S. 341).

Eine kirchlich-religiöse Erziehung ist dem Autor zufolge – und das ist für das Konzept der Anregungsbedingungen wichtig – in ein „bestimmtes Erziehungsklima in der Familie eingebettet": Kirchlich-religiös erzogene Kinder und Jugendliche bezeichnen nämlich ihr Familienklima als relativ harmonisch und schildern einen starken familiären Zusammenhalt. Für die Weitergabe religiöser und kirchlicher Orientierung steht dementsprechend die Familie im sozialisatorischen Zentrum, denn „wer selbst als Kind religiös erzogen wurde, gibt das sehr oft an die eigenen Kinder und damit an die folgende Familiengeneration weiter." (Zinnecker/ Silbereisen 1996, S. 348). Kirchlich-religiöse Erziehung und Orientierung der Eltern führt somit zu kirchlich-religiös orientierten Kinder- und Jugendpersönlichkeiten. Diese Transmissionsverläufe können schließlich in Linienverlängerungen im Sinne einer generationalen Weitergabe verfolgt werden. In Beziehung auf Familienstrukturen zeigen Zinneckers Untersuchungen zudem, dass „kirchlich-religiöse Orientierung und Erziehung auch unter modernisierten Bedingungen besonders mit den Paar- und Eltern-Kind-Beziehungen verknüpft sind" (Zinnecker/Silbereisen 1996, S. 356). Familien ziehen somit gerade unter den Bedingungen zunehmender Pluralisierung und Individualisierung einen besonderen Nutzen aus der institutionellen Kultur kirchlicher Gemeinden und aus den damit verbundenen religiösen Sinnsystemen. Diese Instanzen scheinen demnach auch in der Postmoderne Anregungsbedingungen bereitzustellen, die Familien nutzen können, um eine kirchlich-religiöse Auswahl aus der gesellschaftlichen Pluralität zu treffen. Eine kirchliche Orientierung als familiäre Sinnausrichtung kann so gefunden und erhalten bleiben.

Jedoch bleibt auch bei Zinnecker die Frage offen, welche kirchliche und religiöse Orientierung durch familiäre Sozialisation weitergegeben wird. Das zentrale Ergebnis der vorliegenden Arbeit besteht ja gerade darin, jugendliche Kirchlichkeit inhaltlich und formal zu differenzieren. Vor diesem Hintergrund könnte im Sinne der genannten spezifischen Anregungsbedingungen danach gefragt werden, welche Erziehungsformen in der Familie zu einer übernommenen kirchlich-religiösen Identität, zu Suchbewegungen oder zu einem Status autonomer Kirchlichkeit im Jugendalter führen. Somit könnten die Forschungsergebnisse Zinneckers in Verbindung mit denen der vorliegenden Untersuchung als Ausgangspunkt für entsprechend weiterführende Studien dienen.

Auch die Forderung, „jede Lebenszeit in ihrem eigenem Wert" (Schweitzer 2004, S. 260) anzuerkennen, kann auf das vorliegende Phasenmodell kirchlicher Identität übertragen werden: Entscheidend für alle religionspädagogischen Handlungskontexte ist zunächst die Sichtung des jeweiligen narrativen Status' kirchlicher Identität. So müssen religionspädagogische Konzepte immer berücksichtigen, in welchem Identitätsstadium sich ein Adressat pädagogischer Prozesse befindet. Auf der Basis dieser Diagnose können dann angemessene religionspädagogische Programme und Konzepte angewendet werden. Da dieses Identitätsmodell sowohl religiöse und institutionelle als auch soziale Aspekte umfasst, erscheint ein generelles Miteinbeziehen dieser Phasensichtung auch bei unterschiedlichen pädagogischen Inhalten und Kontexten sinnvoll.

Literatur

Antonovsky, A.: Salutogenese – Zur Entmystifizierung der Gesundheit. Tübingen, 1998
Albrow, M.: Abschied vom Nationalstaat. Staat und Gesellschaft im globalen Zeitalter. Frankfurt, 1998
Allert, T.: Die Familie. Berlin, 1998
Anderson, W. T.: The future of the self. Inventing the post modern person. New York, 1997
Anzieu, D.: Das Haut-Ich. Frankfurt, 1991
Ariès, P.: Geschichte der Kindheit. München, 1978
Arndt, M.: Religiöse Sozialisation. Stuttgart, 1975
Astington, J.: Wie Kinder das Denken entdecken. München, 2000
Baacke, D.: Jugend und Jugendkulturen. Weinheim, 1987
Baacke, D., Schulze, Th.: Aus Geschichten lernen. Zur Einübung pädagogischen Verstehens. München, 1979
Badinter, E.: Die Identität des Mannes. Seine Natur, seine Seele, seine Rolle. München, 1997
Baethge, M.: Jugend: Arbeit und Identität. Lebensperspektiven und Interessenorientierung. Opladen, 1988
Bandura, A.: Sozial-kognitive Lerntheorie. Stuttgart, 1979
Bandura, A.: Social foundations of thought and action: A social cognitive theory. Engelwood Cliffs, 1986
Barz, H.: Postmoderne Religion. Opladen, 1992
Barz, H.: Religion ohne Institution? Opladen, 1992
Barz, H.: Postsozialistische Religion. Opladen, 1993
Bateson, M. C.: Composing a life. New York, 1989
Baumann, Z.: Moderne und Ambivalenz. Das Ende der Eindeutigkeit. Frankfurt, 1995
Baumann, Z.: Unbehagen in der Postmoderne. Hamburg, 1999
Beck, U.: Risikogesellschaft. Auf dem Weg in eine andere Moderne. Frankfurt, 1986
Beck, U./Beck-Gernsheim, E.: Das ganz normale Chaos der Liebe. Frankfurt, 1990
Beck, U./Giddens, A./Lash, S.: Reflexive Modernisierung. Eine Kontroverse. Frankfurt, 1996
Behnken, I./Zinnecker, J.: Kirchlich-religiöse Sozialisation in der Familie. Fallstudien zum Wandel von Kindheit und Kirchengemeinde in den letzten drei Generationen. In: Hilger, G. /Reilly, G.: Religionsunterricht im Abseits? München, 1993
Behringer, L.: Lebensführung als Identitätsarbeit. Der Mensch im Chaos des modernen Alltags. Frankfurt, 1998
Beile, H.: Religiöse Emotionen und religiöses Urteil. Eine empirische Studie über Religiosität bei Jugendlichen. Ostfildern, 1998
Berger, P. L.: Sehnsucht nach Sinn. Glauben in einer Zeit der Leichtgläubigkeit. Frankfurt, 1994
Berger, P. L.: Zur Dialektik von Religion und Gesellschaft. Elemente einer soziologischen Theorie. Frankfurt, 1973

Bernfeld, S.: Theorien des Jugendalters. Weinheim, 1991
Blasi, A.: Identity and the development of the self. New York, 1988
Blasi, A.: Die Entwicklung von Identität und ihre Folgen für moralisches Handeln. Frankfurt, 1993
Blasi, A./Glodis, K.: The development of identity. Developmental Review, 1995
Böhnisch, L./Funk, H.: Jugend im Abseits? Zur Lebenslage Jugendlicher im ländlichen Raum. München, 1989
Bohleber, W.: Psychoanalyse, Adoleszenz und das Problem der Identität. Psyche, 53, 1999
Bohne, G.: Die religiöse Entwicklung der Jugend in der Reifezeit. Aufgrund autobiographischer Zeugnisse. Leipzig, 1922
Bourdieu, P.: Ökonomisches Kapital, kulturelles Kapital, soziales Kapital. In: Kreckel, R.: Soziale Ungleichheiten. Göttingen, 1983
Bourdieu, P.: Die verborgenen Mechanismen der Macht. Hamburg, 1992
Bourdieu, P.: Das Elend der Welt. Zeugnisse und Diagnosen alltäglichen Leidens in der Gesellschaft. Konstanz, 1997
Bosse, H.: Der fremde Mann. Jugend, Männlichkeit, Macht. Frankfurt, 1994
Bröking-Bortfeldt, M.: Schüler und Bibel. Eine empirische Untersuchung religiöser Orientierungen. Aachen, 1984
Bronfenbrenner, U.: Die Ökologie der menschlichen Entwicklung. Stuttgart, 1981
Brumlik, M.: Bildung und Glück. Versuch einer Theorie der Tugenden. Berlin, 2002
Brumlik, M.: Aus Katastrophen lernen? Grundlagen zeitgeschichtlicher Bildung in menschenrechtlicher Absicht. Berlin, 2004
Bruner, J.: Actual minds, possible words. Cambridge, 1986
Bruner, J.: Life as a narrative. Social Research, 1987
Bruner, J.: Sinn, Kultur und Ich-Identität. Heidelberg, 1990
Bruner, J.: The narrative construction of reality. Critical Inquiry, 1991
Bruner, J.: Vergangenheit und Gegenwart als narrative Konstruktionen. In Straub, J.: Erzählung, Identität und historisches Bewusstsein. Die psychologische Konstruktion von Zeit und Geschichte. Erinnerung, Geschichte, Identität I. Frankfurt, 1998
Buber, M.: Das Problem des Menschen. Heidelberg, 1982
Bucher, A.: Gleichnisse verstehen lernen. Strukturgenetische Untersuchungen zur Rezeption synoptischer Parabeln. Freiburg, 1990
Bucher, A., Reich, K.: Entwicklung von Religiosität. Grundlagen, Theorieprobleme, praktische Anwendung. Freiburg, 1989
Bucher, A.: Psychobiographien religiöser Entwicklung. Stuttgart, 2004
Buchmann, M.: Konformität und Abweichung im Jugendalter. Diessenhofen, 1983
Bühler, C.: Das Seelenleben des Jugendlichen. Stuttgart, 1921
Bühler, C.: Kindheit und Jugend. Genese des Bewusstseins. Göttingen, 1929
Bühler, C.: Der menschliche Lebenslauf als psychologisches Problem. Leipzig, 1933
Büschges, G.: Gesellschaft. In Endruweit, G./Trommsdorff, G.: Wörterbuch der Soziologie. Stuttgart, 1989
Cassierer, E.: Was ist der Mensch? Versuch einer Philosophie der menschlichen Kultur. Stuttgart, 1960

Dahrendorf, R.: Lebenschancen. Anläufe zur sozialen und politischen Theorie. Frankfurt, 1979
Dahrendorf, R.: Ich trauere der Vollbeschäftigung nicht nach. Neues Deutschland 12, 1998
Daly, M.: Jenseits von Gottvater, Sohn und Co. München, 1980
Damon, W.: Die soziale Welt des Kindes. Frankfurt, 1984
Damon, W./Hart, D.: The development of self-understanding from infancy through adolescence. Child development, 1982
Davie, G.: Religion in Modern Europe. Oxford, 2000
Deppermann, A.: Gespräche analysieren. Opladen, 2001
Deppermann, A./Lucius-Hoene, G.: Rekonstruktion narrativer Identität. Ein Arbeitsbuch zur Analyse narrativer Interviews. Opladen, 2002
Deutsche Shell: Jugend 2000. 13. Shell Jugendstudie. Opladen, 2000
Deutsche Shell: Jugend 2002: 14. Shell Jugendstudie. Frankfurt, 2002
Deutsche Shell: Jugend 2006: 15. Shell Jugendstudie. Berlin, 2006
Döbert, R./Nunner-Winkler, G.: Adoleszenzkrise und Identitätsbildung. Frankfurt, 1975
Döbert, R./Habermas, J./Nunner-Winkler, G.: Entwicklung des Ich. Gütersloh, 1977
Drehsen, V.: Wie religionsfähig ist die Volkskirche? Gütersloh, 1994
Dubach, A./Krüggeler, M./Voll, M.: Religiöse Lebenswelt junger Eltern. Ergebnisse einer schriftlichen Befragung in der Deutschschweiz. In: Schweizerisches Pastoralsoziologisches Institut. Bern, 1988
Ebertz, M. J.: Heilige Familie? Die Herausbildung einer anderen Familienreligiosität. In: Deutsches Jugendinstitut: Wie geht's der Familie? Ein Handbuch zur Situation der Familie heute. München, 1988
Eckensberger, L. H.: ‚Soziale Kognitionen' und ‚sozial orientiertes Verhalten' – Versuch einer Integration durch das Konzept ‚Handlung'. Newsletter soziale Kognitionen, 1977
Eckensberger, L. H./Silbereisen, R. K.: Entwicklung sozialer Kognitionen. Stuttgart, 1980
Eckensberger, L. H.: Zur Beziehung zwischen den Kategorien des Glaubens und der Religion in der Psychologie. In: Gramkrlidze, T. V.: Brücken. Beiträge zum Dialog der Wissenschaften aus den Partneruniversitäten Praha, Saarbrücken, Sofia, Tbilissi und Warszawa. Tbilissi, 1993
Eckensberger, L. H., Krewer, B.: Selbstentwicklung und kulturelle Identität. In: Hurrelmann, K./Ulich, D.: Handbuch der Sozialisationsforschung. Weinheim, 1998
Elias, N.: Über den Prozess der Zivilisation. Frankfurt, 1976
Elias, N.: Die Gesellschaft der Individuen. Frankfurt, 1987
Elster, J.: The multiple self. Cambridge, 1987
Engelhardt, M.: Biographie und Identität. Die Rekonstruktion und Präsentation von Identität im mündlichen autobiographischen Erzählen. In: Sparn, W.: Wer schreibt meine Lebensgeschichte? Biographie, Autobiographie, Hagiographie und ihre Entstehungszusammenhänge. Gütersloh, 1990
Englert, R.: Glaubensgeschichte und Bildungsprozess. Versuch einer religionspädagogischen Kairologie. München, 1985

Erikson, E.: Kindheit und Gesellschaft. Stuttgart, 1961
Erikson, E.: Einsicht und Verantwortung. Stuttgart, 1964
Erikson, E.: Identität und Lebenszyklus. Frankfurt, 1973
Erikson, E.: Jugend und Krise. Berlin, 1981
Erikson, E.: Lebensgeschichte und historischer Ausblick. Frankfurt, 1982
Faulhaber, T./Stilfried, B.: Wenn Gott verloren geht. Die Zukunft des Glaubens in der säkularisierten Gesellschaft. Freiburg, 1998
Feige, A.: Kirchenmitgliedschaft in der Bundesrepublik Deutschland. Zentrale Perspektiven empirischer Forschungsarbeit im problemgeschichtlichen Kontext der deutschen Religions- und Kirchensoziologie nach 1945. Gütersloh, 1990
Feldmann, S. S./Elliott, G. R.: At the threshold: The developing adolescent. Cambridge, 1990
Fend, H.: Sozialisierung und Erziehung. Weinheim, 1969
Fend, H.: Sozialgeschichte des Aufwachsens. Bedingungen des Aufwachsens und Jugendgestalten im zwanzigsten Jahrhundert. Frankfurt, 1982
Fend, H.: Vom Kind zum Jugendlichen. Bern, 1990
Fend, H.: Identitätsentwicklung in der Adoleszenz. Bern, 1991
Fend, H.: Entwicklungspsychologie des Jugendalters. Opladen, 2000
Fischer, D./Schöll, A.: Lebenspraxis und Religion. Fallanalyse zur subjektiven Religiosität von Jugendlichen. Gütersloh, 1994
Fowler, J. W.: Glaubensentwicklung. Perspektiven für Seelsorge und kirchliche Bildungsarbeit. München, 1989
Fowler, J. W.: Glaubensentwicklung. Perspektiven für Seelsorge und kirchliche Bildungsarbeit. München, 1989
Fowler, J. W.: Stufen des Glaubens. Die Psychologie der menschlichen Entwicklung und die Suche nach Sinn. Gütersloh, 1991
Fraas, H.-J.: Glaube und Identität. Grundlegung einer Didaktik religiöser Lernprozesse. Göttingen, 1983
Fraas, H.-J./Heimbrock, H.-G.: Religiöse Erziehung und Glaubensentwicklung. Zur Auseinandersetzung mit der kognitiven Psychologie. Göttingen, 1986
Fraas, H.-J.: Die Religiosität des Menschen. Ein Grundriss der Religionspsychologie. Göttingen, 1990
Frosh, S.: Identity crisis. Modernity, psychoanalysis and the self. London, 1991
Goldman, R.: Religious thinking from childhood to adolescence. London, 1964
Gabriel, K.: Christentum zwischen Tradition und Postmoderne. Freiburg, 1992
Gabriel, K./Hobelsberger, H.: Jugend, Religion und Modernisierung. Suchbewegungen kirchlicher Jugendarbeit. Opladen, 1994
Gabriel, K.: Religiöse Individualisierung oder Säkularisierung. Biographie und Gruppe als Bezugspunkte moderner Religiosität. Gütersloh, 1996
Gabriel, K.: Jugend, Religion und Kirche im gesellschaftlichen Modernisierungsprozess. Weinheim, 1994
Gabriel, K./Reuter, H.-R.: Religion und Gesellschaft. Paderborn, 2004
Gergen, K. J.: Psychologie in der Postmoderne. Systeme, 1993
Gergen, K. J./Gergen, M. .M.: Narrative and the self as relationship. In: Berkowitz, L.: Advances in experimental social psychology. New York, 1988

Gerhardt, U.: Patientenkarrieren. Eine medizinsoziologische Studie. Frankfurt, 1986
Giddens, A.: Modernity and self-identity. Cambridge, 1991
Giddens, A.: Konsequenzen der Moderne. Frankfurt, 1995
Giddens, A.: Jenseits von Links und Rechts. Frankfurt, 1997
Gillis, J. R.: Geschichte der Jugend. Weinheim, 1980
Gmünder, P.: Entwicklung als Ziel der religiösen Erziehung. In: Kat. Blätter 8, 1979
Grom, B.: Der Mensch und der dreifaltige Gott. Analysen und Konsequenzen für die Praxis der Glaubensunterweisung. München, 1970
Grom, B.: Religionspsychologie. München, 1992
Grom, B.: Methoden für Religionsunterricht, Jugendarbeit und Erwachsenenbildung. Düsseldorf/Göttingen, 1996
Grom, B.: Religionspädagogische Psychologie. Düsseldorf, 2000
Gross, P.: Ich-Jagd. Im Unabhängigkeitsjahrhundert. Frankfurt, 1999
Habermas, J.: Strukturwandel der Öffentlichkeit. Ulm, 1969
Habermas, J.: Theorie des kommunikativen Handelns. Frankfurt, 1981
Habermas, J.: Nachmetaphysisches Denken. Frankfurt, 1992
Habermas, J.: Die Moderne – ein unvollendetes Projekt. Philosophisch – politische Aufsätze. Leipzig, 1992
Habermas, J.: Die postnationale Konstellation. Frankfurt, 1998
Habermas, J.: Erkenntnis und Interesse. Frankfurt, 1999
Hall, S./du Gay, P.: Questions of cultural identity. London, 1994
Harter, S.: Developmental perspectives of the self-system. In Mussen, P. H.: Handbook of child development. New York, 1983
Hardy, B.: Towards a poetics of fiction: An approach through narrative. New York, 1968
Harvey, D.: The condition of postmodernity. Cambridge, 1989
Havighurst, R. J.: Developmental tasks and education. New York, 1972
Haußer, K.: Identitätspsychologie. Berlin, 1995
Helfferich, C.: Jugend, Körper und Geschlecht. Die Suche nach sexueller Identität. Opladen, 1994
Heller, A.: Ist die Moderne lebensfähig? Frankfurt, 1995
Higgins, E. T.: Role taking and social judgment. In: Flavell, J. H./Ross, L.: Social cognitive development: Frontiers and possible futures. Cambridge, 1981
Higgins, E. T.: Self-discrepancy: A theory relating self and affect. Psychological Review, 1987
Hilberath, B.: Zwischen Vision und Wirklichkeit. Fragen nach dem Weg der Kirche. Würzburg, 1999
Historisches Wörterbuch der Philosophie. Basel, 1992
Hitzler, R./Honer, A.: Sozialwissenschaftliche Hermeneutik. Opladen, 1997
Hochschild, M.: Religion in Bewegung. Zum Umbruch der katholischen Kirche in Deutschland. Münster, 2001
Höger, Chr.: Gottesbilder – ein Forschungsprojekt. Würzburg, 2002
Holstein, J./Gubrium, J. F.: The self we live by. Narrative identity in a post modern world. New York, 2000

Hondich, K. O.: Lassen sich soziale Beziehungen modernisieren? Die Zukunft der Herkunftsbindungen. Leviathan. Zeitschrift für Sozialwissenschaft 1, 1996
Honneth, A.: Kampf um Anerkennung. Zur moralischen Grammatik sozialer Konflikte. Frankfurt, 1992
Houtepen, A.: Gott – eine offene Frage. Gütersloh, 1999
Hull, J. M.: Wie Kinder über Gott reden. Ein Ratgeber für Eltern und Erziehende. Gütersloh, 1997
Hurrelmann, K.: Das Modell des produktiv realitätsverarbeitenden Subjektes. In: Zeitschrift für Sozialisationsforschung und Erziehungssoziologie 3, 1983
Hurrelmann, K.: Sozialisation und Gesundheit. Weinheim, 1988
Hurrelmann, K.: Einführung in die Sozialisationstheorie. Weinheim, 1993
Hurrelmann, K.: Lebensphase Jugend. Weinheim, 1999
Hurrelmann, K./Albert, M.: Jugend 2006. 15. Shell Jugendstudie. Eine pragmatische Generation unter Druck. Berlin, 2006
Jüngel, E.: Unterwegs zur Sache. Theologische Bemerkungen. München, 1972
Jüngel, E.: Gott als Geheimnis der Welt. Zur Begründung der Theologie des Gekreuzigten im Streit zwischen Theismus und Atheismus. Tübingen, 1977
Katechismus der katholischen Kirche. München, 2005
Kaufmann, F. X.: Religion und Modernität. Tübingen, 1989
Kaufmann, F. X.: Der Verlust der Zentralperspektive und die Rehabilitierung des Religiösen. In: Pauly, S.: Kirche in unserer Zeit. Stuttgart, 1999
Keil, S.: Religiöse Überzeugungen und kirchliche Partizipation der Jugend. In: Markefka, R./Nave-Herz, R.: Handbuch der Familien- und Jugendforschung. Neuwied, 1993
Kegan, R.: Entwicklungsstufen des Selbst. München, 1986
Kelle, U./Kluge, S.: Vom Einzelfall zum Typus. Fallvergleich und Fallkontrastierung in der qualitativen Sozialforschung. Opladen, 1999
Keller, H.: Entwicklungspsychologie. Bern, 1998
Kerby, A. P.: Narrative and the self. Bloomington, 1991
Keupp, H.: Identitätskonstruktionen – das Patchwork der Identitäten in der Postmoderne. Reinbek, 2002
Keupp, H.: Psychosoziale Praxis im gesellschaftlichen Umbruch. Bonn, 1987
Keupp, H.: Riskante Chancen. Das Subjekt zwischen Psychokultur und Selbstorganisation. Heidelberg, 1988
Keupp, H.: Psychologisches Handeln in der Risikogesellschaft. München, 1994
Keupp, H.: Zugänge zum Subjekt. Perspektiven einer reflexiven Sozialpsychologie. Frankfurt, 1994
Keupp, H.: Ermutigung zum aufrechten Gang. Tübingen, 1997
Keupp, H./Höfer, R.: Identitätsarbeit heute. Klassische und aktuelle Perspektiven der Identitätsforschung. Frankfurt, 1997
Keupp, H./Röhrle, B.: Soziale Netzwerke. Frankfurt, 1987
Kierkegaard, S.: Einübung im Christentum. In: Werkausgabe Bd. 2. Düsseldorf/Köln, 1971

Klein, S.: Theologie und empirische Biographieforschung. Methodische Zugänge zur Lebens- und Glaubensgeschichte und ihre Bedeutung für eine erfahrungsbezogene Theologie. Stuttgart, 1994
Klöcker, W.: Katholisch – von der Wiege bis zur Bahre. Eine Lebensmacht im Zerfall? München, 1991
Kohlberg, L.: Die Psychologie der Moralentwicklung. Frankfurt, 1995
Kohlberg, L.: Zur kognitiven Entwicklung des Kindes. Frankfurt, 1974
Kohlberg, L./Mayer, R.: Development as the Aim of Education. In: Harvard Educational Review, 1972
Krappmann, L.: Soziologische Dimensionen der Identität. Stuttgart, 1967
Krappmann, L.: Die Identitätsproblematik nach Erikson aus einer interaktionistischen Perspektive. In: Keupp, H./Höfer, R.: Identitätsarbeit heute. Frankfurt, 1997
Kraus, W.: Das erzählte Selbst. Die narrative Konstruktion von Identität in der Spätmoderne. Pfaffenweiler, 1996
Krüger, H-H./Marotzki, W.: Erziehungswissenschaftliche Biographieforschung. Opladen, 1995
Kühn, U.: Kirche, Handbuch systematischer Theologie. Gütersloh, 1980
Kuld, L.: Glaube in Lebensgeschichten. Ein Beitrag zur theologischen Autobiographieforschung. Stuttgart, 1997
Küng, H.: Die Kirche. Freiburg, 1967
Küng, H.: Existiert Gott? Antwort auf die Gottesfrage der Neuzeit. München, 1978
Lempert, W.: Soziobiographische Bedingungen der Entwicklung moralischer Urteilsfähigkeit. Kölner Zeitschrift für Soziologie und Sozialforschung 40, 1988
Laclau, E.: New reflections on the revolutions of our time. London, 1990
Lash, S.: Sociology of postmodernism. London, 1990
Lerner, R. M.: Concepts and theories of human development. Reading, 1976
Lerner, R. M./Foch, T. T.: Biological-psychosocial interactions in early adolescence: a life-span perspective. Hillsdale, 1987
Lerner, R. M./Spanier, G. B.: Adolescent Development. New York, 1980
Ley, G.: Mit der Jugend von Gott sprechen. Gottesbilder kirchlich orientierter Jugendlicher im Horizont korrelativer Theologie. Stuttgart, 1994
Lohauß, R.: Moderne Identität und Gesellschaft. Theorien und Konzepte. Opladen, 1995
Luckmann, Th.: Die unsichtbare Religion. Frankfurt, 1991
Luhmann, N.: Funktion der Religion. Frankfurt, 1977
Luhmann, N.: Soziale Systeme. Grundriss einer allgemeinen Theorie. Frankfurt, 1984
Luther, M.: Der kleine Katechismus. In: Die Bekenntnisschriften der evangelisch-lutherischen Kirche. Göttingen, 1976
Luther, M.: Der große Katechismus. In: Die Bekenntnisschriften der evangelisch-lutherischen Kirche. Göttingen, 1976
Marcia, J.: Development and validation of ego identity status. Journal of Personality and Social Psychology, 1966
Marcia, J.: Identity in adolescence. In Adelson, J.: Handbook of adolescence psychology. New York, 1980

Marcia, J.: Identity diffusion differentiated. In: Luszcz, M. A./Netterbeck, T.: Psychological development across the life-span. North-Holland, 1989
Matthes, J.: Kirchenmitgliedschaft im Wandel. Gütersloh, 1990
Mead, G. H.: Geist, Identität und Gesellschaft. Frankfurt, 1973
Mertens, W.: Psychoanalyse. Stuttgart, 1981
Mertens, W.: Erziehung zur Konfliktfähigkeit. München, 1974
Meuter, N.: Narrative Identität. Das Problem der personalen Identität im Anschluss an Ernst Tugendhat, Niklas Luhmann und Paul Ricoeur. Stuttgart, 1995
Mey, G.: Adoleszenz, Identität, Erzählung. Theoretische, methodologische und empirische Erkundungen. Berlin, 1999
Mitzscherlich, B.: ‚Heimat ist etwas, was ich mache'. Eine psychologische Untersuchung zum individuellen Prozess von Beheimatung. Pfaffenweiler, 1997
Nave-Herz, R.: Familie heute. Darmstadt, 2002
Neumann, K.: Der Beginn der Kommunikation zwischen Mutter und Kind. Heidelberg, 1983
Nipkow, K. E.: Grundfragen der Religionspädagogik. Bd. 1: Gesellschaftliche Herausforderungen und theoretische Ausgangspunkte. Gütersloh, 1975
Nipkow, K. E.: Grundfragen der Religionspädagogik. Bd. 2: Das pädagogische Handeln der Kirche. Gütersloh, 1975
Nipkow, K. E.: Grundfragen der Religionspädagogik. Bd. 3: Gemeinsam leben und glauben lernen. Gütersloh, 1982
Nipkow, K. E.: Erwachsenwerden ohne Gott? Gotteserfahrungen im Lebenslauf. München, 1987
Nipkow, K. E./Schweitzer, F./Fowler, J. W.: Glaubensentwicklung und Erziehung. Gütersloh, 1988
Oerter, R.: Lebensbewältigung im Jugendalter. Weinheim, 1985
Oerter, R./Montada, L.: Entwicklungspsychologie. Weinheim, 1998
Oser, F.: Wieviel Religion braucht der Mensch? Erziehung und Entwicklung zur religiösen Autonomie. Gütersloh, 1988
Oser, F.: Die Entstehung Gottes im Kinde. Zum Aufbau der Gottesbeziehung in den ersten Schuljahren. Zürich, 1992
Oser, F./Gmünder, P.: Der Mensch – Stufen seiner religiösen Entwicklung. Ein strukturgenetischer Ansatz. Zürich/Köln, 1984
Ottomeyer, K.: Lebensdrama und Gesellschaft. Szenisch-materialistische Psychologie für soziale Arbeit und politische Kultur. Wien, 1987
Pannenberg, W.: Anthropologie in theologischer Perspektive. Göttingen, 1983
Parsons, T.: The social system. Glencoe, 1951
Piaget, J.: Das moralische Urteil beim Kinde. Frankfurt, 1973
Piaget, J.: Psychologie der Intelligenz. Freiburg, 1974
Piaget, J.: Der Aufbau der Wirklichkeit beim Kinde. Stuttgart, 1975
Piaget, J.: Gesammelte Werke. Stuttgart, 1975
Piaget, J.: Probleme der Entwicklungspsychologie. Kleine Schriften. Frankfurt, 1976
Preul, R.: Religion – Bildung – Sozialisation. Studien zur Grundlegung einer religionspädagogischen Bildungstheorie. Gütersloh, 1980
Quwante, M.: Personale Identität. Paderborn, 1999

Ratzinger, J.: Einführung in das Christentum. München, 2005
Ricoeur, P.: Der Text als Modell. In Bühl, W.: Verstehende Soziologie. München, 1972
Ricoeur, P.: Narrative identity. In Wood, D.: On Paul Ricoeur. Narrative and interpretation. London, 1990
Ricoeur, P.: Die erzählte Zeit. München, 1991
Ricoeur, P.: Zeit und Erzählung. Band III: Die erzählte Zeit. München, 1991
Ricoeur, P.: Das Selbst als ein Anderer. München, 1996
Rizzuto, A.-M.: The birth of the living god. Chicago, 1979
RGG – Religion in Geschichte und Gegenwart. Tübingen, 2004
Rössler, D.: Grundriss der praktischen Theologie. Berlin, 1986
Sarbin, T.: Narrative Psychology. The storied nature of human conduct. New York, 1986
Sarbin, T.: Emotions as narrative employments. In Packer, M. J./Addison, B.: Entering the circle. Hermeneutics investigations in psychology. New York, 1989
Sarbin, T.: The poetics if identity. Theory & Psychology, 1997
Sarbin, T.: Embodies and the narrative structure of emotional live. Narrative Inquiry, 2001
Schäfers, B.: Soziologie des Jugendalters. Opladen, 1983
Schmidt, W.: Philosophie der Lebenskunst. Eine Grundlegung. Frankfurt, 1998
Schmidtchen, G.: Ethik und Protest. Moralbilder und Wertekonflikte junger Menschen. Opladen, 1995
Scherf, D.: Der liebe Gott sieht alles. Erfahrungen mit religiöser Sozialisation. Frankfurt, 1984
Schleiermacher, F.: Pädagogische Schriften. Bd.1: Die Vorlesungen aus dem Jahre 1826. Hg. von E. Weniger unter Mitwirkung von Th. Schulze. Düsseldorf/München, 1966
Schnackenburg, R.: Die sittliche Botschaft des neuen Testaments. Freiburg, 1986
Schütze, F.: Zur Hervorlockung und Analyse von Erzählungen thematisch relevanter Geschichten im Rahmen soziologischer Feldforschung. München, 1976
Schütze, F.: Die Technik des narrativen Interviews in Interaktionsfeldstudien – dargestellt an einem Projekt zur Erforschung von kommunalen Machtstrukturen (Arbeitsberichte und Forschungsmaterialien). Universität Bielefeld, 1977
Schütze, F.: Prozessstrukturen des Lebenslaufes. In Matthes, J./Pfeiffenberger, A./Stosberg, M.: Biographie in handlungswissenschaftlicher Perspektive. Nürnberg, 1981
Schütze, F.: Narrative Repräsentation kollektiver Schicksalsbetroffenheit. In: Lämmert, E.: Erzählforschung – ein Symposium. Stuttgart, 1982
Schütze, F.: Biographieforschung und narratives Interview. Neue Praxis 13, 1983
Schütze, F.: Kognitive Figuren des autobiographischen Stehgreiferzählens. In Kohli, M./Robert, G.: Biographie und soziale Wirklichkeit. Stuttgart, 1984
Schütze, F.: Das narrative Interview in Interaktionsfeldstudien I. Hagen, 1987
Schwab, U.: Familienreligiosität. Religiöse Traditionen im Prozess der Generationen. Stuttgart, 1995

Schweitzer, F.: Moralische Entwicklung und Religion. Die erste internationale Konferenz zur moralischen und religiösen Entwicklung. In: Wege zum Menschen 34, 1982
Schweitzer, F.: Identität und Erziehung. Was kann der Identitätsbegriff für die Pädagogik leisten? Weinheim, 1985
Schweitzer, F.: Religion und Entwicklung. Bemerkungen zur kognitiv-strukturellen Religionspsychologie. In: Wege zum Menschen 37, 1985
Schweitzer, F.: Identität als ‚Rahmen' – Identität als Problem. Anfragen an Hans-Jürgen Fraas. EvErz 38, 1986
Schweitzer, F.: Die Religion des Kindes. Perspektiven aus der Geschichte der Religionspädagogik. In: Nipkow, K. E.: Glaubensentwicklung und Erziehung. Gütersloh, 1988
Schweitzer, F.: Die Religion des Kindes. Zur Problemgeschichte einer religionspädagogischen Grundfrage. Gütersloh, 1992
Schweitzer, F.: Die Suche nach eigenem Glauben. Einführung in die Religionspädagogik des Jugendalters. Gütersloh, 1996
Schweitzer, F.: Lebensgeschichte und Religion. Religiöse Entwicklung und Erziehung im Kindes- und Jugendalter. Gütersloh, 2004
Schulze, Th./Baacke, D.: Aus Geschichten lernen. Zur Einübung pädagogischen Verstehens. München, 1993
Sennett, R.: Der flexible Mensch. Die Kultur des neuen Kapitalismus. Berlin, 1998
Singer, F. A.: The remembered self: emotion and memory in personality. New York, 1993
Stahlberg, Th.: Die Kirche kann warten. Kirchendistanz als lebenszyklische Normalität? In: Lernort Gemeinde 16, 1998
Stern, D.: Die Lebenserfahrungen des Säuglings. Stuttgart, 1992
Stierlin, H.: Von der Psychoanalyse zur Familientheorie. Stuttgart, 1975
Stierlin, H.: Eltern und Kinder im Prozess der Ablösung. Frankfurt, 1975
Stoodt, D.: Einführung in das Studium der evangelischen Religionspädagogik. Göttingen, 1980
Straub, J.: Erzählung, Identität und historisches Bewusstsein. Die psychologische Konstruktion von Zeit und Geschichte. Erinnerung, Geschichte, Identität I. Frankfurt, 1998
Straub, J.: Handlung, Interpretation, Kritik. Grundzüge einer textwissenschaftlichen Handlungs- und Kulturpsychologie. Berlin, 1999
Straub, J.: Personale Identität und Autonomie. Eine moderne Subjekttheorie und das postmoderne Selbst. Manuskript, 1999
Tamminen, K.: Religiöse Entwicklung in Kindheit und Jugend. Frankfurt, 1993
Taylor, C.: Quellen des Selbst. Die Entstehung der neuzeitlichen Identität. Frankfurt, 1994
Theologische Realenzyklopädie. New York, 1997
Turner, R.: Role Taking, role standpoint and reference-group behavior. American Journal of Sociology 61, 1956
Tzscheetzsch, W./Ziebertz, H.-G.: Religionsstile Jugendlicher und moderne Lebenswelt. München, 1996

Vorwerg, M.: Psychologie der individuellen Handlungsfähigkeit. Berlin, 1990
Wagner, P.: Soziologie der Moderne. Frankfurt, 1995
Walzer, M.: Sphären der Gerechtigkeit. Ein Plädoyer für Pluralität und Gleichheit. Frankfurt, 1993
Waterman, A. S.: Identity in adolescence: Process and contents. San Francisco, 1986
Weber, M.: Wirtschaft und Gesellschaft. Grundriss einer verstehenden Soziologie. Tübingen, 1972 (zuerst erschienen 1921)
Weber, M.: Die ‚Objektivität' sozialwissenschaftlicher und sozialpolitischer Erkenntnis. In: Gesammelte Aufsätze zur Wissenschaftslehre. Hrsg. von Johannes Winkelmann. Tübingen, 1988 (zuerst erschienen 1904)
Wedell, M.: Gemeinsam sind wir Kirche. 50 Jahre BDKJ im Erzbistum Berlin. Berlin, 1997
Widdershoven, G.: The story of life. Hermeneutic perspectives on the relationship between narrative and life story. In: Josselson, R., Lieblich, A.: The narrative study of lives. Newbury Park, 1993
Wohlrab-Sahr, M.: Biographie und Religion. Zwischen Ritual und Selbstsuche. Frankfurt, 1995
Wolf, U.: Die Philosophie und die Frage nach dem guten Leben. Reinbek, 1999
Wright, J. E.: Erikson: Identity and Religion. New York, 1982
Wygotski, L.: Denken und Sprechen. Frankfurt, 1971
Youniss, J.: Soziale Konstruktion und psychische Entwicklung. Frankfurt, 1994
Ziebertz, H.-G.: Religion, Christentum und Moderne. Veränderte Religionspräsenz als Herausforderung. Stuttgart, 1999
Ziebertz, H.-G.: Religiöse Signaturen heute. Gütersloh, 2003
Ziehe, T.: Pubertät und Narzismus. Frankfurt, 1975
Zimmerman, B. J.: Social lerning theory. Berlin, 1983
Zinnecker, J./Silbereisen, R.: Kindheit in Deutschland. Aktueller Survey über Kinder und ihre Eltern. München, 1996
Zinnecker, J.: Jugend, Kirche und Religion. Aktuelle empirische Ergebnisse und Entwicklungstendenzen. In: Hilger, G./Reilly, G.: Religionsunterricht im Abseits? München, 1993
Zinnecker, J./Behnken, I./Machke, S./Stecher, L.: Null zoff & voll busy. Die erste Jugendgeneration des neuen Jahrtausends. Opladen, 2002

Frankfurter Beiträge zur Erziehungswissenschaft

Fachbereich Erziehungswissenschaften der
Johann Wolfgang Goethe-Universität

Reihe Monographien:

Matthias Proske
Pädagogik und Dritte Welt – Eine Fallstudie zur Pädagogisierung sozialer Probleme
Frankfurt am Main 2001

Thomas Höhne
Schulbuchwissen – Umrisse einer Wissens- und Medientheorie des Schulbuchs
Frankfurt am Main 2003

Thomas Höhne/Thomas Kunz/Frank-Olaf Radtke
Bilder von Fremden. Was unsere Kinder aus Schulbüchern über Migranten lernen sollen
Frankfurt am Main 2005

Wolfgang Meseth
Aus der Geschichte lernen. Über die Rolle der Erziehung in der bundesdeutschen Erinnerungskultur
Frankfurt am Main 2005

Elke Wehrs
Verstehen an der Grenze – Erinnerungsverlust und Selbsterhaltung von Menschen mit dementiellen Veränderungen
Frankfurt am Main 2006

Matthias Herrle
**Selektive Kontextvariation
Die Rekonstruktion von Interaktionen in Kursen der Erwachsenenbildung auf der Basis audiovisueller Daten**
Frankfurt am Main 2007

Iris Clemens
Bildung – Semantik – Kultur
Zum Wandel der Bedeutung von Bildung und Erziehung in Indien
Frankfurt am Main 2007

Reihe Kolloquien:

Frank-Olaf Radtke (Hrsg.)
Die Organisation von Homogenität – Jahrgangsklassen in der Grundschule
Kolloquium anläßlich der 60. Geburtstage von Gertrud Beck und Richard Meier, Frankfurt am Main 1998

Frank-Olaf Radtke (Hrsg.)
Lehrerbildung an der Universität – Zur Wissensbasis pädagogischer Professionalität
Dokumentation des Tages der Lehrerbildung an der Johann Wolfgang Goethe-Universität, Frankfurt am Main 1999 (vergriffen)

Heiner Barz (Hrsg.)
Pädagogische Dramatisierungsgewinne –
Jugendgewalt. Analphabetismus. Sektengefahr
Frankfurt am Main 2000

Gertrud Beck, Marcus Rauterberg, Gerold Scholz, Kristin Westphal (Hrsg.)
Sachen des Sachunterrichts
Dokumentation einer Tagungsreihe 1997–2000
Frankfurt am Main 2001
Korrigierte Neuauflage 2002

Brita Rang und Anja May (Hrsg.)
Das Geschlecht der Jugend – Dokumentation der Vorlesungsreihe Adoleszenz: weiblich/männlich? im Wintersemester 1999 / 2000
Frankfurt am Main 2001

Dagmar Beinzger und Isabell Diehm (Hrsg.)
Frühe Kindheit und Geschlechterverhältnisse. Konjunkturen in der Sozialpädagogik
Frankfurt am Main 2003

Vera Moser (Hrsg.)
Behinderung – Selektionsmechanismen und Integrationsaspirationen
Frankfurt am Main 2003

Gisela Zenz (Hrsg.)
Traumatische Kindheiten – Beiträge zum Kinderschutz und zur Kindesschutzpolitik aus erziehungswissenschaftlicher und rechtswissenschaftlicher Perspektive
Frankfurt am Main 2004

Tanja Wieners (Hrsg.)
Familienbilder und Kinderwelten – Kinderliteratur als Medium der Familien- und Kindheitsforschung
Frankfurt am Main 2005

Micha Brumlik und Benjamin Ortmeyer (Hrsg.)
Erziehungswissenschaft und Pädagogik in Frankfurt – eine Geschichte in Portraits
Frankfurt am Main 2006

Argyro Panagiotopoulou und Monika Wintermeyer (Hrsg.)
Schriftlichkeit – Interdisziplinär – Voraussetzungen, Hindernisse und Fördermöglichkeiten
Frankfurt am Main 2006

Dieter Katzenbach
Vielfalt braucht Struktur – Heterogenität als Herausforderung für die Unterrichts- und Schulentwicklung
Frankfurt am Main 2007

Reihe Forschungsberichte:

Thomas Höhne/Thomas Kunz/Frank-Olaf Radtke
Bilder von Fremden – Formen der Migrantendarstellung als der „anderen Kultur" in deutschen Schulbüchern von 1981–1997
Frankfurt am Main 1999 (vergriffen)
http://www.uni-frankfurt.de/fb/fb04/personen/radtke/Publikationen/Bilder_von_Fremden.pdf

Uwe E. Kemmesies
Umgang mit illegalen Drogen im 'bürgerlichen' Milieu (UMID). Bericht zur Pilotphase
Frankfurt am Main 2000 (vergriffen)

Oliver Hollstein/Wolfgang Meseth/Christine Müller-Mahnkopp/Matthias Proske/Frank-Olaf Radtke
Nationalsozialismus im Geschichtsunterricht.
Beobachtungen unterrichtlicher Kommunikation
Bericht zu einer Pilotstudie
Frankfurt am Main 2002 (vergriffen)
http://www.uni-frankfurt.de/fb/fb04/personen/radtke/Publikationen/
Forschungsbericht_3_Nationalsozialismus_im_Geschichtsunterricht.pdf

Andreas Gruschka/Martin Heinrich/Nicole Köck/Ellen Martin/
Marion Pollmanns/Michael Tiedtke
Innere Schulreform durch Kriseninduktion?
Fallrekonstruktionen und Strukturanalysen zu den Wirkungen administeriell verordneter Schulprogrammarbeit
Frankfurt am Main 2003

Andreas Gruschka
Auf dem Weg zu einer Theorie des Unterrichtens.
Die widersprüchliche Einheit von Erziehung, Didaktik und Bildung in der allgemeinbildenden Schule
Vorstudie
Frankfurt am Main 2005

Frank-Olaf Radtke/Maren Hullen/Kerstin Rathgeb
Lokales Bildungs- und Integrationsmanagement
Bericht der wissenschaftlichen Begleitforschung im Rahmen der Hessischen Gemeinschaftsinitiative Soziale Stadt (HEGISS)
Frankfurt am Main 2005

Benjamin Ortmeyer
Die geisteswissenschaftliche Pädagogik und die NS-Zeit
(Vier Teilbände im Schuber)
Teil 1: Eduard Spranger und die NS-Zeit
Teil 2: Herman Nohl und die NS-Zeit
Teil 3: Erich Weniger und die NS-Zeit
Teil 4: Peter Petersen und die NS-Zeit
Frankfurt am Main 2008